Cornelia Hermanns

# China und die Kulturrevolution

## Der letzte lange Marsch

Cornelia Hermanns

# China und die Kulturrevolution

## Der letzte lange Marsch

*Die Große Proletarische Kulturrevolution war eines der seltsamsten Ereignisse der Geschichte. Für westliche Beobachter machte sie China nur noch mysteriöser.*[1]

Drachenhaus Verlag

## Impressum

1. Auflage Dezember 2016


Text und Redaktion: Cornelia Hermanns
Lektorat: Gerd Dörr
Layout und Satz: Sarah Chand

Bibliografische Information der Deutschen Nationalbibliothek:
Die Deutsche Nationalbibliothek verzeichnet diese Publikation in der Deutschen Nationalbibliografie; detaillierte bibliografische Daten sind im Internet unter http://dnb.dnb.de abrufbar.



Gedruckt in Polen auf FSC®-Papier.

MIX
Papier aus verantwortungsvollen Quellen
FSC® C084279
FSC www.fsc.org

ISBN: 978-3-943314-34-2

Besuchen Sie uns auf unserer Homepage und bei Facebook:
www.drachenhaus-verlag.com
www.facebook.com/drachenhaus

# INHALT



## ERSTER TEIL

### China von 1911 bis 1949

# ZWEITER TEIL
## Die ersten Jahre der Volksrepublik

## DRITTER TEIL

### Nach den Drei Roten Bannern

## VIERTER TEIL
### Die Große Proletarische Kulturrevolution

# ANHANG

# EINLEITUNG

# ALS MAO ZEDONG NACH DEUTSCHLAND KAM

Bundeskanzler Kurt Georg Kiesinger klopfte 1969 im Bundestag während einer Debatte aufs Rednerpult und warnte: *Ich sage nur China, China, China.* Helmut Schmidt, einer seiner Nachfolger, kommentierte trocken: *Kanzler Kiesinger hat ... „China, China, China" gerufen, aber keiner weiß genau, warum.*[2]

China war ein fernes Land, isoliert, offiziell ganz ohne Kontakte zum Westen, und doch war sein Staats- und Parteiführer Mao Zedong fest in der Bundesrepublik angekommen – auch ohne dass Mao jemals deutschen Boden betreten hätte.

Die große Jugend- und Studentenbewegung von 1968 hatte Mao Zedong zu einem ihrer geistigen Väter erklärt. Mao verkörperte für sie universelle Gerechtigkeit, er stand für den Kampf der Ausgebeuteten und Unterdrückten gegen die Ausbeuter und Unterdrücker.

In Deutschland demonstrierten Schüler und Studenten und trugen Porträts von Mao durch die Straßen, in den Buchhandlungen lag das *Kleine Rote Buch* aus, eine Sammlung von Zitaten aus den Werken Mao Zedongs, auch *Mao-Bibel* genannt. 1967 war die erste deutsche Übersetzung erschienen, und sie stand auf der Bestseller-Liste des Magazins *Der Spiegel.*

Mao war allgegenwärtig: *Mao-Fans waren damals mehr oder weniger alle linksradikalen Organisationen, sei es wegen der These von der permanenten Revolution, wegen seiner erfolgreichen Untergrundarbeit während des Langen Marsches oder wegen der Kulturrevolution.*[3] So beschrieb es einer der Aktiven von damals, Dieter Kunzelmann, Mitbegründer der *Kommune I*, der *Haschrebellen* und der *Tupamaros Westberlin.* (Die 1968er waren um phantasievolle und provokante Namen für ihre Gruppen und Verbände nie verlegen.)

China war für die 1968er das Gegenmodell zum Westen, dem sie ausbeuterischen Kapitalismus, Kolonialismus und Imperialismus vorwarfen.

Die USA führten seit 1961 Krieg in Vietnam, ab 1965 bombardierten sie Nordvietnam großflächig. Der Vietnamkrieg war der erste Krieg, dessen Bilder das Fernsehen direkt in die Wohnzimmer lieferte: von Napalm verbrannte Zivilisten und entlaubte Wälder entsetzten.

Und die Nachrichten blieben nicht folgenlos. Die linke Intelligenz empörte sich gegen die US-amerikanische Kriegsführung, Teile der Jugend in den USA wie in Europa protestierten vehement und trugen den Protest auf die Straße. Für sie zeigte der Vietnamkrieg die ganze rücksichtslose Brutalität des weltweiten *imperialistischen Kapitalismus*. Das Ansehen der USA, der Schutzmacht des Westens, wurde durch den Vietnamkrieg massiv beschädigt, der Glaube und das Vertrauen in die Rechtmäßigkeit des westlichen demokratischen Systems erschüttert.

Als politische Alternative zum *imperialistischen Kapitalismus* entdeckten die 1968er China.

Die andere mögliche Alternative, die Sowjetunion, kam als Gegenmodell nicht in Frage, sie erschien verknöchert und bürokratisch. Als 1968 russische Panzer in die Tschechoslowakei rollten und den *Prager Frühling* beendeten – eine Bewegung, die Liberalisierungen innerhalb der bestehenden sozialistischen Gesellschaftsordnung gefordert hatte – hatte sich die Sowjetunion in den Augen der meisten westlichen Linken endgültig desavouiert.

China hatte den Einmarsch scharf verurteilt. Sein Staatschef Mao Zedong wurde zur leibhaften Verkörperung einer anderen, einer revolutionären und besseren Welt verklärt, er wurde als Politiker und Stratege, als Dichter und Künstler, als Befreier Chinas und der Welt von Ausbeutung, Entfremdung und Unmenschlichkeit gefeiert. Der *Kampf der Völker der Dritten Welt* wurde 1968 zur großen Hoffnung gegen den Imperialismus und Kapitalismus des Westens.

Mao Zedong hatte 1966 die *Große Proletarische Kulturrevolution* verkündet und die chinesische Jugend zum Idol und zur weltverändernden Kraft schlechthin bestimmt. Das faszinierte die Jugend im Westen.

Rudi Dutschke, einer der wichtigsten Führer der westdeutschen Studentenbewegung, bewunderte China und erklärte die 1968er Bewegung zu *unserer Kulturrevolution*.

Und so zogen etwa im Januar 1969 Studenten zum Parteihaus der Berliner SPD und skandierten: *Sie sind alt, wir sind jung – Mao Tse-tung*. Dem Zug voraus marschierten einige hundert halbwüchsige Mitglieder einer *Roten Garde Berlin*, unter ihnen Peter Brandt, Sohn des damaligen Vizekanzlers und zukünftigen Bundeskanzlers Willy Brandt.[4]

Mao und China standen für eine bessere Welt: für die Jugend, für den revolutionären *Langen Marsch* und für eine auch in Deutschland notwendige *Kulturrevolution.* In China, bei Mao Zedong, fand die 1968er Bewegung, die sich später auf den *Langen Marsch durch die Institutionen* machte, ihr Programm.

Der Kult um Mao entfaltete sich und galt als *radical chic.* Fußballer wie der deutsche Nationalspieler Paul Breitner huldigten Mao, Künstler wie Jörg Immendorf malten ihn, die späteren Politiker Joschka Fischer, Jürgen Trittin, Ulla Schmidt, Antje Vollmer und viele andere waren Mitglieder einer der zahlreichen maoistischen Gruppen.

Der französische Philosoph Jean Paul Sartre übernahm die Herausgeberschaft der Zeitung *La cause du peuple,* die ein Mao-Emblem im Titel zeigte, und lobte die Pariser Studenten als *die Maos.* Brigitte Bardot, französische Schauspielerin und eine der meistfotografierten Frauen der Welt, Symbol für Frankreich schlechthin, posierte im Mao-Look. Andy Warhol, einer der bedeutendsten Vertreter der amerikanischen POP-Art, malte 1972 ein Porträt von Mao Zedong, das Mao als Ikone und gleich in Serie in die westlichen Kunstgalerien brachte.

Einer dieser von Mao begeisterten deutschen Studenten berichtete später,

Demonstranten halten bei einer Straßenblockade 1968 in Berlin Bilder von Mao Zedong hoch

wie tief ihn der 1970 veröffentliche Bericht des amerikanischen Journalisten Edgar Snow über einen Besuch bei Mao Zedong berührt und beeindruckt hatte. Snow schilderte, wie Mao Zedong ihn verabschiedet habe: („Er" im nachfolgenden Zitat meint Mao Zedong). *Es gehe nicht an (er streckte seine Hände aus), alles ihm zu überlassen. Als er mich höflich zur Tür begleitete, sagte er, er sei kein komplizierter Mensch, sondern wirklich sehr einfach. Er sei, sagt er, ein einsamer Mensch, der die Welt mit einem löchrigen Regenschirm durchwandert.*[5]

Der Zeitzeuge erinnerte sich noch 20 Jahre später genau, wie tief ihn damals diese Worte Mao Zedongs bewegt hatten: *Kein Satz Mao Tse-tungs hat manchen (mich jedenfalls) damals so berührt wie gerade dieser. Er hatte den haut goût von verfeinerter Schlichtheit, revolutionärer Transzendenz, von universeller Verbundenheit mit der Welt, dem Leben und dem Tod – und von der „Unsterblichkeit des Revolutionärs".*[6]

Der heroische, einsame Mao, der ungenügend gerüstet durch die kalte, unwirtliche Welt ging und für seine Ideale kämpfte: ein zutiefst ergreifendes Bild.

Aber das Bild und die Gefühle, die es hervorrief, gründeten in einem Missverständnis.

Mao hatte beim Abschied von Snow die erste Zeile eines bekannten chinesischen Gedichts zitiert und dessen zweite Zeile ausgelassen. Da die junge Dolmetscherin nicht literarisch gebildet war und Maos Worte nicht als Zitat erkannte, hatte sie falsch übersetzt: *Der einsame Mensch, der die Welt mit einem löchrigen Regenschirm durchwandert.*

Annähernd richtig und vollständig übersetzt, müsste der Satz von Mao lauten: *ohne Haar, ohne Himmel, der kahlköpfige Mönch kann unter seinem Schirm den Himmel nicht sehen.*

In dem Gedicht steckte ein in China beliebtes und auch bekanntes Wortspiel. In veränderter Betonung drückte das Gedicht aus, jemand sei *ohne Gesetz, ohne Himmel*, oder, in anderen Worten, *weder irdischen noch göttlichen Gesetzen unterworfen*. Maos Worte ergaben nur in der fehlerhaften Übertragung den existentiell tief berührenden Sinn, Mao habe sich als einen einsamen, den Elementen ausgesetzten Menschen gesehen. In Wirklichkeit hatte Mao ausgedrückt, dass er sich selbst Gott und Gesetz sei.[7]

Und dieses kleine, falsch wiedergegebene Zitat ist nur eines der vielen Missverständnisse im Verhältnis von Mao Zedong und dem Westen.

Sowohl Bundeskanzler Kiesinger mit der nebulösen Warnung wie auch die begeisterten und ergriffenen Anhänger von Mao Zedong hatten sich ihr jeweils eigenes Bild von China zu Recht gelegt. Und die meisten der Bilder waren schlicht und einfach falsch. China und die Kulturrevolution waren für Deutschland weder die gefürchtete Bedrohung noch boten sie die ersehnte antiautoritäre Gegenwelt. Das ferne China und die Große Proletarische Kulturrevolution waren und blieben anders, eigen, ungeeignet zur Projektionsfläche europäischer Ängste wie auch europäischer Sehnsüchte.

Das sollen die folgenden Seiten zeigen.

# ERSTER TEIL

# CHINA VON 1911 BIS 1949

*Alle Ausländersiedlungen hatten Parks. Zu ihnen hatten die Chinesen keinen Zutritt. Am Eingang des Huangpo-Parks am Nordende der Uferpromenade von Shanghai stand ein Schild, das nicht nur Hunde und Fahrräder im Park verbot, sondern auch Chinesen den Zutritt verwehrte. In der Erinnerung der Chinesen verbanden sich die Verbote auf dem Schild zu einer gemeinsamen Aufschrift. „Zutritt für Chinesen und Hunde verboten". Man muss dies alles wissen, will man das heutige China verstehen. Das Trauma des Sturzes in Armut und Schande und die Demütigung durch die Ausländer sind unauslöschlich in das Gedächtnis jedes einzelnen Chinesen eingebrannt.*[8]

## China 1911

*Um wenigstens teilweise zu verstehen, was in China seit dem Juni 1966 geschehen ist, muss man bis ins Jahr 1927 zurückgehen. Zusammenfassend kann man sagen, dass der Zwist zwischen Mao und der UdSSR, der nach unserer Meinung die Ursache für die Kulturrevolution ist, auf dieses Jahr zurückgeht.*[9]

Alberto Moravia, der italienische Schriftsteller, der diesen weiten Bogen eingefordert hatte, bereiste China während der Kulturrevolution, die 1966 begonnen hatte und bis 1976 dauerte. Moravia beobachtete genau und kannte die Geschichte der kommunistischen Bewegung. Auf der langen Rückschau beharrte er zu Recht: Um die chinesische Große Proletarische Kulturrevolution auch nur annähernd verstehen zu können, muss man weit in die Vergangenheit zurück – und noch besser bis ins Jahr 1911, dem Jahr der chinesischen Revolution.

1911 wurde die letzte chinesische Kaiserdynastie, die Dynastie der Qing, gestürzt. Die Revolutionäre waren Nationalisten und Patrioten, die das reformunfähige Kaisertum beenden und China umfassend modernisieren wollten. Als letzter Kaiser von China saß Pu Yi auf dem Drachenthron – 1911 ein kleiner, fünfjähriger Junge.

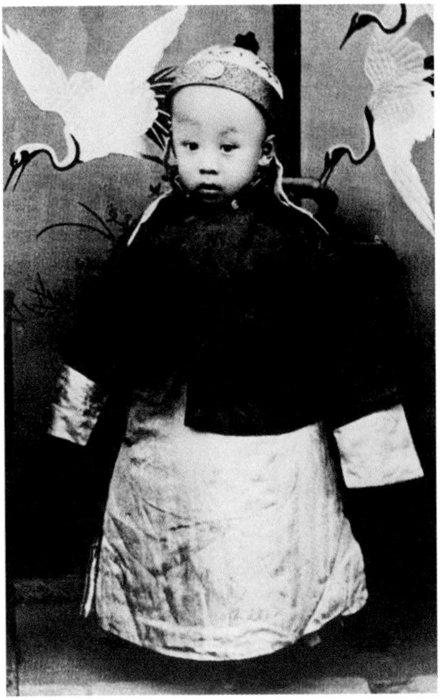

Pu Yi

Sein Reich war eines der ärmsten Länder der Erde. In Zahlen ausgedrückt, liest sich das so: 1820 lag das chinesische Bruttosozialprodukt (mit 600 US-Dollar pro Kopf) weit unter dem der Industriestaaten. In anderen armen asiatischen Staaten wie Japan, Vietnam und Indien lag das Bruttosozialprodukt allerdings ähnlich niedrig. Kritisch wird es aber bereits für China 1870, fünfzig Jahre später. Großbritannien und die USA hatten ihr Bruttosozialprodukt gegenüber 1820 verdoppelt. Das von Japan war geringfügig gestiegen, das von Vietnam und Indien stagniert. Aber Chinas Bruttosozialprodukt war gefallen: auf 530 US-Dollar.

Dann 1911: Japan war doppelt so reich wie im Jahr 1870. China aber war ärmer, als es 1820 gewesen war (sein Bruttosozialprodukt betrug nun 550 US-Dollar pro Kopf). Chinas Wirtschaft war in den fast 100 Jahren, über die einigermaßen verlässliche Zahlen vorliegen, nicht gewachsen, sondern geschrumpft. Vom armen Land war es zu einem bettelarmen Land zurückgefallen, ärmer als arme Staaten wie Vietnam, Thailand, Indien oder Ghana.[10]

### Was war geschehen?

Die letzte regierende Qing-Dynastie war zunehmend unfähig geworden, auf die im 19. Jahrhundert entstandenen Probleme zu reagieren. Innenpolitisch drängende Probleme wurden nicht gelöst, notwendige Reformen aufgeschoben, verschleppt oder erst gar nicht angegangen.

Nun war aber das 19. Jahrhundert die Zeit des europäischen, US-amerikanischen und japanischen Kolonialismus und Imperialismus. Das rückständige chinesische Kaiserreich fiel ihnen zur Beute. Mit Militärgewalt und Kanonenbootdiplomatie verfolgten die Industrienationen ihre

Chinesische Bettler in den 1910ern in Peking

Wirtschaftsinteressen auf fremden Territorien.

Großbritannien, Frankreich, die USA, Japan, das russische Zarenreich und zuletzt auch das Deutsche Kaiserreich richteten sich Handelsniederlassungen in den chinesischen Hafenstädten ein. Ihre Banken, Redereien, Eisenbahn- und Bergwerkskonzerne übten in China wie selbstverständlich die eigenen Geschäftsinteressen aus. Der chinesische Kaiserhof verfügte nicht über die Macht, gegen die Fremden vorzugehen.

Die Ausländer reservierten sich Sonderrechte und setzten es durch, dass sie nicht der chinesischen Verwaltung und Gerichtsbarkeit unterstanden. Briten und Amerikaner verwalteten die chinesischen Großstädte, Shanghai etwa unterstand einem britischen Stadtrat. Als Zeichen und zur Wahrung der Macht der Ausländer ankerten in den Häfen deren einsatzbereite Kanonenboote.

Bund in Shanghai um 1930

Auch nach dem Sturz der letzten Kaiserdynastie änderte sich nichts an dieser Lage. Auf dem Papier war China zwar ein Land mit staatlicher Souveränität und keineswegs eine Kolonie – und dennoch war China quasikolonialer Kontrolle unterstellt, halbkolonial, wie Mao Zedong es später beschrieb.[11] China war zu einem verachteten, *primitiven* Land herabgesunken.

Der berühmte französische Chinaspezialist Jaques Gernet, ein Gegner jeder Kolonialpolitik, auch der französischen in Nordafrika, nannte dieses halbkoloniale China empathisch das *gedemütigte China*.[12]

Chinesen als Diener der Europäer (um 1901)

# Die Zeit der Kriegsherren

Yuan Shikai

Wie waren die Jahrzehnte nach 1911, nach dem Sturz des Kaisertums, aus denen Mao Zedong und die Kommunisten 1949 als Sieger hervorgingen?

In den Wirren nach der Revolution von 1911 hatte der mächtigste General der früheren kaiserlichen Armee, Yuan Shikai, in China eine Militärdiktatur errichtet. Yuan Shikai, beendete die zaghaften Anfänge einer demokratischen Regierungsführung und begann, eine neue Kaiserdynastie mit sich als Kaiser schaffen zu wollen. Sein früher Tod 1916 zerschlug den Plan.

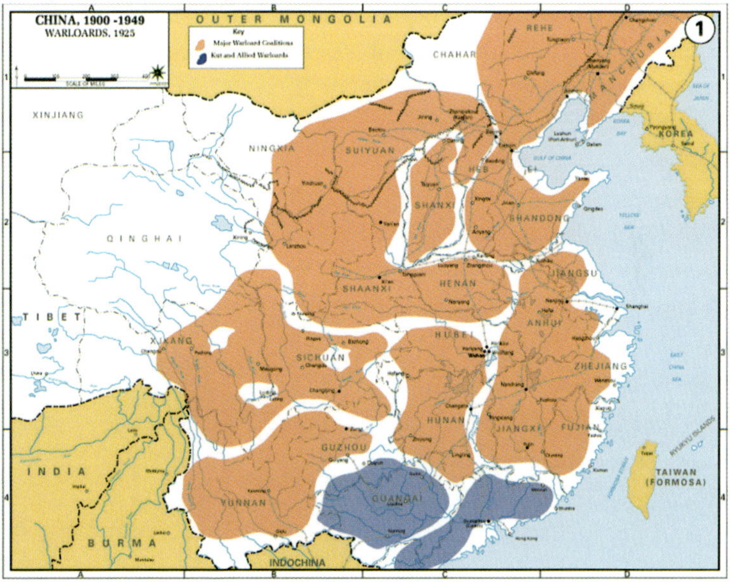


Die Einflussgebiete der Warlords in China bis 1927 (Blau: Gebiete der Guomindang. Rot: Gebiete der Warlords)

Nach Yuan Shikais Tod fanden sich zahllose Nachahmer, die seine Position anstrebten. Die Stunde der Provinzherrscher und mächtigen Generäle hatte geschlagen. Gestützt auf traditionelles Ansehen und Autorität stellten sie Privatarmeen, Milizen zusammen und brachten ihre Einflussgebiete unter ihre Herrschaft und Kontrolle. China zerfiel von 1917 bis 1927 in die Machtbereiche dieser Warlords, dieser Kriegsherren und Militärs.

## Sun Yat-sen und die Guomindang

1912 hatte der bedeutendste Politiker unter den Revolutionären von 1911, Dr. Sun Yat-sen (1866–1925), eine Partei gegründet, Guomindang, die Nationale Volkspartei. Sun Yat-sen als Vorsitzender gab der Partei ein liberales, demokratisches Programm mit Schwerpunkt auf der *nationalen Erneuerung*.

Sun Yat-sen formulierte als Kern des Parteiprogramms *Drei Volksprinzipien*. Er forderte für China die nationale Souveränität, demokratische, rechtsstaatliche Strukturen und die Möglichkeit für jeden Einzelnen, ein Leben in Würde zu leben, unabhängig vom gesellschaftlichen und sozialen Rang. Suns Humanismus war radikal: Kein Herr, kein Sklave, nirgendwo.

Sun hatte auch verstanden, wie existenziell notwendig eine Bodenreform für China war, die Umverteilung des Bodens an die große Masse der besitzlosen Bauern, die zur Pacht gezwungen waren und infolge oft erdrückender Pachtzinsen am Rande bitterer Armut lebten. Sun plante die Zerschlagung des Großgrundbesitzes. *Das Land dem Pflüger*, formulierte er die Forderung prägnant.

Sun Yat-sen

Zur Umsetzung seines Programms suchte Sun zunächst die Hilfe und Unterstützung der USA, wo er lange gelebt und studiert hatte.

Sun änderte jedoch seine pro-westliche Haltung, als nach Ende des Ersten Weltkriegs bekannt

Studenten der Universität Peking protestieren gegen die Übergabe von Qingdao an Japan in den Abkommen des Versailler Vertrags

wurde, dass im Zuge des Friedensvertrags von Versailles (1918/1919) das bislang vom Deutschen Kaiserreich als Kolonie besetzte Gebiet Jiaozhou (Kiautschou) mit der Hauptstadt Qingdao (Tsingtao), im Süden der Halbinsel Shandong zwar Deutschland aberkannt worden war, aber nicht an China zurückfallen würde. Das Gebiet um Qingdao war Japan zugesprochen worden – das Resultat einer geheimen Vereinbarung zwischen General Yuan Shikai und den Westmächten, was man aber in China nicht wusste. Enttäuscht und verbittert über diesen erneuten Verrat an der nationalen Souveränität Chinas wandte Sun sich vom Westen ab und der neugegründeten russischen Sowjetrepublik zu.

## China und der Marxismus: Der neue Weg

### China suchte den Anschluss an die Moderne

1917 siegte im russischen Zarenreich die Oktoberrevolution; die russischen Kommunisten, die Bolschewisten unter Führung Lenins stürzten das Zarentum. Die Zeitungsberichte fanden in China aufmerksame Leser.

Lenin und die russischen Bolschewisten erklärten, durch den Marxismus *objektive Gesetze der gesellschaftlichen Veränderung und Entwicklung* begriffen zu haben, die deutlich machten, dass sowohl der Kapitalismus wie der Imperialismus zum Untergang verurteilt seien.

Welches unterdrückte, halbkoloniale Land würde da nicht aufmerken und interessiert vom zwingenden Untergang des Kapitalismus und Imperialismus hören? Zumal die Westmächte sich im Ersten Weltkrieg gerade selbst zerfleischt hatten und sich Lenins Aussagen exakt zu bestätigen schienen.

Jahrzehnte später schien auch der Zweite Weltkrieg die Überlegenheit des Sozialismus erneut zu beweisen: War das zaristische Russland bei der Revolution von 1917 ein relativ rückständiges Land gewesen, ging die Sowjetunion aus dem Zweiten Weltkrieg als eine der Siegermächte hervor.

## Proletariat und Bourgeoisie

### Immer: Klassenkampf

Das Werk von Karl Marx und Friedrich Engels ist sehr komplex. Grob kann man vereinfachen: Marx und Engels haben den Frühkapitalismus des 19. Jahrhunderts untersucht und aus der neu entstandenen industriellen Produktionsweise Folgerungen für die Vergangenheit und für die Zukunft gezogen.

Karl Marx

Friedrich Engels

Bis zum Beginn der Industrialisierung hatte Produktion, Herstellung von Waren und Gütern überwiegend

Handarbeit in Werkstätten und kleinen Betrieben bedeutet, mit einer kleinen, überschaubaren Zahl von Beschäftigten. Nun wurde die Handarbeit ganz oder teilweise von neuerfundenen Maschinen wie dem mechanischem Webstuhl oder der Spinnmaschine übernommen. An den extrem teuren Maschinen arbeiteten Massen von Arbeitern in großen Fabriken unter Aufsicht und Kontrolle. Das herkömmliche Handwerk, die selbstständigere, vergleichsweise freie Arbeit konnte der Konkurrenz der Maschine nicht lange standhalten. Maschinenarbeit schlug Handarbeit. Sie war effizienter und billiger.

Immer mehr Menschen gingen zur Arbeit in die Fabriken. Besonders in England, wo die Industrialisierung begonnen hatte, waren die Arbeitsbedingungen oft schlimm. In Städten wie Manchester ballte sich das Arbeiterelend. Friedrich Engels hat es angeklagt: eintönige, körperlich schwere Arbeiten von täglich zwölf bis sechzehn Stunden für die Männer bei niedrigem Lohn, eine fast ebenso lange Schufterei für die Frauen und sogar für die Kinder bei noch niedrigerem Lohn: Der Mensch als Fabriksklave, eingezwängt in ein Joch aus Lärm und Stechuhr, dem Rhythmus der Maschine unterworfen.

Maschinenhalle in Sachsen 1868

Dem unterdrückten, ausgebeuteten Arbeiter auf der einen stand auf der anderen Seite der ausbeutende *Kapitalist* gegenüber. Auch er unterlag dem *Gesetz des Marktes* und der Konkurrenz, das zu immer größerer wirtschaftlicher Macht und schließlich zur Monopolbildung antrieb und die Welt zu einem gigantischen Markt schrumpfen ließ, auf dem der Kapitalist sich imperialistisch immer neue Märkte erschließen oder untergehen musste.

Marx und Engels beschrieben die besitzlosen Arbeiter und die besitzenden Kapitalisten als zwei *Klassen:* als *Proletarier* und *Bourgeoisie*. Der Gegensatz zwischen den Klassen, der *Klassengegensatz*, schrie nach einem Umsturz, einer Revolution. Revolutionen waren das Triebrad der Geschichte, das hatten Marx und Engels aus dem Studium der Geschichte geschlossen und als *Gesetz* der Geschichte beschrieben:

*Die Geschichte aller bisherigen Gesellschaften ist die Geschichte von Klassenkämpfen.*

*Freier und Sklave, Patrizier und Plebejer, Baron und Leibeigener, Zunftbürger und Gesell, kurz Unterdrücker und Unterdrückter, standen in stetem Gegensatz zueinander, führten einen ununterbrochenen, bald versteckten, bald offenen Kampf, einen Kampf, der jedes Mal mit einer revolutionären Umgestaltung der ganzen Gesellschaft endete oder mit dem gemeinsamen Untergang der kämpfenden Klassen.*

*(...)*

*Unsere Epoche, die Epoche der Bourgeoisie, zeichnet sich jedoch dadurch aus, dass sie die Klassengegensätze vereinfacht hat. Die ganze Gesellschaft spaltet sich mehr und mehr in zwei große feindliche Lager, in zwei große, einander direkt gegenüberstehende Klassen: Bourgeoisie und Proletariat.*

*(...)*

*Mögen die herrschenden Klassen vor einer kommunistischen Revolution zittern. Die Proletarier haben nichts in ihr zu verlieren als ihre Ketten. Sie haben eine Welt zu gewinnen.*[13]

Die Industrialisierung hatte den Fabrikarbeiter geschaffen, dessen grundlegende Erfahrung die Arbeit in der Masse, im Kollektiv war. Aufgrund dieser Erfahrung würden die Arbeitermassen daher, wenn sie erst einmal die Bourgeoisie und den Kapitalismus in einer letzten, weltweiten Revolution gestürzt hätten, die Macht im Staat übernehmen und die umfassende große sozialistische Gemeinschaft verwirklichen: den Sozialismus und Kommunismus (abgeleitet von Lateinisch „communis", gemeinschaftlich, gemeinsam).

Das Proletariat würde sich gegen die ausbeuterische Bourgeoisie erheben und dieser Sturz des Kapitalismus würde sich zuerst in den am weitesten industrialisierten Ländern mit dem größten Proletariat ereignen.

Soweit die Theorie.

## Lenin und die ausbleibende Weltrevolution

### Die Praxis sah anders aus

Das erste Land, das die *Bourgeoisie* revolutionär gestürzt hatte, war Russland mit einer verschwindend kleinen Fabrikarbeiterschaft, das schwächste der europäischen Mächte und das am wenigsten industrialisierte.

Der russische Revolutionsführer Lenin hatte erwartet, dass die Oktoberrevolution als Initialzündung wirken und sich auch das Proletariat Großbritanniens, Frankreichs und Deutschlands dem russischen Vorbild anschließen und revolutionär erheben würde. Vor allem auf dem deutschen Proletariat ruhte seine Hoffnung. Das Proletariat folgte aber nicht dem russischen Beispiel.

Lenin verfolgte trotzdem weiter die eingeschlagene Linie und besserte sozusagen nach: Wenn das Proletariat der Industrieländer noch zögerte, noch nicht reif genug für die sozialistische Revolution oder gar schon kapitalistisch korrumpiert war, dann musste Russland als Vorbild für die Proletarier aller Länder den Weg unbeirrt allein weitergehen. Und in der Sowjetunion, wie Russland nun hieß, den vorbildlichen *Sozialismus* aufbauen – als Übergangsperiode zum *Kommunismus*. (Der *Kommunismus* war laut marxistischer Auffassung nur als Weltbewegung zu verwirklichen – dann, wenn die Sowjetunion von vielen weiteren sozialistischen Ländern umgeben und nicht mehr gezwun-

Lenin 1919 in Moskau

gen war, mit kapitalistischen Ländern Handel zu treiben, sich gegen sie zu verteidigen und zu behaupten.)

Die Übergangslösung nach der erfolgreichen Revolution im Alleingang und vor der Weltrevolution hieß also *Sozialismus*.

In *Der Imperialismus als das höchste Stadium des Kapitalismus* hatte Lenin 1916 (1917 veröffentlicht) sein Bild des Kapitalismus des 20. Jahrhunderts dargelegt. Im Inneren sei er ein Monopolkapitalismus, weil zunehmend weniger, aber dafür immer mächtigere Konzerne die Wirtschaft lenkten. Nach Außen trete er als Imperialismus auf. In seiner historischen Bedeutung aber sei er die letzte Vollendung des Kapitalismus, ein verfaulender, sterbender Kapitalismus, der Vorbote der nahenden Weltrevolution.

Nachdem die Revolution in den Industrieländern weiterhin ausblieb, dehnte Lenin im Sommer 1920 seine Theorie auf Länder aus, die *kolonial oder halb-kolonial* waren, auf quasi-koloniale Länder wie China.

Er wies ihnen eine neue und wichtige Rolle in der Weltrevolution zu: Die Weltrevolution sei nicht nur der Kampf *revolutionärer Proletarier in allen Ländern gegen ihre eigene Bourgeoisie*, sondern der Kampf *aller unterdrückten Völker in allen Kolonien, Ländern und Schutzgebieten gegen den internationalen Imperialismus*.[14]

Die unterentwickelten Länder bekamen eine neue und tragende Rolle im Kampf gegen den Kapitalismus und Imperialismus zugeteilt, die sie im klassischen Marxismus in dieser Form nicht gehabt hatten.

Und dass die kapitalistischen und imperialistischen Länder vor dem langen Atem der Geschichte Auslaufmodelle waren, verfault und sterbend – Lenins Beschreibung eines unaufhaltsamen Niedergangs des kapitalistischen Westens schuf neuen Raum.

## Europa und China

Die Oktoberrevolution, die das Zarentum gestürzt und den Sozialismus als Staatsform an die Macht bringen wollte, wurde von den armen Ländern bewundert. Dass laut Lenin auch halbkoloniale Länder wie China eine wichtige Rolle im revolutionären Kampf gegen den Imperialismus spielen konnten, wurde von den chinesischen Intellektuellen höchst interessiert zur Kenntnis genommen. Lenins Botschaft fiel außerdem auf einen gut vorbereiteten Boden.

In den ersten Jahrzehnten des 20. Jahrhunderts waren junge Chinesen

Deng Xiaoping als Student in Frankreich

als Studenten und Werkstudenten nach Europa gegangen, um vom Westen zu lernen. Dort waren sie mit dem Marxismus in Berührung gekommen und nahmen ihn begierig auf. In Europa und nach ihrer Rückkehr in China gründeten sie Debattierklubs, in denen sie über *Marxismus und Sozialismus* diskutierten.

Eine wichtige Rolle spielte die Gruppe der chinesischen Studenten in Frankreich. Sie zogen während des Ersten Weltkriegs mit einem Arbeitsstipendium nach Paris und Umgebung, arbeiteten in den Fabriken, wo kriegsbedingt jede Arbeitskraft gebraucht wurde, und organisierten nach der Rückkehr den weiteren Studienaustausch mit Frankreich. Deng Xiaoping zum Beispiel – Teilnehmer des Langen Marsches, ab 1949 Generalsekretär der Kommunistischen Partei und nach Mao Zedongs Tod 1976 verantwortlich für die bedeutenden Reformen, die China zu der heutigen Wirtschaftsmacht gemacht haben – ging im Rahmen dieses Programms 1920 als Werkstudent nach Frankreich und arbeitete unter anderem bei Renault. Auch der spätere Premierminister der Volksrepublik, Zhou Enlai studierte ab 1920 in Frankreich, einige Zeit auch in England und Deutschland. Deng Xiaoping wie Zhou Enlai waren beide neben Arbeit und Studium noch für das Büro der Kommunisten in Paris tätig. Zhu De, der spätere Mitbegründer und General der Roten Armee und der Volksbefreiungsarmee, hatte in Deutschland, in Göttingen studiert.

## Marx auf Chinesisch

In den Studierzirkeln, welche die Studenten nach der Rückkehr in China gründeten, erhielt der Marxismus neue Auslegungen. Zum Marxismus in China sollte man wissen: Bis zum Sieg der Kommunisten 1949 gab es in China kaum marxistische Literatur. Ins Chinesische übersetzt waren nur eine gekürzte Fassung des *Manifests der Kommunistischen Partei und Zur Kritik des Gothaer Programms* von Karl Marx. Auch ein paar wenige Schriften von Karl Kautsky, einem deutschen Marxisten und Sozialdemokraten, waren auf Chinesisch zugänglich.[15] Alle diese Texte waren zudem aus dem Japanischen ins Chinesische übertragen worden (Japanisch und Chinesisch haben viele gemeinsame Schriftzeichen und Japan besaß die umfangreichere moderne Literatur).

Übersetzungen bergen ohnehin eigene Probleme und das vor allem im Chinesischen wegen der Besonderheit der Schrift.

Die marxistischen Begriffe weckten durch die Übertragung in die traditionellen und mit historischer Bedeutung aufgeladenen Schriftzeichen beim Leser andere Assoziationen, als von Marx und Engels gemeint.

Den Chinesen erschien der Kommunismus, wie er ihnen in den Übersetzungen entgegentrat, sehr vertraut. Der Kommunismus war doch die *Große Gemeinschaft*, die *Große Harmonie*, das chinesische Ziel seit Urzeiten schlechthin? Und war für die *Große Harmonie*

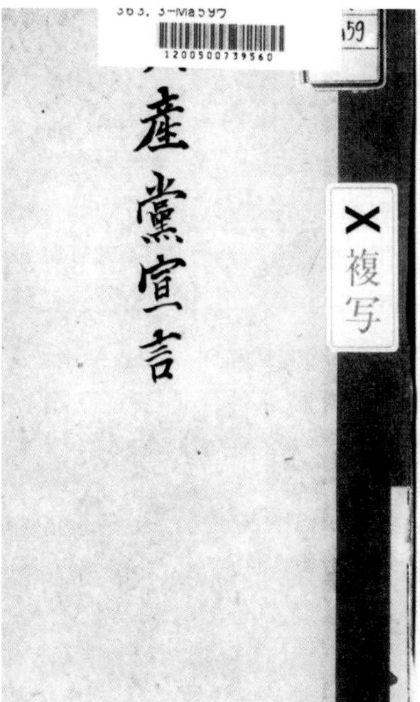


Eine japanische Ausgabe des Manifests der Kommunistischen Partei von Karl Marx und Friedrich Engels

Das chinesische Symbol für Harmonie: Yin und Yang

die volle kapitalistische Entfaltung, wie bei Marx beschrieben, wirklich notwendig?[16]

## Marxismus und Voluntarismus

Zu der zwangsläufigen inhaltlichen Umformung des Marxismus infolge der Schriftzeichen kam eine weitere Umformung dazu, die durch die internationale wissenschaftliche Debatte der Zeit angeregt war. In der zeitgenössischen philosophischen und psychologischen Debatte spielte der menschliche *Wille* eine überragende Rolle. *Voluntarismus* – von lateinisch: der Wille – nannte man die Theorie, dass letztendlich der *Wille* das grundlegende Prinzip des Lebens sei und alles andere in den Schatten stelle. Dass der Wille die Triebfeder, der Wille das Grundprinzip überhaupt sei, zählte zum neuesten philosophischen Diskurs. Gebildeten Chinesen kam auch diese Theorie altbekannt und längst vertraut vor, denn eine ähnliche Vorstellung findet sich schon in der alten chinesischen Tradition.

Ein intellektuelles Zentrum für ganz China war die Universität von Peking. Direktor der Bibliothek der Universität Peking war Li Dazhao (1888–1927), ein bedeutender Wegbereiter des Marxismus in China. Ein Hilfsbibliothekar, der unter ihm arbeitete, war Mao Zedong. Li und Mao gründeten eine *Marxistische Studiengesellschaft*, die sich an freien Abenden in der Bibliothek versammelte.

Li Dazhao kannte die alte chinesische Tradition genauso wie die neue Debatte über den *Willen*. Er ergänzte den Marxismus um diese beiden Aspekte.

Mitglieder der Marxistischen Studiengesellschaft an der Universität Peking (1921)

Und er entwickelte Vorstellungen und Gedanken, die auch Mao Zedong später vertreten wird.

Chinesische Marxisten wie Li Dazhao überlegten: Kann nicht auch die aus dem Willen geborene Tat den Sprung in die sozialistische Gesellschaft beschleunigen oder sogar herbeiführen? Kann der Wille nicht das marxistische *Gesetz* – Industrialisierung, Kapitalismus und dann die Revolution – teilweise oder auch ganz in seinem eigentlichen Verlauf verkürzen? Schließlich hatten die imperialistischen Länder sich im Ersten Weltkrieg gerade gegenseitig in Schutt und Asche gelegt und waren sehr geschwächt. Musste das rückständige China, das die Revolution durchführen und den Sozialismus aufbauen wollte, wirklich unbedingt zuvor vollständig industrialisiert und kapitalistisch werden? Oder erlaubte nicht eine besondere Anstrengung des Willens eine Abkürzung zum Sozialismus/Kommunismus? Es waren ja doch nicht die ökonomischen Verhältnisse allein, sondern genauso bedeutsam war der Wille der Massen. Alle wirtschaftlichen Vorbedingungen für eine Revolution wären doch ohne die dazu bereiten Menschen, ohne die Menschen mit dem richtigen Willen, gleichsam nur totes Material.

Man konnte mit einiger Kühnheit, und die chinesischen Marxisten wie Li Dazhao waren so kühn, weiter folgern: Unter gewissen Bedingungen könnte doch auch allein der *Wille* ausreichen, um die Revolution, die neue Gesellschaft zu schaffen.

Li Dazhao, Direktor der Bibliothek der Universität Peking

Die These von Marx und Engels, dass die Geschichte gesetzmäßig verlaufe, erweiterten Marxisten wie Li Dazhao um den (zur marxistischen These im Widerspruch stehenden) Zusatz: Der Verlauf der Geschichte kann auch durch den freien Willen der Menschen verändert werden. Das *Wunder* des *Willens und Bewusstseins* kann die Geschichte durchbrechen. Das *Wunder des Willens* konnte Berge versetzen –

warum sollte es nicht auch das marxistische Gesetz von der Stufenfolge der gesellschaftlichen, politischen und ökonomischen Entwicklung aufheben?[17] Li Dazhao schrieb 1921 an einen Freund:

*Die Weltwirtschaft von heute bewegt sich bereits vom Kapitalismus zum Sozialismus, und obgleich China selbst den Prozess der Herausbildung eines kapitalistischen Wirtschaftssystems noch nicht durchgemacht hat wie Europa, Amerika und Japan, leidet das chinesische Volk dennoch bereits indirekt unter der Unterdrückung der kapitalistischen Wirtschaft, bitterer sogar als die arbeitenden Klassen der verschiedenen kapitalistischen Staaten. ... Wenn wir unter diesen Bedingungen weiterbestehen und dem Lebensstandard der übrigen Welt gleichkommen wollen, werden wir, fürchte ich, nur dann Erfolg haben können, wenn wir doppelte Schritte machen und uns in kooperativen Organisationen zusammenfinden. Deswegen müssen wir, wenn wir eine Industrie in China entwickeln wollen, eine Regierung schaffen, die allein aus dem arbeitenden Volk besteht, um auf diese Weise die Klassen der Ausbeuter innerhalb des Landes abzuschaffen, den Weltkapitalismus zu bekämpfen und der Industrialisierung auf sozialistischer Grundlage den Weg zu bahnen.“* [18]

Li Dazhao forderte die Macht im Staat für die Arbeiter und Bauern schon jetzt, während das nichtindustrialisierte China sich an den Aufbau einer modernen Industriegesellschaft machte. An anderer Stelle sprach er davon, dass China als Land das *Proletariat* sei, da die imperialistischen Auslandsmächte China ausbeuteten wie die Kapitalisten das Proletariat. Daher habe sich das *ganze Land allmählich in einen Teil des Weltproletariats verwandelt.*[19] Auch deshalb sei China jetzt schon auch ohne entwickelten bürgerlichen Kapitalismus reif für die Revolution.[20]

Das chinesische Volk leide, so Li Dazhao, bitterer als andere und könne deshalb nicht warten. Es müsse *doppelte Schritte machen*, das Tempo beschleunigen, alle Kräfte des Willens anspannen und direkt zum Sozialismus übergehen.

*Doppelte Schritte*: Nach der Machtübernahme wird Mao die Entwicklung beschleunigen, zum *Großen Sprung nach vorne* ansetzen und Jahre später in der Kulturrevolution alles riskieren, um China sofort kommunistisch zu machen. Maos gewaltige Kampagnen wurzeln im Voluntarismus, der tief in der frühen Geschichte des chinesischen Kommunismus verankert ist.

## Neben dem Proletariat die Bauern

Li Dazhao hatte auch bereits die Bauern als Träger der Revolution im Blick, um das neue China zu schaffen. 1919 forderte er die marxistischen Studenten auf, mehr die Bauern auf dem Land aufzusuchen als sich in den Studierstuben der Städte einzig mit der Theorie abzugeben: *Wir sollten nicht in den Städten herumstreichen und zu Bildungsvaganten werden, die außerhalb der Gesellschaft des arbeitenden Volks stehen, sondern lieber selbst auf die Dörfer gehen, ... Hacke und Pflug ergreifen und uns zu Gefährten der schaffenden Bauern machen. (...) In den stillen Perioden des Landlebens wollen wir also in die Städte gehen, um zu studieren, in den Perioden des Hochbetriebs aber mit den Bauern auf die Felder ziehen, um zu arbeiten... So wird der Hauch städtischer Kultur sich mit dem Schatten der Bäume und dem Rauch der dörflichen Kamine vermählen, und jene reglosen traurigen alten Dörfer werden sich verwandeln in lebendige rege neue Dörfer. Die große Gemeinschaft dieser neuen Dörfer wird unser >junges China< sein.*[21]

Marx meinte mit Proletariat die westliche und städtische Arbeiterklasse, die besitz- und rechtlose Fabrikarbeiterschaft, ausgebeutet und erniedrigt von der Kapitalistenklasse. Das Wort Proletariat ins Chinesische übersetzt lautet: wuchan jieji, besitzlose Klasse, die Armen in Stadt und Land.[22] Die ausgebeuteten, gedemütigten, verachteten Armen lebten in China zum überwiegenden Teil auf dem Land. Der Wortschatz des Marxismus konnte schlicht nicht ohne grundlegende Veränderung der Bedeutung ins Chinesische übersetzt werden.

Unter Mao Zedong wurde die Kommunistische Partei Chinas zum Ärger der russischen Kommunisten eine Partei, die auf die revolutionäre Macht der armen Bauern setzte.

## Gründung der Kommunistischen Partei

Die Gründung der Kommunistischen Partei Chinas fand laut offizieller Parteigeschichtsschreibung im Juli 1921 in Shanghai statt. Li Dazhao und Mao Zedong waren Gründungsmitglieder. Seit 1920 gab es die erste kommunistische Zelle, doch da Mao Zedong nicht bei deren Gründungssitzung anwesend war, schrieb die Parteigeschichte das spätere Datum fest.[23] Li Dazhao hatte den Anstoß zur Gründung der Kommunistischen Partei gegeben, indem er mit der Komintern Kontakt aufgenommen hatte.[24]

In diesem Haus in Shanghai wurde die Kommunistische Partei gegründet

1919 hatte Lenin die *Dritte Kommunistische Internationale*, abgekürzt: Komintern, ins Leben gerufenen. Die Komintern war der Dachverband aller kommunistischen Parteien, das wichtigste Gremium, das Zentrum der weltweiten kommunistischen Bewegung. Neben dem verbindenden Aspekt bedeutete die Komintern aber auch einen von Moskau gelenkten Zentralismus auf internationaler Ebene, denn Moskau beanspruchte die Führung über alle sozialistischen Parteien weltweit.[25]

An keinem anderen asiatischen Land war Moskau so interessiert wie am bevölkerungsreichen China. Zwei Abgesandte der Komintern, der Niederländer Henk Sneevliet (genannt Maring) und der Russe Nitkersky, nahmen an der Gründungssitzung teil.

Für Stalin wie Trotzki war klar, dass die chinesischen Kommunisten mit der bürgerlich-nationalistischen Guomindang zusammenarbeiten mussten, um China zu industrialisieren. Lenin hatte 1920 in den *Thesen zur nationalen und kolonialen Frage* das nationale Bürgertum der unterentwickelten Länder zu einem vorübergehend unerlässlichen Bündnispartner für die Kommunisten erklärt: *Die kommunistische Internationale muss ein zeitweiliges Bündnis mit der bürgerlichen Demokratie der Kolonien und der zurückgebliebenen Länder eingehen.*[27]

Und wie ging es dann weiter?

Darüber stritten Stalin und Trotzki, und zwar um genau dieselbe Frage, die schon die chinesischen Studierzirkel beschäftigt hatte. War für China eine Abkürzung zum Sozialismus möglich?

Wie Li Dazhao vertrat Trotzki die Haltung, dass schon lange bevor China sich zu einem Industriestaat entwickelt hätte, das chinesische Proletariat die Macht im Staat übernehmen müsse und diese Macht nie dem bürgerlichen Lager überlassen dürfe. Trotzki argumentierte, dass der internationale Zusammenhalt der kommunistischen Bewegung die sozio-ökonomische Ausgangslage eines Landes in der Bedeutung relativieren und ausgleichen könne. Und deshalb sei das Überspringen der Entwicklungsstufe des vollentwickelten Kapitalismus für China erlaubt.

Auf dem Befolgen des genauen Ablaufs – vollständige Entwicklung des Kapitalismus mit Herrschaft der Bourgeoisie und dann erst der revolutionäre Übergang zum Sozialismus/Kommunismus – beharrte aber Stalin dogmatisch: nur so und nicht anders laute das historische, von Marx und Engels entdeckte *Gesetz*.

Es war ein innerrussischer Machtkampf zweier Rivalen unter Austausch der üblichen Beschimpfungen: Stalin sei ein *Epigone*, Trotzki ein *linker Abenteurer*.

Stalin ging als Sieger hervor. Er befahl den chinesischen Kommunisten die Zusammenarbeit mit der Guomindang, der einzigen großen bürgerlichen Partei in China. Zusammen sollten sie die Warlords bekämpfen und die Industrialisierung vorantreiben. Stalin befahl allerdings, um der weiteren Geschichte vorzugreifen, die *Einheitsfront* nicht nur dieses eine, verständliche Mal, sondern selbst auch noch dann, nachdem die Guomindang sich von ihrem linken Flügel getrennt und die Kommunisten blutig bekämpft hatte.

Chiang Kai-shek in Uniform

# Chiang Kai-shek

Guomindang und die Kommunistische Partei Chinas verbündeten sich also auf Weisung Stalins und der Komintern. Gemeinsam bekämpften sie die Warlords.

1925 starb Sun Yat-sen.

Sun Yat-sens Nachfolger wurde der gelernte Militär Chiang Kai-shek. Chiang, der an der Militärakademie in Moskau ausgebildet worden war, richtete die Guomindang neu aus. Er nahm den Richtungswechsel vor, um den Einfluss der Kommunisten, der ihm in der Guomindang allmählich zu stark wurde, auszuschalten. 1926 waren beim Parteitag der Guomindang über ein Drittel der Delegierten zugleich auch Mitglieder der Kommunistischen Partei.

Anders als Sun Yat-sen sah Chiang seine Position an der Seite des Großbürgertums in den Städten, der Großgrundbesitzer auf dem Land, der militärischen Eliten und der Ausländer. Beste Beziehungen unterhielt Chiang überdies zu den Opiumhändlern und der Unterwelt von Shanghai. Chiang war, was damals nur wenige wussten, Mitglied der *Grünen Bande* von Shanghai, einer Triade (im Westen spricht man von Mafia), die in enger Zusammenarbeit mit den Franzosen in der französischen Konzession von Shanghai Millionengewinne aus dem klassischen Arbeitsfeld der organisierten Kriminalität erzielte, aus dem Handel mit Opium, dem Glücksspiel, aus Prostitution, Waffenhandel und Erpressung. Die Grüne Bande finanzierte Chiang, profitierte, scheffelte Geld und Macht.[28] In den britischen Polizeiakten war Chiang als vorbestraft registriert.

1926/27 zogen die Truppen der Guomindang und der Kommunisten gemeinsam und erfolgreich in den Kampf gegen die lokalen Machthaber, die Warlords. Unter dem Oberbefehl von Chiang gelang es ihnen, weite Gebiete Chinas einzunehmen. Zur Unterstützung organisierten kommunistische Studenten und Arbeiter Demonstrationen, Streiks und Boykottmaßnahmen in den Städten.

## 1927

Chiang Kai-shek marschierte im Frühjahr 1927 mit der siegreichen Armee nach Nanjing in der Provinz Jiangsu und eroberte auch diese Stadt – ein gewaltiger militärischer Erfolg. Er bestimmte Nanjing zur Hauptstadt des nun von ihm kontrollierten Chinas.

Dann zog Chiang weiter nach Shanghai. Auch in Shanghai hatten die chinesischen Kommunisten alles vorbereitet, um die Einnahme der Stadt zu ermöglichen. Fast eine Million Arbeiter streikten (die Arbeitsbedingungen waren trostlos und glichen dem berüchtigten Frühkapitalismus in England). Shanghai stand still. Strom- und Telefonleitungen waren unterbrochen, Bahnhöfe und Polizeireviere besetzt.

Chiang Kai-shek verübte Verrat an seinem kommunistischen Bündnispartner. Aus Furcht, dass die Kommunisten für die erfolgreiche Vorbereitung der Einnahme Shanghais die Einrichtung eines Stadtsowjets in Shanghai fordern könnten und dieses Modell dann für weitere Städte zum Vorbild werden könnte, ließ er die Kommunisten angreifen. Chiang befahl den Soldaten der Guomindang, sie zu töten, zu erschießen, niederzustechen.

Er hatte dieses Verbrechen von langer Hand geplant und es mit den Shanghaier Industriellen, den Polizeichefs und der *Grünen Bande* abgesprochen. Chiang hatte auch die Ausländer im Voraus informiert, die nach wie vor Sonderrechte und Konzessionen in den großen Städten besaßen.

Nachdem Chiang in Shanghai einmarschiert war, wurden Zehntausende Gewerkschaftsführer, kommunistische Arbeiter und Kader der Kommunistischen Partei getötet. Beim *Massaker von Shanghai* verloren die Kommunisten über die Hälfte aller ihrer Mitglieder und Kader in der Industriemetropole. Shanghai war aber erst der Anfang, und überall in

Enthauptung eines Kommunisten durch Soldaten der Guomindang 1927

Chiangs Machtbereich wurden nun die Kommunisten verfolgt und großenteils ermordet. Sie zogen sich ins Hinterland, in die ländlichen Gebiete im Süden und nach Shaanxi zurück, wo sie sich leichter vor der Verfolgung durch Chiang schützen konnten. Dort schufen sie sich eigene Herrschaftsbereiche, sogenannte Sowjetgebiete, und mobilisierten die Bauern zum Widerstand gegen die Großgrundbesitzer und das Guomindang-Regime. Mao Zedong selbst war der Kommunistenverfolgung durch Glück und Zufall entkommen, einer seiner Brüder war in Shanghai getötet worden.

## Stalins Reaktion

Immer noch stritten sich Stalin und Trotzki, und Stalin, der in der stärkeren Machtposition war, wich selbst nach dem Massaker von Shanghai nicht von seinem Dogma ab. Er befahl den Kommunisten, weiter mit der Guomindang zusammenzuarbeiten: laut marxistischem Gesetz könne der Hauptträger der in China anstehenden Revolution vorläufig nur die Bourgeoisie sein, und deren Partei sei nun mal die Guomindang. Die Begründung, die Stalin den chinesischen Kommunisten dafür gab, zeigte, wie er einen Fehler so lange verbog und zurechtbog, bis er als *vorausschauend* verdreht war: Die Kommunisten müssten weiter in der Einheitsfront bleiben und darauf hinarbeiten, dass die Vertreter der rechten Linie in der Guomindang noch weiter entlarvt würden. In Shanghai habe Chiang *Farbe bekannt* und die Guomindang auf die Feuerprobe gestellt. Nun müssten sich alle Mitglieder der Guomindang entscheiden, ob sie zur rechten Politik Chiangs oder zur linken Politik der Kommunisten neigten. Das Massaker habe also die Haltung von Chiang bis zur Kenntlichkeit aufgedeckt und damit *die Richtigkeit dieser Linie* (d.h. die chinesischen Kommunisten zur Zusammenarbeit mit der Guomindang zu zwingen, C.H.) *voll und ganz bewiesen*. Die Weisung zur Zusammenarbeit sei ideologisch richtig gewesen.[29]

Das Verhältnis der chinesischen Kommunisten zur Politik der russischen Kommunisten hatte erste und sehr tiefe Risse bekommen.

## China unter Chiang

Ab 1927 regierte die Guomindang über weite Teile Chinas. Oberflächlich gesehen, schien sich das Land endlich zu stabilisieren. Das Ausland, vor allem die USA, applaudierten, anerkannten die Regierung in Nanjing, unterstützen sie ab jetzt mit Geld, Beratern und Waffen.

Die Guomindang sagte sich nun ihrerseits von Stalin und Moskau los. Die von allen Seiten verratenen chinesischen Kommunisten hatten sich ins ländliche Hinterland, in den Untergrund zurückgezogen und wurden wie Freiwild verfolgt.

Die Guomindang war mit Hilfe der Triade, der grünen Bande, an die Macht gekommen. Die Geister, die sie damit gerufen hatte, wurde sie nie mehr los.

Eine korrupte Polizei brachte Missliebige um, folterte nach Belieben. Eine freie Meinungsäußerung existierte nicht und war viel zu gefährlich, die Presse wurde streng zensiert.

Das größte Problem von Chiangs Regierung stellte die Verwaltung des riesigen Landes dar. Seit dem Massaker 1927 an den Kommunisten hatten die integren Mitglieder die Guomindang verlassen. Für sie drängten neue Leute aus den Verwaltungen und Armeen der besiegten Warlords in die Partei, die an raue Methoden gewöhnt waren und sie anwandten.

Die Guomindang warf Sun Yat-sens Erbe über Bord.

Chiang strich soziale Reformen wie die Umverteilung von Grund und Boden an die Bauern aus der praktischen Politik.

Jeder, der sozial gesinnt war, wurde als Kommunistenfreund verdächtigt, was lebensgefährlich war. Damit erstickte jedes Programm zur Verbesserung der sozialen Lage der vielen Armen im Keim. Alle Reformen, die Sun Yat-sen im Parteiprogramm verankert hatte, wurden Makulatur.

Es gelang der Guomindang nicht, den Lebensstandard der Bauern auch nur etwas anzuheben. Technik, landwirtschaftliche Maschinen kamen nur in Ausnahmefällen auf die Dörfer. Auf dem Land blieb alles beim Alten. Der Bauer zog den Pflug mit dem Ochsen. War kein Ochse da, spannte er sich selbst und seine Familie vor den Pflug. Schulen waren vorwiegend eine Einrichtung der Städte, gab es ländliche Schulen, besuchten die Kinder sie nur dann, wenn sie nicht in der Landwirtschaft mithelfen mussten.

Chiangs Regierung pumpte enorm Geld in den gewaltigen Militärhaushalt, das dann an allen Ecken und Enden für andere Bereiche fehlte. 1935 war das Jahr einer Finanzreform. Der Silberstandard, die Bezahlung in Silbermünzen wurde abgeschafft und Papiergeld, Banknoten, eingeführt. Da die Banken dem Staat gehörten, konnte die Regierung sich nun praktischerweise mit der Notenpresse die benötigten Geldscheine gleich selbst drucken. Die Inflation nahm ihren Lauf.

In Teilen des Landes kam es zu Revolten gegen Chiangs Politik. Wieder sagten sich Gebiete ab und wurden von Warlords regiert, marodierende Banden zogen durchs Land.

1931, das trieb die Militärkosten noch höher, besetzte Japan, die imperialistische Großmacht in Asien, die rohstoffreiche chinesische Mandschurei. China musste über kurz oder lang mit dem japanischen Überfall auf den Rest des Landes rechnen. Das war bekannt und die Guomindang bereitete sich vor.

1937 war es dann soweit: Japan fiel in China ein. Für manche Historiker bezeichnete der Überfall Japans auf China den Beginn des Zweiten Weltkriegs.

## Der Lange Marsch

Die Kommunisten kämpften seit 1927 ums Überleben und hatten sich ins südliche Hinterland und in den Nordwesten Chinas zurückgezogen. Dort, in den Provinzen Shaanxi, Jiangxi, Hunan, Hubei, Anhui und Fujian, gründeten sie lokale Basisgebiete, die sie *Sowjetrepubliken* nannten. Ihre Verbündeten waren die Bauern, die 85 Prozent der Bevölkerung ausmachten.

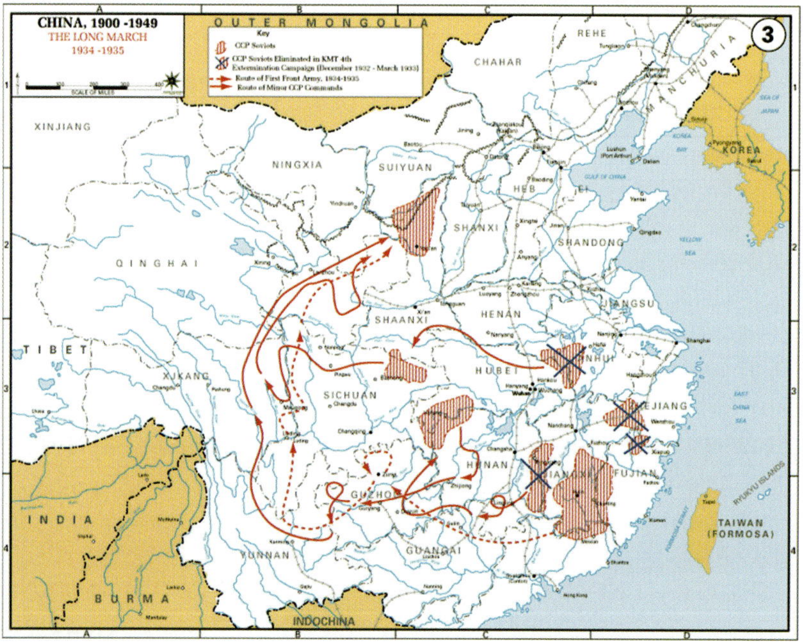


Karte der Sowjetgebiete und des Langen Marsches

1934 wollte Chiang angesichts der erwarteten japanischen Bedrohung unbedingt vorher China ganz unter seine Kontrolle bringen. Sein Ziel war, alle inneren Feinde auszuschalten, um alle Kraft im Kampf gegen die Japaner einsetzen zu können.

Chiang wandte sich zuerst gegen den Hauptfeind, die Kommunisten und griff deren Sowjetrepubliken im Süden an.[30]

Um das Leben zu retten, flüchteten die Kommunisten vor Chiangs Truppen in den rückständigen, kargen, dünn besiedelten Nordwesten Chinas, in die Provinz Shaanxi.

Diese Flucht wurde als der *Lange Marsch* legendär. Im Oktober 1934 marschierten die Kommunisten mit der neugegründeten Roten Armee in Südchina los, ein Jahr später, im Oktober 1935, kamen sie nach 12.500 Kilometern im Nordwesten an, in Shaanxi in der Umgebung des Ortes Yan`an, wo die letzte Sowjetrepublik bestand, die noch sicher vor Chiangs Truppen war.

Zu Fuß, nur manchmal auf Reittieren, unter vielen Gefahren, Strapazen und Opfern, hatten sich die Kommunisten bis dorthin durchgeschlagen. Aus Furcht vor den Feinden mieden sie die Straßen und nutzten unwegsames Gebiet, durchquerten Flüsse und überwanden Berge. Der Weg hatte durch ödes Sumpfland und Morast geführt, in den die Flüchtenden wie in Treibsand einsanken und der sie zum Schlafen im Stehen zwang. Sie marschierten und rasteten im vierstündigen Wechsel, bei Tag und in der Nacht. Von den etwa 90.000 Männern und 35 Frauen, darunter Maos Ehefrau He Zizhen, gelangten nur 8.000 bis 9.000 Menschen nach Shaanxi und in Sicherheit. Viele waren desertiert. Angriffe und Überfälle, Hunger und Krankheiten hatten die vielen anderen getötet. Die Überlebenden des *Langen Marsches* aber waren seither die Heroen der Revolution, die späteren legendären Gründergestalten der Volksrepublik. Unzählige Heldengeschichten ranken sich um den Langen Marsch – was davon stimmt und was nicht, steht in den Sternen. *Der Lange Marsch ist legendär geworden und besser dokumentiert als Moses' Zug durch das Rote Meer*, kommentierte der amerikanische Sinologe John K. Fairbank trocken-humorvoll.[31]

## Yan´an

Shaanxi war eine bitterarme Provinz. Im kleinen Ort Yan´an im Nordosten, im Ordosgebiet, im Bogen des Huanghe, des Gelben Flusses, fanden die Kommunisten Zuflucht. Der Gelbe Fluss trägt seinen malerischen

Namen nach der gelben Farbe des Lößbodens, der in den Fluss geschwemmt wird, wenn er über die Ufer tritt. Shaanxi war eine Wiege des alten China, aber in den 1930er Jahren nur eine trostlose Gegend, an der jeder Fortschritt vorbeigegangen war. Die Bauern dort fristeten ein karges Leben am Rande des Existenzminimums. Wie ihre Vorfahren seit Hunderten von Jahren bearbeiteten sie das Land von Hand mit primitiven Landwirtschaftstechniken, ohne moderne Gerätschaften, ohne Maschinen. Armut und extreme soziale Ungleichheit bestimmten das Leben. Lößhöhlen dienten ihnen als Wohnungen.

Hier fanden die Kommunisten Zuflucht und lebten wie die Bauern in den Lößhöhlen.

Yan'an wurde zum Gründungsort der chinesischen Revolution, zur *Roten Hauptstadt*. In den Lößhöhlen von Yan'an entstand ein Großteil der Aufsätze von Mao Zedong, die er teils allein geschrieben hatte, die teils aber andere Genossen unter seinem Namen verfasst hatten. In Yan'an wurde ausgearbeitet, was im Westen als *Maoismus* und in China als *Mao-Zedong-Denken* bekannt geworden ist, die chinesische Interpretation der Lehren von Marx, Engels und Lenin.

Zhou Enlai (links) und Mao Zedong (zweiter von links) in Yan'an

## Yan'an, die Bauern und erste Säuberungen

In Shaanxi, in Yan'an, lebten die Kommunisten, die meist aus bäuerlichen Familien kamen, wieder unter Bauern und eng mit ihnen zusammen. Schon die chinesischen Marxisten der ersten Stunde wie Li Dazhao hatten erkannt, dass in China die Bauern das revolutionäre Potential bedeuteten.

Die Kommunistische Partei hatte Mao Zedong 1927 als Berichterstatter in seine Heimatprovinz Hunan geschickt, wo es zu Bauernaufständen gekommen war. Der gewaltsame Protest der Bauern gegen die ausbeuterischen Grundherren hatte Mao entschieden klar gemacht: Ein sozialistisches China, in dem die Ausbeutung des arbeitenden Menschen durch den Menschen beseitigt und er zum wahren Menschsein befreit sein wird (der Kerngedanke, das Ziel der menschenfreundlichen Marx'schen Utopie), kann nur durch die Bauern eingeleitet werden. Sie stellten die größte revolutionäre Klasse in China – und nicht das Proletariat, wie die russischen Kommunisten stur behaupteten, weil das Marx und Engels für Europa so beschrieben hatten. Die Bauern mussten die Macht ergreifen und die unerträglichen Verhältnisse ändern.

Mao Zedong und die chinesischen Kommunisten passten den Marxismus an die chinesischen Gegebenheiten an.

In Yan'an, im Leben unter den Bauern, konnten die Kommunisten prägende Erfahrungen sammeln. Sie unterrichteten die Bauern, lehrten sie Lesen und Schreiben, indoktrinierten sie politisch, trainierten sie für den Guerillakampf. Die Rote Armee half, wenn nötig, den Bauern bei der Ernte und plünderte sie nicht aus wie die dafür berüchtigten Truppen der Guomindang. Die Kommunisten gewannen das Vertrauen der Bauern und die Bauern als Verbündete.

Dabei darf man sich Yan'an allerdings nicht als rein solidarisches Idyll vorstellen. Bald strömten aus allen Teilen des Landes Menschen nach Yan'an. Mit den neuen Genossen wuchs die Partei, aber auch das Misstrauen begann. Um mutmaßliche Feinde und Spione auszuschalten, nahmen die Kommunisten erste Säuberungen vor. Die erprobten, die etablierten Genossen untersuchten, examinierten die Gesinnung, das Denken der anderen, erzwangen Kritik und Selbstkritik und schreckten auch vor Liquidierungen von „Verrätern" usw. nicht zurück. Das Muster der Säuberungen, das später, nach dem Sieg, in der Volksrepublik weitergeführt wurde, nahm seinen Anfang in Yan'an.

## Yan´an und der japanische Überfall

Von Yan´an aus begann der Aufstieg der Kommunisten. Am 7. Juli 1937 griff das mit Hitler-Deutschland verbündete Japan, das seit 1931 die Mandschurei besetzt hielt, China erneut an und eroberte weitere große Teile des Landes.

Wie hängt das nun zusammen – die Bedrohung und Eroberung durch das imperialistische Japan und der Aufstieg der Kommunisten?

1961, im Gespräch mit Persönlichkeiten der sozialistischen Partei Japans, denen der Imperialismus der damaligen japanischen Regierung hochnotpeinlichwar, blickte Mao auf damals zurück: *Wir würden jetzt noch in den Bergen leben und nicht nach Peking kommen und die Pekingoper sehen können. Gerade weil die japanische „kaiserliche Arme" die größere Hälfte Chinas besetzt hielt, gab es für das chinesische Volk keinen anderen Ausweg. Daher wurde es bewusst und fing an, sich zu bewaffnen,... schuf die Voraussetzungen für den Sieg im späteren Befreiungskrieg. Das japanische Monopolkapital und die Militärmachthaber haben uns somit „etwas Gutes" getan. Wenn ich mich irgendwo bedanken müsste, würde ich mich am ehesten bei den japanischen Militärmachthabern bedanken.*[32]

Mao sah nüchtern: Wären Chiang Kai-sheks Soldaten vor dem Einfall

Soldaten der Guomindang in den 1930er Jahren

der Japaner in Yan'an in Shaanxi eingetroffen, um die Kommunisten zu liquidieren, hätte keiner überlebt. Die Kommunisten wussten aus den Berichten ihrer Geheimdienste, dass Chiang die völlige Vernichtung der Kommunisten vorbereitete. Doch mit dem japanischen Überfall waren Chiang für zusätzliche Militäroperationen, die nicht der Landesverteidigung dienten, die Hände gebunden. Seine Truppen, die gegen die Kommunisten vorgehen sollten, kämpften jetzt gegen die Japaner. Die Lage im Land hatte sich komplett verändert.

Stalin lieferte trotz der Aufkündigung der Zusammenarbeit durch Chiang beiden Parteien Militärhilfe und befahl als Gegenleistung den erneuten Zusammenschluss von Guomindang und Kommunisten zu einer Einheitsfront gegen Japan. Da Japan militärisch sehr stark und die Lage bedrohlich war, befolgten beide Parteien die Weisung.

Die Japaner drangen unaufhaltsam vor, die chinesischen Truppen wurden überwältigt. Die Japaner besetzten Peking und die Städte entlang der wichtigen Eisenbahnstrecken, zogen in Shanghai ein. Ihre Flugzeuge beherrschten den Luftraum, ihre Panzer rollten voran, und die chinesische Armee konnte nichts dagegensetzen.

Ein verlassenes Kind auf dem zerstörten Südbahnhof von Shanghai 1937

## Bodenreform

Die Rote Armee der Kommunisten kämpfte als 8. Armee im Rahmen der Einheitsfront gegen die Japaner. Große militärische Erfolge gelangen ihr durch die erprobte Guerillataktik. Die Rote Armee, die 8. Armee, konnte weite Gebiete im Norden erobern.

Die Kommunistische Partei wurde sofort in den Gebieten aktiv, die von der Roten Armee erobert worden waren. Hier führte sie die Bodenreform durch, enteignete den Großgrundbesitz und verteilte das Land neu.

Dazu mobilisierten die kommunistischen Kader die besitzlosen armen Bauern gegen die reichen und meist despotischen Großgrundbesitzer. Sie leiteten die Bauern an, die Großgrundbesitzer vor ein Dorfgericht zu bringen und für alle begangenen Grausamkeiten anzuklagen. Die Bauern, die Ankläger, erhielten auch die Rolle eines Richters, sie sprachen das Urteil über ihre früheren Herren. Meist verurteilten die armen Bauern die Großgrundbesitzer zum Tode, oft vollstreckten sie das Todesurteil auch noch selbst.

Diese von den Kommunisten veranstalteten Dorfgerichte machten die Bauern zu Anklägern, Richtern und oftmals sogar Henkern in einer Person. Die Bauern banden sich dadurch eng an die Kommunisten. Den enteigneten Boden verteilten die Kommunisten nach dem Prinzip der Bedürftigkeit an die Bauern.

Diese schöpften Vertrauen, viele Bauernsöhne schlossen sich als Soldaten der Roten Armee an. Wer unter den Bauern nicht Soldat wurde, unterstützte die Kommunisten mit Nahrung und Unterkunft. (Im Krieg sind Rekrutierungsmaßnahmen immer eine verworrene Mischung aus „Freiwilligkeit“ und Zwang. Aber dass die Verbände der Kommunisten als integer und nicht als korrupt gegolten haben wie die ebenfalls rekrutierende Guomindang, ist allgemein anerkannt.)

Die Machtbasis der Kommunisten vergrößerte sich und wuchs.

Die Bauern vertrauten dem Versprechen der Kommunisten, dass *die Reichen ihre Götter, die Armen aber ihre 8. Armee* haben.

## Nanjing

Die japanischen Truppen führten im ganzen von ihnen besetzten China einen äußerst grausamen Krieg und verübten zahllose Gräueltaten, auch und gerade an der Zivilbevölkerung. Nach Ende des Zweiten Weltkriegs wurden die Befehlshaber der japanischen Armee wegen zahlreicher Kriegsverbrechen vor ein Internationales Militärgericht in Tokio gestellt, dem Internationalen Militärgerichtshof für den Fernen Osten. Die Verhandlungen gegen sie wurden analog zu den *Nürnberger Prozessen* gegen die nationalsozialistischen Befehlshaber auch *Tokioter Prozesse* genannt. Die japanischen Kriegsverbrecher, die Verbündeten Nazideutschlands, wurden wegen der Verschwörung gegen den Weltfrieden, Mord und Verbrechen gegen die Menschlichkeit verurteilt.

Im Dezember 1937 etwa erreichten die japanischen Truppen die chinesische Hauptstadt Nanjing, schlossen die Stadt ein und verübten ein Massaker. Sie plünderten und töteten zahllose chinesische Säuglinge, Kinder, Frauen, alte Männer, Soldaten und Kriegsgefangene gezielt und auf sehr brutale Art und Weise. Während des entsetzlichen Massakers von Nanjing nutzten einige Ausländer in Nanjing ihre Möglichkeiten, Chinesen zu retten. Der deutsche Geschäftsmann John Rabe richtete in Nanjing eine Schutzzone ein, in die sich 300.000 Chinesen flüchten konnten.

Die japanischen Angeklagten vor dem Internationalen Militärgerichtshof für den Fernen Osten in Tokio

Die japanische Armee zieht 1937 in Nanjing ein

Dass China vor der überwältigenden militärtechnischen Überlegenheit der Japaner nicht kapitulieren musste, verdankte es der Hilfe der Sowjetunion und der USA.

1945 kapitulierte Japan nach dem Abwurf der Atombomben auf Hiroshima und Nagasaki durch die USA.

## Der Bürgerkrieg

Die chinesischen Kommunisten hatten durch den Krieg an Stärke gewonnen. Daher unternahmen die USA ab dem Herbst 1945 aus Sorge, die Sowjetunion könnte China besetzen, enorme Anstrengungen, das Land nicht an die Kommunisten zu verlieren. Sie unterstützen Chiang und die Guomindang mit Geld und Kriegsmaterial.

Die Guomindang leitete Militäroperationen gegen die von der Roten Armee eroberten Gebiete ein. Die Kommunisten eröffneten die Gegenoffensive – der Bürgerkrieg begann.

Anfangs deuteten alle Zeichen klar auf einen Sieg der Guomindang. Ihre Truppenstärke übertraf die Truppen der Roten Armee um das Vierfache.

70 Prozent der Bevölkerung lebten in den von der Guomindang kontrollierten Gebieten.

Trotzdem verlor dic Guomindang den Bürgerkrieg. Chiang ließ keinen Fehler aus. Er setzte die Reste der japanischen Truppen, die nach der Kapitulation noch in China verblieben waren, gegen die Kommunisten ein, also gegen die eigenen Landsleute. Kaum einer in China brachte dafür Verständnis auf, das Vorgehen befremdete.

Die von den Japanern verlassenen Fabriken, Warenhäuser und Schiffe requirierte Chiang für seine Familie, das Militär und für seine Bürokraten, ohne die Rechte der früheren chinesischen Eigentümer zu berücksichtigen. Damit verspielte Chiang das Vertrauen des Großbürgertums.

In China existierte eine starke Friedensbewegung, die ein Ende der Kämpfe und der amerikanischen Hilfe forderte, die den Krieg verlängerte. Gegen die Friedensaktivisten ging die Guomindang gewaltsam vor, in ihren Augen waren sie kommunistische Kollaborateure. Nun wandten sich das städtische Bürgertum und die Geschäftsleute von der Guomindang ab.

Chiang Kai-sheks Strategie und Art der Kriegsführung waren veraltet. So wenig, wie er auf Beratung durch amerikanische Militärs gab, so wenig vertraute er der Kompetenz seiner lokalen Befehlshaber. Ein amerikanischer Sinologe, der im Zweiten Weltkrieg im US-Außenministerium als Berater für China tätig war, kommentierte General Chiang so: *Vielleicht hatte Chiang recht, wenn er annahm, dass seine Kampfkommandanten noch dümmer waren als er .... Seine Generale hatten treu zu sein, auch wenn sie untüchtig waren, und manchmal schien es, als ob sie nur ihrer Untüchtigkeit wegen treu waren.*[33]

Chiang Kai-shek, seine Frau Song Meiling und der amerikanische General Joseph Stilwell

Schon während des Kampfes gegen die Japaner zweifelten die USA an den Fähigkeiten Chiangs.

Zwei US-amerikanische Journalisten, die Kriegsberichterstatter Theodore H. White und Annalee Jacoby bemerkten: *Während des 1. Weltkriegs sandten die Deutschen General Ludendorff zum Besuch des österreichischen Oberkommandos. Sein lakonischer Bericht darüber ging in die Geschichte ein: „Wir sind mit einem Leichnam verbündet." Innerhalb weniger Wochen nach Pearl Harbour kam die amerikanische Armee fast zu dem gleichen Schluss über ihren chinesischen Verbündeten.*[34]

Der amerikanische Präsident Harry S. Truman befand im Rückblick auf das amerikanische Engagement für Chiang Kai-shek und die Guomindang, dass *Chiang Kai-shek und Madame sowie ihre Familien, die Songs und die Kongs, alle Diebe waren. Von den 3,5 Mrd. US-$, die wir Chiang schickten, stahlen sie 150 Mio. Sie stahlen sie und investierten sie unten in Sao Paolo und hier, vor unserer Nase, in New York.*[35]

Die Volksbefreiungsarmee, wie sich die Rote Armee seit 1946 nannte, war diesen Truppen taktisch und moralisch überlegen. Die Kommunisten setzten auf Guerillataktik, die Guomindang geriet in Hinterhalte.

Die Volksbefreiungsarmee gewann den Bürgerkrieg, auch weil sie von den Fehlern und Dummheiten der Guomindang profitierte.

Auf amerikanischen Lastwagen hinter vorausrollenden amerikanischen Panzern zogen Mao und seine Kampfgefährten im Januar 1949 in Peking ein. Die Stimmung in China war euphorisch. Junge Leute, diszipliniert, höflich, hilfsbereit und vom Land, hatten den Krieg beendet.

Die Rote Armee auf dem Marsch, 1945

Chiang Kai-shek und die Guomindang zogen sich geschlagen auf die Insel Taiwan zurück, die bis 1945 von den Japanern besetzt gewesen war. Chiang rief die Insel Taiwan zur *Republik China* aus und unterwarf Taiwan unter seiner Präsidentschaft einem diktatorischen Gewaltregime.

Die Kommunisten ziehen im Januar 1949 in Peking ein

# ZWEITER TEIL

# DIE ERSTEN JAHRE DER VOLKSREPUBLIK

## Der Hunger und die Volksmassen

Mao Zedong beschrieb 1919, noch vor der Gründung der Kommunistischen Partei, was er als die zwei dringendsten Aufgaben für das bitterarme China ansah: das Volk zu ernähren und es zu vereinigen, damit die Volksmassen ihre Macht und Kraft entfalten und einen Wandel herbeiführen konnten. Mao schrieb damals: *Worin besteht das wichtigste Problem der Welt? Das wichtigste Problem ist die Beschaffung von Nahrung. Wer besitzt die größte Macht? Die größte Macht ist die der Einheit der Volksmassen.*

*(...) Die große Einheit der Volksmassen muss hergestellt werden, Leute! Wir müssen uns alle anstrengen und mit äußerster Kraft voranschreiten. Unser goldenes Zeitalter, eine Periode des Glanzes und des Ruhmes liegt vor uns!*[36]

Während im Westen die *Masse* als Schreckgespenst im Sinne der Ver-

Straßenszene Peking in den 1930er Jahren

massung des Individuums an die Wand gemalt wurde, sah Mao die *Masse* als Chinas große, als einzige Chance.

Mao hat siebenundzwanzig Jahre lang die Volksrepublik China ununterbrochen regiert. Will man für diese lange Zeit schlagwortartig umreißen, worin Maos Erfolg und Scheitern bestanden hat, landet man erneut bei den Aufgaben von 1919: bei der Ernährung und der Lenkung der Volksmassen.

Mao war ein genialer Organisator, das hatte er die ganzen Kriegsjahre hindurch und im ersten Jahrzehnt der Volksrepublik bewiesen. Seine größte politische Stärke bestand darin, die Volksmassen, also die Bauern, über 80 Prozent der Bevölkerung, vereint für politische Ziele zu mobilisieren. Die Kommunistische Partei unter Maos Führung hatte dank dieser Fähigkeit den Krieg gewonnen und die Volksrepublik errichtet. Kein Wunder, dass Mao auch später, an der Macht, diesem Erfolgsrezept treu blieb.

Als Mao und seine Anhänger dann um 1958 ansetzten, dank der Fähigkeit zur Massenmobilisierung das *Goldene Zeitalter* jetzt und sofort anbrechen lassen zu wollen, haben sie furchtbare Katastrophen herbeigeführt.

Wenige Monate vor seinem Tod hat Mao, es sind seine letzten der Öffentlichkeit überlieferten Worte als Politiker, geäußert: *Die wahren Helden sind die Massen, wir aber sind naiv bis zur Lächerlichkeit. Sehr oft sind die auf unterer Ebene weiter als jene auf höherer Ebene und die Menschen weiter als ihre Führung. Die Führer sind hinter den gewöhnlichen Werktätigen zurück, weil sie von den Massen abgesondert sind und es ihnen an praktischen Erfahrungen mangelt.*[37] Am Ende seines Lebens schien er doch geahnt zu haben, dass die Politik dem Volk unverständlich und fremd geworden war.

Mao war damals, laut Diagnose seines Leibarztes Dr. Li Zhisui, unheilbar an der schweren Nervenkrankheit Amyotrophe Lateralsklerose (ALS) erkrankt, die fortschreitend sämtliche Muskeln des Körpers lähmte. Sprechen konnte er nur noch mit großer Mühe. Die recht bittere Bilanz zog er Ende 1975, veröffentlicht wurde sie erst Monate später, als sein Tod sich abzeichnete und der gemäßigte Flügel der Partei alles dran setzte, erneute Massenkampagnen der Ultralinken um Maos Frau Jiang Qing zu verhindern.

## Peking, 1. Oktober 1949

Am 1. Oktober 1949 wurde auf dem Tiananmen-Platz in Peking, dem Platz des Himmlischen Friedens, die Volksrepublik China ausgerufen.

Die Ausrufung der Volksrepublik China 1949

China war weitgehend zerstört. In Peking, der Hauptstadt der neuen Volksrepublik, waren die Häuser baufällig, die Straßen marode, die Bäume an den Straßen verschwunden. Dennoch war die Atmosphäre heiter und gelöst, von Hoffnung getragen, denn endlich herrschte Frieden.

Maos Leibarzt stand in der Menge auf dem Platz, als Mao Zedong die Volksrepublik China ausrief. Er beschrieb die Szenerie so: *Über den Köpfen der Menschen flatterten Tausende von Fahnen im Herbstwind und verwandelten die düstere Stadt in ein Farbenmeer. Die Menge rief Parolen wie „Lang lebe die Volksrepublik China", „Lang lebe die Kommunistische Partei Chinas" und sang Revolutionslieder. Mit jeder neuen Parole und jedem neuen Lied wuchs die Begeisterung. Genau um zehn Uhr erschienen Mao Zedong und die anderen hochrangigen Führer auf dem Podium. .... Mein Herz zersprang fast vor Freude und meine Augen füllten sich mit Tränen. Ich war so stolz auf China, so voll Hoffnung und so froh, dass Ausbeutung, Leid und ausländische Aggressionen ein Ende haben würden. Für mich gab es keine Zweifel, dass Mao der große Führer der Revolution war, der Schöpfer einer neuen chinesischen Geschichte.*[38]

Hunderttausende kriegsmüde, ausgelaugte Menschen hatten sich versammelt und jubelten Mao Zedong zu, als er verkündete: *Unsere Nation wird nie wieder eine gedemütigte Nation sein. Das chinesische Volk hat sich erhoben.*

Zuhörer bei der Ausrufung der Volksrepublik China 1949

Die Bevölkerung stand auf der Seite der Kommunisten – auch weil sie die Guomindang als unfähig, grausam und korrupt erlebt hatte.

Wenige Tage zuvor, am 21. September 1949, hatte Mao bei der Eröffnungsrede vor der Politischen Konsultativkonferenz (dem späteren Volkskongress) verkündet:

*Die Chinesen, ein Viertel der Menschheit, haben sich nun erhoben. Die Chinesen sind von jeher eine große, mutige und fleißige Nation und erst in letzter Zeit in ihrer Entwicklung zurückgefallen. Dieser Rückfall ist einzig und allein das Ergebnis von Unterdrückung und Ausbeutung durch den ausländischen Imperialismus und die einheimische reaktionäre Regierung. Seit mehr als hundert Jahren haben unsere Vorfahren unermüdlich gegen die Unterdrückung von innen und von außen gekämpft und niemals aufgehört.... (...) Unsere Nation wird sich von nun an in die große Familie der Frieden und Freiheit liebenden Nationen der Welt einreihen. Durch mutige und fleißige Arbeit wird sie ihre eigene Zivilisation und ihr eigenes Glück schaffen und zugleich Frieden und Freiheit in der Welt fördern. Unsere Nation wird nie mehr eine verachtete Nation sein, denn wir haben uns erhoben. ...*

*Wir müssen unsere Anstrengungen fortsetzen. Die Imperialisten und die Reaktionäre im Innern ... werden noch bis zuletzt verzweifelt um sich schlagen. Auch wenn im ganzen Land Ruhe und Ordnung eingekehrt sind, werden sie weiterhin mit allen Mitteln Sabotage treiben und Unruhe stiften. Sie werden jeden Tag und jede Stunde versuchen, ihre Herrschaft in China wiederherzustellen...*[39]

Die Gründung der Volksrepublik war ein Sieg über äußere und innere Feinde. Aber Mao warnte, darin einen endgültigen Sieg zu sehen. Wirklichen Frieden würde China erst finden, wenn alle Feinde, die ausländischen Imperialisten wie die einheimischen Reaktionäre, geschlagen waren.

Nun waren die *ausländischen Imperialisten* und ihre Helfer und Unterstützter leicht zu erkennen und aus dem Land zu weisen. Komplizierter war das mit den *einheimischen Reaktionären*. Wie erkannte man sie, und wie verfuhr man mit ihnen?

In China wurden ab jetzt regelmäßige riesige Fahndungen, Verhaftungen, Säuberungen, gewaltige Kampagnen, sogenannte *Ausrichtungskampagnen*, durchgeführt, deren Ziel es war, den inneren Feind als Gefahrenquelle auszuschalten. Dass der innere Feind unerbittlich und entschlossen gejagt und bestraft wurde, wurde mit der Gefahr gerechtfertigt, die angeb-

Mao bei der Ausrufung der Volksrepublik China

### Im Stil von Sun Yat-sen

Mao Zedong trug bei dem Gründungsakt einen Anzug, wie ihn Sun Yat-sen, der Anführer der chinesischen Revolution von 1911, getragen hatte. Der *Sun Yat-sen-Anzug* wurde zum Standardanzug der Kommunisten und im Westen als *Mao-Look* bekannt. Mao und die anderen Kommunisten stellten sich augenfällig in die Nachfolge des Führers der chinesischen Revolution von 1911.

lich durch ihn drohte: die Wiederkehr von Imperialismus und Kapitalismus, Unterdrückung und Ausbeutung, Demütigung und Missachtung.

Ehrt den Nationalfeiertag der Volksrepublik China! (1950). Die Porträts zeigen Mao Zedong und Sun Yat-sen

### Nationalfeiertag

Der Gründungstag der Volksrepublik wird seither als Nationalfeiertag begannen. In Beijing ertönt jährlich am 1. Oktober bei Sonnenaufgang die Nationalhymne auf dem mit Menschen überfüllten Platz des Himmlischen Friedens, und die Ehrengarde hisst die Flagge. Im ganzen Land sind die Häuser festlich geschmückt, überall wehen die Staatsflaggen, und am Abend wird ein Feuerwerk gezündet. Seit 1999 ist der Nationalfeiertag zur *Goldenen Woche* verlängert. Behörden, Staatsbetriebe und Privatunternehmen schließen für eine Woche, und die Chinesen, heute ein Fünftel der Weltbevölkerung (1949 sogar ein Viertel), genießen kollektiv Urlaub.

## Die Innenpolitik: Die Neue Demokratie

Am 2. Oktober 1949 veröffentlichte die parteiamtliche Volkszeitung, Renmin Ribao, die Namensliste der Mitglieder der Regierung.

Der Vorsitzende der Zentralen Volksregierung war Mao Zedong. Ihm zur Seite standen sechs stellvertretende Vorsitzende, darunter war Song Qingling, die Witwe von Sun Yat-sen, die dem linken Flügel der Guomindang angehörte (und deren Schwester Song Meiling mit Chiang Kai-shek verheiratet war). Song Qingling zählte ebenso zur Führung wie weitere Mitglieder der nichtkommunistischen Parteien, der sogenannten Blockparteien (die Beteiligung bürgerlich-nationaler Parteien blieb bis 1957 bestehen).

Bemerkenswert war: Im Gegensatz zum Ausland und der Weltpresse sprach die neue Regierung weder vom Sieg des Kommunismus noch vom Sieg des Sozialismus in China. Stattdessen bezeichneten die Kommunisten die Regierungsform, die sie 1949 einführten, als *Neue Demokratie*. (Die *Neue Demokratie* darf man wegen der Namensgleichheit nicht mit den westlichen Demokratien verwechseln.)

Die Regierungsform der *Neuen Demokratie* hatte Mao Zedong schon 1940 ausgearbeitet. In den ersten Jahren des zukünftigen sozialistischen China sollten die einheimischen Kapitalisten in ein breites Staatsbündnis aufgenommen und nicht ihrer Funktion beraubt, das heißt enteignet werden. Als Grund für diese schon von Lenin propagierte unorthodoxe, dem ursprünglichen Marxismus widersprechende Form gab Mao an: *Da China ein koloniales und halbkoloniales Land ist, das unter den von anderen Staaten verübten Aggressionen zu leiden hat, besitzt die chinesische nationale Bourgeoisie zu bestimmten Zeiten und in einem bestimmten Grad noch revolutionäre Eigenschaften. Hier darf das Proletariat die revolutionären Eigenschaften der natio-*

Song Qingling, Witwe Sun Yat-sens und Mitglied der neuen Regierung

*nalen Bourgeoisie nicht ignorieren, es hat vielmehr die Aufgabe, mit ihr eine Einheitsfront ... zu bilden.*[40]

Revolutionär waren die einheimischen *Kapitalisten*, weil auch sie wie das chinesische *Proletariat* unter den ausländischen Kapitalisten und Imperialisten gelitten und gegen sie gekämpft hatten.

Im Juli 1949 erläuterte Mao Zedong, welche auch ganz handfesten Gründe für die *Neue Demokratie* sprachen: *China wird viel Zeit brauchen, um eine wirkliche Unabhängigkeit seiner Wirtschaft herbeizuführen. ... Um dem Druck der Imperialisten standzuhalten und die rückständige Wirtschaft einen Schritt vorwärts zu bringen, muss China alle kapitalistischen Betriebe in Stadt und Land ausnützen, die der Volkswirtschaft Nutzen bringen und das Lebensniveau des Volkes nicht beeinträchtigen. Wir müssen die nationale Bourgeoisie in den gemeinsamen Kampf einschalten. Unsere gegenwärtige Politik besteht darin, den Kapitalismus zu kontrollieren, aber nicht zu liquidieren.*[41]

Es wurden schlicht alle verfügbaren Kräfte benötigt, um das durch den Krieg zerstörte Land wieder aufzubauen, China musste alle überhaupt vorhandenen Reserven und Ressourcen ausschöpfen. So hatte es Mao Zedong pragmatisch und nüchtern erkannt. Der einheimische Kapitalismus wurde vorerst noch gebraucht. Das Erfordernis der Stunde hieß: Aufbau.

**Die Ausländer**

Seit der Invasion der Japaner 1937 waren die meisten Ausländer aus China geflohen. Unter Chiang hatte sich China im Zweiten Weltkrieg den Alliierten angeschlossen und zählte zu den Feinden der Achsenmächte Deutschland und Japan. 1943 verzichteten die USA, Frankreich und Großbritannien auf ihre Sonderrechte in China.

Produziere mehr! Leiste noch mehr!

## Der Aufbau

Die Kommunisten mussten die Herrschaft, die gerade erkämpft worden und noch lange nicht gefestigt war, sichern. Diese Aufgabe fiel allerdings viel leichter aus als erwartet. Denn die Menschen verlangten einfach nach Frieden und akzeptierten nach der Niederlage der Guomindang die Führung durch die Kommunistische Partei.

Auf die Kommunisten wartete nun ein großes Bündel an Aufgaben. 600 Millionen Menschen lebten in einem zerstörten Land.

China war bereits 1911 eines der ärmsten Länder der Erde gewesen, in der Kriegszeit von 1911 bis 1949 wurde die Armut nicht behoben, sondern durch Kriegsschäden vergrößert.

Das dringendste Problem war der Hunger. Die Felder der Bauern lagen brach, durch Naturkatastrophen und kriegsbedingte Sprengungen der Flussdeiche waren unzählige Hektar fruchtbaren Bodens überschwemmt und verlorengegangen.

Nur mit eiserner Arbeit und Disziplin gelang es, die Wasserläufe zu regulieren und die Felder trockenzulegen. Die Landwirtschaft erreichte 1952 wieder das Vorkriegsniveau.

In der industriellen Entwicklung war das Land ohnehin rückständig und das wenige Vorhandene nun beschädigt oder zerstört. Das erklärte Ziel der Kommunisten war es, die Industrialisierung, für die der Westen mehr als ein Jahrhundert gebraucht hatte, so schnell wie möglich nachzuholen und eine moderne Industrie aufzubauen.

Die Regierung verstaatlichte in den Städten die großen Fabriken, die Ausländern gehört hatten. Als Staatsbetriebe nahmen sie schnell die Produktion wieder auf. Ebenso ging der Großhandel in die Hände des Staates über.

Die Produktion begann zu wachsen. Die durch eine gigantische Inflation aufgeblähte Währung wurde wieder auf ein Normalmaß gesenkt.

Das ausgebombte Shanghai 1937

Planung, Verwaltungund Verkehr hatten 1949 kaum noch existiert. Staatliche Komitees übernahmen die Verwaltung der Behörden, der Banken, der Geschäfte, der Schulen und Kasernen.

Im ganzen Land wurden die

Aufbau der patriotischen Produktion! (1950)

Straßen und Brücken repariert, die Versorgungsleitungen funktionsfähig und die Eisenbahnlinien wieder befahrbar gemacht.

Es gelang der neuen Regierung innerhalb kurzer Zeit, die elementare Versorgung der Bevölkerung einigermaßen zu

gewährleisten. Die ausgelaugte, kriegsmüde Bevölkerung unterstützte die Aufbauarbeit, die dem Chaos ein Ende bereitete.

## Erste grosse Reformen und Säuberungen

Die Regierung verordnete Reformen, die dazu dienten, die überkommenen Gesellschaftstraditionen zu zerschlagen. Eine neue Gesellschaft und ein neuer Mensch sollten im Lauf der Zeit entstehen.

Die große Bodenreform begann im Sommer 1950 und endete im Frühjahr 1953.

Schon vor 1949 hatten die Kommunisten damit begonnen, in den von ihnen eroberten Gebieten den Ackerboden gleichmäßig an die Bauern zu verteilen, was ihnen erheblich die Unterstützung der armen Bauern und der Landarbeiter gesichert hatte.

Nun folgte die große Umverteilung. Die ganze ländliche Bevölkerung wurde in fünf Klassen eingeteilt: in Großgrundbesitzer, in reiche Bauern,

Bekanntmachung der Bodenreform 1950

in Mittelbauern, in arme Bauern – meist Pächter – und in Landarbeiter, Knechte und Mägde und entsprechend der Klassenzugehörigkeit behandelt.

Das Land, das Haus und die Gerätschaften der Großgrundbesitzer wurden vollständig beschlagnahmt, bei den reichen Bauern wurde ein Teil des Besitzes beschlagnahmt, den Mittelbauern wurde der Besitz belassen.

Der beschlagnahmte Besitz (circa 40 Prozent der landwirtschaftlichen Nutzfläche) wurde gleichmäßig unter die armen Bauern und Landarbeiter verteilt.

Die meisten Großgrundbesitzer wurden vor ein Dorfgericht gestellt, in dem die armen Bauern als Ankläger und Richter auftraten. So waren die Kommunisten schon vor 1949 in ihren Gebieten verfahren. Auf diese Weise wollte die Partei das Klassenbewusstsein der gesamten Landbevölkerung stärken und ihnen bewusst machen, dass eine neue Zeit angebrochen war. Meist wurden die drei unteren Klassen der Bauern angehalten, die Großgrundbesitzer und reiche Bauern für ihr früheres Verhalten zur Rechenschaft zu ziehen, sie zu verurteilen und oft auch hinzurichten. (Viele Großgrundbesitzer und reiche Bauern entzogen sich dem Dorfgericht durch Selbstmord.) Vorsichtig geschätzt liegt die Zahl der Opfer der Bodenreform bei fünf Millionen Menschen.

Eine zweite große Reform war die Ehe- und Familienreform.

Die bisher erlaubte Polygamie, die Ehe eines Mannes mit mehreren Frauen, sogenannten Konkubinen, wurde verboten, die bestehenden Ehen mit Zweit- und Drittfrauen wurden aufgelöst.

Ebenfalls verboten wurden die durch Familienverträge arrangierten Kinderverlobungen mit anschließender Eheschließung. Mao Zedong war selbst noch als halbes Kind zwangsverheiratet worden und kannte das damit verbundene Leid.

Diese traditionellen Verhaltensweisen der Großfamilien, die den Einzelnen dem Willen des Familienverbandes unterstellt und viel Unglück verursacht hatten, waren nun für ungesetzlich erklärt. Diese Reform trug

Familie, Freunde und Bekannte krimineller Geheimagenten, zwingt sie, sich zu stellen! (1951)

erheblich zu einem Gefühl der Befreiung bei der jungen Generation bei. (Die Guomindang hatte diese Verfügungen zwar auch schon 1930 eingeleitet, doch nie konsequent durchgesetzt, und vor allem hatten sie nie die Dörfer und das Land erreicht, wo die große Mehrheit der Chinesen lebte.)

Die Kommunistische Partei nutzte die Anfangsjahre auch für die Entmachtung politischer Feinde. Die Beamten und Angestellten aller Verwaltungen sowie sämtliche Führungskräfte und Angestellten der Industrie wurden politisch überprüft.

Die Anklagepunkte gegen die Beamten lauteten: *Korruption, Verfall und Bürokratismus.* Die Vertreter der Industrie wurden auf *Steuerhinterziehung, Betrug, Bestechung, Werkspionage und Diebstahl von Staatseigentum* untersucht.

Die Anklagepunkte waren so allgemein gehalten, dass damit sowohl politische Feinde wie auch die Geheimgesellschaften und die organisierte Kriminalität, die immer noch bestanden und ganze Bereiche der Wirtschaft und des öffentlichen Lebens kontrollierten, vor Gericht gestellt werden konnten.[42]

In der Regel wurden die Schuldigen zu Zwangsarbeit verurteilt.

## Die Aussenpolitik: Nach einer Seite neigen

Der Sieg der chinesischen Kommunisten hatte die weltpolitische Lage nur vier Jahre nach dem Ende des Zweiten Weltkriegs erneut verändert. Infolge des Zweiten Weltkriegs hatte Stalin das sozialistische Lager weit nach Westen ausgedehnt, sein Einflussbereich reichte bis nach Deutschland. Stalins Machtzuwachs war enorm. In den vor dem Krieg bürgerlich-demokratischen Ländern Osteuropas, in Polen, Ungarn, der Tschechoslowakei, in

Lernt von der fortschrittlichen Technik der Sowjetunion, um unser Land aufzubauen!

Bulgarien, Rumänien, Jugoslawien, dann im sowjetisch besetzten Deutschland, der späteren DDR, hatte die Sowjetunion sozialistische Bruderregime errichtet, die unter ihrer Kontrolle standen. Wenn überhaupt die Frage erlaubt ist, wer als „Sieger" aus dem Zweiten Weltkrieg hervorgegangen ist, dann wäre wohl Stalin der meistnominierte Anwärter auf diesen fragwürdigen Titel.

Nun gehörte auch China zum kommunistischen Block. Die neugegründete Volksrepublik China brauchte Hilfe, Beistand und Unterstützung. China musste sich, wie Mao Zedong es nannte, nach *einer Seite neigen*, nach der *Seite des Kapitalismus/Imperialismus* oder *der Seite des Sozialismus*. Dass die Seite des Kapitalismus ausgeschlossen war, verstand sich von selbst.

Als Bündnispartner kam nur die Sowjetunion in Frage, die Führungsmacht der sozialistischen Länder – trotz der schlechten Erfahrungen der chinesischen Kommunisten mit den Weisungen aus Moskau.

Noch 1945 hatte Moskau nicht an den Sieg Maos über Chiang Kai-shek geglaubt. Die Sowjetunion, die infolge des Zweiten Weltkriegs selbst enorm an Ressourcen verloren hatte, hatte die chinesischen Kommunisten im offenen Bürgerkrieg gegen die Guomindang unterstützt, etwa mit von den

Japanern in der Mandschurei erbeuteten Waffen. Wie groß die sowjetische Hilfe für die chinesischen Kommunisten tatsächlich gewesen war und ob sie entscheidend zum Sieg der chinesischen Kommunisten beigetragen hat, ist bis heute unter Historikern umstritten.

Aber wie auch immer: Mit dem Sieg der chinesischen Kommunisten war China zu einem neuen Machtfaktor im sozialistischen Lager geworden. Sofort kamen die russischen Berater in die neugegründete Volksrepublik.

## Aussenpolitische Anerkennung

Die Sowjetunion war das erste Land, das die Volksrepublik China völkerrechtlich als Staat anerkannte – bereits am 2. Oktober 1949, einen Tag nach der Proklamation.

Kurz darauf folgten die Anerkennungen durch die Satellitenstaaten der Sowjetunion: durch Bulgarien und Rumänien, Polen, Ungarn und die Tschechoslowakei, durch Jugoslawien und die DDR, die Deutsche Demokratische Republik.

Im Dezember anerkannten die ersten asiatischen Staaten die Volksrepublik China. Im Januar 1950 folgte dann Norwegen als erstes Land des Westens. Ebenfalls im Januar 1950 unterbreitete Großbritannien China das Angebot der Anerkennung. Die Volksrepublik wies es wegen der offiziellen diplomatischen Beziehungen Großbritanniens zu Taiwan, wo Chiang die Republik China errichtet hatte, zurück.

Im Dezember 1949 unternahm Mao seine erste Auslandsreise überhaupt, sie führte nach Moskau.

Als Ergebnis des Besuchs wurde am 14. Februar 1950 in Moskau ein Freundschafts-, Bündnis- und Beistandspakt auf dreißig Jahre zwischen China und der Sowjetunion unterzeichnet.

Die Sowjetunion sagte China umfangreiche Finanz- und Wirtschaftshilfen sowie technische Unterstützung zu – gegen spätere Rückzahlung, sie waren keine Zuwendungen. Im Gegenzug musste China die strategischen Interessen der Sowjetunion an seiner Nordgrenze und in der Äußeren Mongolei anerkennen.

Und sie vereinbarten: China und die Sowjetunion würden sich im Kriegsfall beistehen.

Erst Jahre später, 1962, hat Mao darüber gesprochen, wie stark das gegenseitige Misstrauen zwischen Stalin und ihm gewesen war und wie sehr

Deutsch-chinesische Freundschaft. Briefmarke 1951

er um die sowjetische Unterstützung kämpfen musste: ... *im Jahr 1945, damals hat Stalin der chinesischen Revolution Hindernisse in den Weg gelegt und verkündet, es dürfe kein Bürgerkrieg angefacht werden, wir sollten mit Chiang Kai-shek zusammenarbeiten, andernfalls würde die chinesische Nation vernichtet werden. Damals haben wir uns nicht daran gehalten, und die Revolution hat gesiegt. (...) Als ich später nach Moskau ging und den chinesisch-sowjetischen Vertrag über Bündnis und gegenseitigen Beistand unterzeichnete, war auch erst wieder ein Kampf auszufechten. Stalin wollte nicht unterzeichnen, erst nach Verhandlungen von zwei Monaten hat er schließlich unterzeichnet. Seit wann hat uns dann Stalin Vertrauen geschenkt? Erst seit dem Widerstand gegen Amerika und der Hilfe für Korea.*[43]

*Der Widerstand gegen Amerika und die Hilfe für Korea* waren die chinesische Bezeichnung für den Koreakrieg, mit dem Stalin China in noch größere Abhängigkeit von der Sowjetunion gestürzt hatte.

Mao Zedong 1949 in Moskau. Das Bild entstand aus Anlass des 70. Geburtstags von Stalin

## Der Koreakrieg: Chinas Furcht

Seit der Gründung beherrschte die Furcht vor ausländischer Intervention und möglicher Vergeltung die junge Volksrepublik. Denn hinter dem Verlierer Chiang Kai-shek und der Guomindang waren die USA gestanden. Die chinesischen Kommunisten fürchteten, die US-amerikanische Politik werde China noch lange nicht verloren geben, sondern versuchen, das chinesische Festland wieder als Einflusssphäre zurück zu gewinnen.

Henry Kissinger

Dieser plausible Gedanke sorgte anhaltend für ein Gefühl der Bedrohung und beeinflusste sowohl die Zielsetzung wie das Tempo der chinesischen Politik.

Die USA waren sich dieser Furcht bewusst gewesen: *Im chine-*

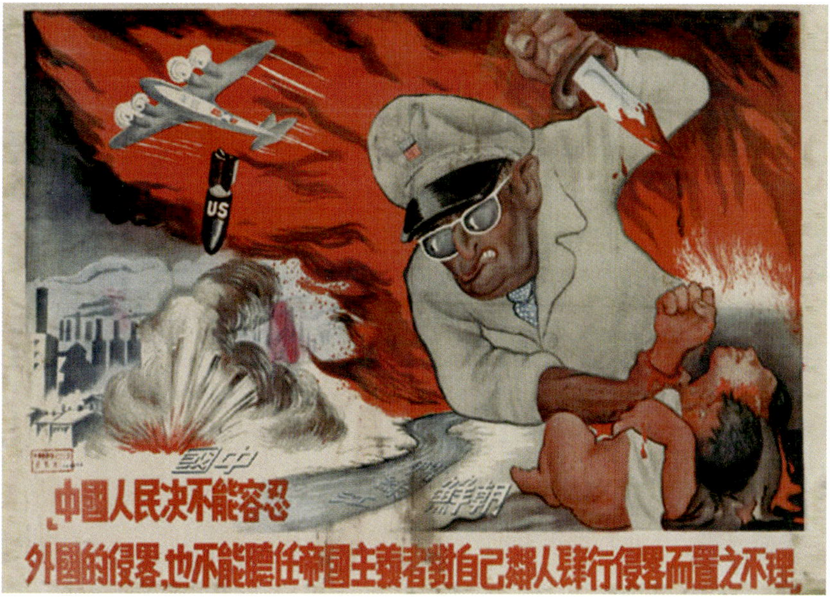


Der Mann in Uniform ist eine Karikatur des amerikanischen Generals Douglas MacArthur

*sischen Bürgerkrieg hatten die USA Chiang Kai-shek unterstützt .... Mao Zedongs Sieg war in Washington mit Bestürzung aufgenommen worden und hatte eine Debatte darüber ausgelöst, wer für den „Verlust" Chinas verantwortlich sei. Das ließ – zumindest in Beijing – den Versuch erwarten, diese Entwicklung rückgängig zu machen.*[44] So schätzte der spätere Außenminister der USA, Henry Kissinger, in einem Rückblick die Lage ein.

Die Furcht vor einer Invasion der USA erhielt ab 1950 durch den Krieg in Korea sehr konkrete Nahrung.

## Die Teilung Koreas

1910 hatte Japan das Kaiserreich Korea unter seine Kontrolle gebracht. Als Japan im August 1945 nach dem Abwurf der amerikanischen Atombomben auf Hiroshima und Nagasaki kapitulierte, endete Japans Herrschaft über Korea.

Die Alliierten hatten Korea befreit. Sowjetische Truppen besetzten den Norden, den Süden des Landes US-amerikanische Truppen. Der 38. Breitengrad bildete die Grenze zwischen den beiden Sektoren.

Wie in Deutschland etablierten sich in der Folgezeit (ab 1948) zwei

Abzug der Japanischen Armee 1945 aus Korea

Regime: im Norden die sozialistische Demokratische Volksrepublik Korea mit der Hauptstadt Pjöngjang und Kim Il-Sung als Regierungschef, im Süden die am Westen orientierte demokratische Republik Korea mit der Hauptstadt Seoul und Syngman Rhee als Regierungschef.

Beide Regierungen beanspruchten, die legitime Vertretung des ganzen Landes zu sein. Jede Seite dachte auch an eine Wiedervereinigung unter der jeweils eigenen Flagge. Möglich wäre die Wiedervereinigung bei den verhärteten Fronten aber nur mit Waffengewalt und durch einen Sieg über die Gegenseite.

Nachdem dann die Sowjetunion im Dezember 1948 und die USA im Juni 1949 ihre Truppen aus Korea abgezogen hatten, häuften sich die wechselseitigen Überfälle und Grenzverletzungen am 38. Breitengrad, der Grenze. Es war nur eine Frage der Zeit, wann die beiden Teilstaaten den Bürgerkrieg um die Wiedervereinigung beginnen würden.

Kim Il-Sung (1950)

Syngman Rhee (1951)

## Mit Stalins Zustimmung

Kim Il-Sung, der nordkoreanische Staatschef, verfügte über die stärkere Militärmacht als Südkorea und ergriff die Initiative. Er drängte Stalin ab März 1949 wiederholt, ihm grünes Licht (und Unterstützung) dafür zu geben, Südkorea mit Waffengewalt zu erobern.

Kim, das sei betont, war die treibende Kraft. Doch ohne Stalins Zustimmung hätte Kim nie den Angriff auf Südkorea gewagt. Dass Kim die treibende Kraft war, und nicht Stalin, wie damals von US-Seite vermutet, weiß man erst seit dem Ende des Kalten Krieges 1991, als neue Akten in den Archiven in Moskau und Peking einsehbar wurden. Auch dass Kim auf die Zustimmung Stalins gewartet hatte, bevor er den Überfall auf Südkorea anordnete, wurde erst ab 1991 durch Konferenzen mit russischen Zeitzeugen und Arbeiten amerikanischer Historiker bekannt, die Dokumente in Peking und Moskau einsehen konnten. Der russische Präsident Boris Jelzin überließ 1994 dem südkoreanischen Präsidenten Kim Young-Sam aufschlussreiche sowjetische Dokumente.[45]

Stalin hatte den Plänen von Kim Il-sung zur gewaltsamen Wiedervereinigung erst die Zustimmung verweigert und betont: nur wenn Südkorea den Norden angreifen würde, könnte Kim entsprechend zurückschlagen (und auf Stalins Hilfe hoffen).

Die USA wiederum hatten sich seit 1946 mehrmals über ihre Sicherheitslinie in Asien geäußert und dabei Korea nicht als für die USA strategisch bedeutsam erwähnt. Korea stand auf keiner Liste der amerikanischen Einflussgebiete.

Die nordkoreanische Führung unter Kim und die sowjetische Führung unter Stalin hatten daher mit gewisser Berechtigung ausgeschlossen, dass die USA *für so ein kleines Land wie Korea* – das betonte Kim bei Besuchen in Moskau und Peking – militärisch eingreifen würden.[46]

## Mehrheit der Menschheit

1950 änderte Stalin seine Haltung und gab Kims Drängen nach einem Überfall auf Südkorea nach.

Was war geschehen?

China zählte nun zum kommunistischen Block.

Das sowjetische Mitglied des Politbüros Malenkow hob im November 1949 in einer programmatischen Rede die folgenreiche Bedeutung des Sieges der Kommunisten in China hervor: Lenin habe 1923 geschrieben, dass der Ausgang des Weltkampfes zwischen Kapitalismus und Kommunismus letztlich von Russland, Indien und China abhänge, die zusammen die über-

Modell der ersten sowjetischen Atombombe im Polytechnischen Museum Moskau

wältigende Mehrheit der Menschheit ausmachten. Nun, nach dem Sieg der Kommunisten in China, lebten in den Ländern der osteuropäischen Volksdemokratien, in der Sowjetunion und in China zusammen schon etwa 800 Millionen Menschen, also lebten mehr Menschen in Volksrepubliken als in den hochindustrialisierten kapitalistischen Ländern.[47]

(Der französische Schriftsteller André Malraux schrieb Lenin als letzte Worte auf dem Sterbebett zu: *Wenn man die Dinge bis auf den letzten Grund durchdenkt, ergibt sich, dass der Erfolg unseres Kampfes durch die Tatsache bestimmt sein wird, dass Russland, China, Indien zusammen die erdrückende Mehrheit der Bevölkerung des Erdballs darstellen.)*[48]

Die Sowjetunion hatte außerdem im August 1949 erfolgreich die erste Atombombe gezündet. Damit hatten die USA das Monopol auf den Einsatz von Atomwaffen verloren und der Schock saß tief.

## NSC-68

Die Erfolge und die Vergrößerung des Ostblocks, des kommunistischen regierten Teils der Welt, beunruhigten die USA, die Führungsmacht des Westens. Die USA waren fest überzeugt, die Sowjetunion plane die schrittweise Expansion nach Westen, und nur entschlossene wirtschaftliche, politische, militärische und ideologische Maßnahmen des Westens könnten den Kommunismus langfristig eindämmen (policy of containment) und die Expansion stoppen.

Harry S. Truman unterzeichnet den Einsatzbefehl für die UN-Truppen in Korea

Präsident der USA war von 1945 bis 1953 Harry S. Truman (1884–1972). Im April 1950 unterzeichnete Präsident Truman ein als *streng geheim* eingestuftes Dokument, das Memorandum Nr.68 des National Security Council, NSC-68, das die amerikanische Sicht auf die Sowjetunion beschrieb: *Die USA müssen die grundlegenden Elemente der individuellen Freiheit sichern. Ihnen obliegt die Aufgabe, die Grundlagen*

Joseph Stalin am Schreibtisch (1949)

*bereit zu stellen, unter denen ein freies und demokratisches System existieren und gedeihen kann. Deshalb sind die USA verpflichtet, notfalls auch dafür zu kämpfen, ihren „way of life" zu verteidigen. Diesem freiheitlichen und gerechten System ganz entgegengesetzt handelt die Sowjetunion, die ein böses Werk („evil work") in die Tat umsetzen will. Das grundlegende Muster, der Entwurf der sowjetischen Politik („fundamental design of the Kremlin") ist die vollständige Unterwanderung oder gewalttätige Zerstörung des Regierungssystems und der Gesellschaftsstruktur der Länder der nichtkommunistischen Welt. Deren Ordnung soll durch ein System ersetzt werden, das dem Kreml unterworfen ist und von ihm kontrolliert wird.*[49]

Gegenwärtig richteten sich die Interessen der Sowjets auf die Beherrschung der eurasischen Landmasse.

Angesichts der expansiven Politik der Sowjets fehlten der freien Welt die (militärischen) Mittel, den Expansionsdrang zu unterbinden: *Der „Sklavenstaat" Sowjetunion hegt eindeutig die Absicht, die Herausforderung der Freiheit zu eliminieren.*

*Daher müssen die USA dringend politische, wirtschaftliche und militärische Stärke aufbauen und die Rüstungsausgaben um das Vierfache erhöhen.*[49]

Soweit NSC-68 und die US-amerikanische Sicht in der Hochphase des

Kalten Krieges. In heutiger Terminologie würde die Sowjetunion als Schurkenstaat tituliert werden.

Das Dokument war streng geheim; hätte der sowjetische Geheimdienst es gekannt, hätte Stalin möglicherweise Kim Il-sung die Zustimmung verweigert.

## Der Kriegsbeginn

Kim Il-sung, der Satellit und Schützling Stalins, gab am 25. Juni 1950 seinem Militär den Befehl zum Überfall auf Südkorea.

Der Koreakrieg begann.

Die nordkoreanischen Truppen überschritten den 38. Breitengrad und rückten rasch nach Süden vor. Sie eroberten die Hauptstadt Seoul.

Über den amerikanischen Botschafter in Seoul bat die südkoreanische Regierung die US-amerikanische Regierung um Hilfe. Präsident Truman ersuchte den UN-Sicherheitsrat um ein Mandat. Das UN-Mandat erfolgte rasch: UN-Truppen unter amerikanischem Oberbefehl wurden nach Korea entsandt.

Der amerikanische Außenminister Dean Acheson

Der Angriff von Stalins Schützling Kim auf Südkorea bestätigte für die amerikanischen Regierungs- und Militärkreise alle im Memorandum NSC-68 vertretenen Positionen. Die USA waren überzeugt, dass ein Erfolg der nordkoreanischen Aggression automatisch dazu führen würde, dass die Kommunisten auch im geteilten Deutschland nach dem gleichen Muster verfahren würden. Sie deuteten den Angriff auf Südkorea als den Beginn einer aus Moskau gesteuerten Offensive.

Außenminister Dean Acheson erklärte: *Wir sind zutiefst davon überzeugt, dass wir für die gesamte freie Welt handeln. Der Weltfriede hängt unserer Meinung nach direkt von der erfolgreichen Abwehr dieser ersten offenen Aggression seit dem Zweiten Weltkrieg ab.*[50]

Der Angriff Nordkoreas sei, so Acheson, vom Kreml gesteuert und Teil des allgemeinen Plans der Sowjetunion: *jedes an ihrer Peripherie gelegene Land zu besetzen, ganz Westeuropa, den Nahen und Mittleren Osten zu überfallen, das Vereinigte Königreich, den nordamerikanischen Kontinent und die Ozeanschifffahrt direkt anzugreifen und die militärischen Anstrengungen im Fernen Osten erheblich zu verstärken.*[51]

Washington sah sich in seinem Bild der kommunistischen Gefahr bestätigt.

## Der Verlauf

Ende Juli 1950 trafen die ersten amerikanischen Truppen in Korea ein.

Die nordkoreanischen Truppen warfen die amerikanischen und südkoreanischen Verbände zurück und hatten im September 1950 fast ganz Südkorea erobert.

Truman übertrug das Kommando über die UN-Truppen dem amerikanischen General Douglas MacArthur, dem Helden von Pearl Harbour und Oberbefehlshaber der amerikanischen Streitkräfte im Fernen Osten.

General Douglas MacArthur raucht eine Maiskolbenpfeife (um 1945)

MacArthur gelang im September 1950 ein riskantes Seemanöver, eine Landung amerikanischer Trägerschiffe im Rücken der Nordkoreaner – ein großer Erfolg, der eine Wende herbeiführte: die nordkoreanischen Truppen wurden zersprengt.

Um der Einkreisung durch die UN-Truppen zu entgehen, zogen sich die Nordkoreaner an den Fluss Yalu im Norden zurück.

Der Yalu ist der Grenzfluss zwischen Nordkorea und China. Und

Nach der Landung der UN-Truppen unter MacArthur in Inchon (September 1950) transportieren am Tag darauf weitere amerikanische Trägerschiffe Soldaten und Ausrüstung nach Korea

damit wurde der von Kim als lokaler Krieg geplante Wiedervereinigungskrieg brandgefährlich für die Sowjetunion, für die USA und für China.

Die UN-Truppen marschierten in Nordkorea ein. General MacArthur forderte das Oberkommando der koreanischen Streitkräfte zur bedingungslosen Kapitulation auf.

Hätte Nordkorea die Forderung des Generals erfüllen und kapitulieren müssen, wäre jenseits der chinesischen Grenze am Yalu ein unter südkoreanischer Flagge geeintes Korea mit ständiger Präsenz amerikanischen Militärs entstanden.

Peking war nun sehr alarmiert.

Im Mai 1950, vor dem Überfall auf Südkorea, hatte Kim Il-sung die chinesische Regierung konsultiert und über das Vorhaben informiert. Mao hatte Kim zugesagt, in der Mandschurei Truppen zu stationieren, falls die Südkoreaner japanische Truppen zur Unterstützung nach Korea bringen würden.

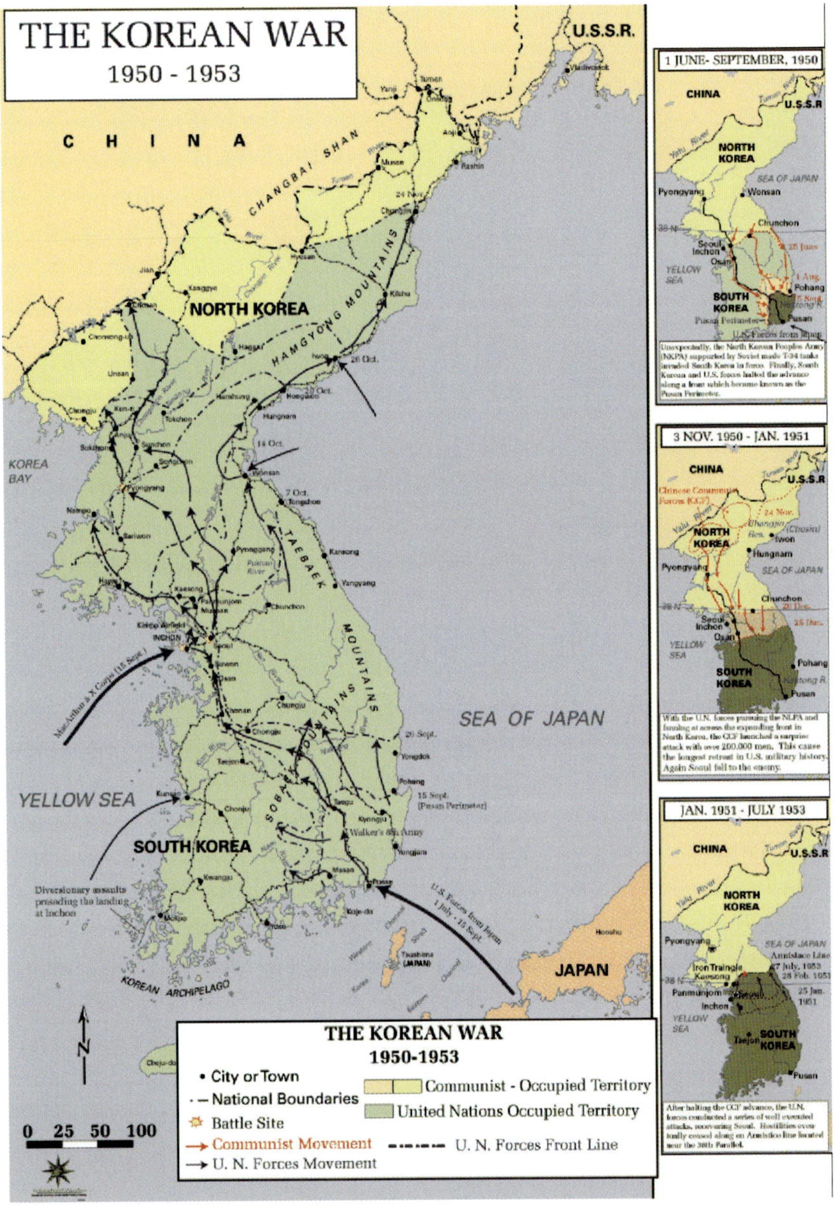


Darstellung der Truppenbewegungen im Koreakrieg

Die chinesische Führung hatte Kim aber auch klar gesagt, dass sie ihn nicht mit chinesischen Truppen unterstützen könnte.

Nun aber war die Lage anders.

Die nordkoreanischen Truppen waren zersprengt, die überlebenden Soldaten retteten sich nach China. Im August 1950 bombardierten amerikanische Flugzeuge versehentlich chinesisches Territorium jenseits des Yalu. Im Oktober 1950 bewegte sich die Front auf die koreanisch-chinesische Grenze zu, und auch die südkoreanische Artillerie beschoss gelegentlich und versehentlich chinesisches Gebiet.[52]

Die US-Kriegsmarine kreuzte in der Straße von Taiwan.

Peking sah die Gefahr, dass die USA bald von Taiwan und von Korea aus China angreifen könnten. Der Mitgründer der Roten Armee, General Peng Dehuai, fasste die Gefahr in die Worte: *Der Tiger will Menschen fressen. Wann er das tut, hängt von seinem Hunger ab.*[53]

Peking drohte daher Südkorea mit seinem Eingreifen und forderte den Rückzug der UN-Truppen an den 38. Breitengrad.

General MacArthur tat die chinesische Drohung als Bluff ab und verkündete: Die Chinesen werden nicht angreifen, und wenn doch, werde er sie *abschlachten* (*we will slaughter them*).

Obwohl China in Trümmern lag, das Volk kriegsmüde war und die Amerikaner den Luftraum beherrschten, beschloss Mao, *Freiwillige* nach Korea zu schicken. Auch Stalin drängte China.

General Peng Dehuai (um 1950)

Mitte Oktober 1950 trat China inoffiziell in den Krieg ein. Chinesische *Freiwillige* setzten heimlich und unbemerkt über den Fluss, die jahrelange Erfahrung in Nachtmärschen und Guerillataktiken zahlte sich aus.

*Freiwillige* – dazu erklärte der sowjetische Partei- und Regierungschef Nikita Chruschtschow (1894–1971) später: *China verzichtete auf eine Kriegserklärung und schickte einfach Freiwillige nach Korea.*[54]

Der Koreakrieg wurde in China nie als Krieg bezeichnet, sondern als *Bewegung zum Widerstand gegen Amerika und Hilfe für Korea*, so wie auch angeblich keine regulären Truppen, sondern *Freiwillige* entsandt wurden.

Unbemerkt von den amerikanischen Militärs und Geheimdiensten waren die chinesischen Soldaten in Nordkorea eingesickert. Die *Freiwilligen* vernichteten eine südkoreanische Division, die als Vorhut am Yalu stand. Bis an den Yalu hatten sich die UN-Bodentruppen nicht vorgewagt, sondern auf dieses sensible Terrain die südkoreanische Division vorgeschickt.

Lin Biao, der spätere Verteidigungsminister, der schon im Bürgerkrieg gekämpft und den Langen Marsch mitgemacht hatte, leitete die ersten Manöver. Später übernahm General Peng Dehuai, ebenfalls ein Veteran des Langen Marsches, den Oberbefehl. Ende Oktober/Anfang November 1950 sickerte fast eine halbe Million weiterer chinesischer Soldaten in Korea ein, überraschte und schlug die südkoreanischen und US-Truppen. Stalin schickte Jagdfliegereinheiten, die in chinesischen Uniformen und unter chinesischen und nordkoreanischen Hoheitszeichen Angriffe gegen die US-Luftwaffe flogen.

Im längsten Rückzug der amerikanischen Geschichte zogen sich die US-Truppen nach Süden zurück.[55]

UN-Soldaten auf dem Rückzug

Die Chinesen hatten allein aufgrund von Taktik, Können und zahlenmäßiger Überlegenheit gesiegt. Die Ausrüstung war verglichen mit der des Gegners miserabel. Mit *Hirse und Gewehr* – so die Selbstbeschreibung der chinesischen Militärs für die kärgliche Verpflegung und Ausstattung, aber auch für die überlegene Haltung und den Mut der Soldaten – schlugen sie die ungleich besser ausgerüsteten Amerikaner in die Flucht. Doch General Peng Dehuai hatte die waffentechnische Unterlegenheit und dürftige Ausstattung seiner Soldaten sehr wohl bemerkt und nie vergessen.

## General MacArthur

General MacArthur sah im Koreakrieg eine ureigene Mission. Er kannte die amerikanischen Analysen der politischen Lage und wollte den Koreakrieg als *Kreuzzug* gegen den Kommunismus führen und ihn ausrotten. Daher drängte MacArthur die amerikanische Regierung, den Krieg auf China auszuweiten. Ende Dezember forderte er:

- Die Seeblockade der Volksrepublik China
- Die Zerstörung der chinesischen Industrie durch Luftangriffe
- Die Verstärkung der UN-Truppen in Korea durch taiwanesische Truppen, um sie zur Eroberung des Territoriums der Volksrepublik einzusetzen

Peng Dehuai (links) und Kim Il-Sung

- Den Abwurf von mindestens 30 Atombomben auf die an Korea grenzenden chinesischen Gebiete und auf alle chinesischen Städte, die über Flughäfen verfügten. (Die USA besaßen etwa 100 Atombomben.)

MacArthur erklärte die Abkehr von der konventionellen Kriegsführung als einzige Möglichkeit, eine schlimme Niederlage der USA zu verhindern. In Asien sollte der totale Krieg gegen den Kommunismus geführt werden.

Für MacArthur entschied sich das weitere Schicksal der westlichen Welt in Asien und nicht in Europa. Und deshalb müsste Korea unter südkoreanischer Flagge wiedervereint werden. Dazu müsste der Krieg ausgeweitet und die Volksrepublik China so bombardiert werden, dass sie auf Generationen hinaus nicht mehr in der Lage wäre, einen Krieg zu führen.[56]

Mit diesen ultimativen Forderungen widersprach MacArthur allerdings der offiziellen Außenpolitik der USA. Und damit stellte sich der General gegen die Politik.

Schon Anfang Januar 1951 hatte Präsident Truman (der für den Abwurf der Atombomben auf Hiroshima und Nagasaki politisch verantwortlich war) auf einer Pressekonferenz erklärt, dass die USA nicht mit China *formal im Krieg* stünden, sondern einen Auftrag der UN in Korea ausführten.

Douglas MacArthur (in der Mitte) mit amerikanischen Generälen.

Dennoch forderte General MacArthur im Februar 1951 aufs Neue den Abwurf von Atombomben auf China sowie die radioaktive Verseuchung der Mandschurei.

Einem amerikanischen General, Matthew B. Ridgway (1895–1993), gelang es in dieser hochexplosiven, brisanten Situation, die Kampfmoral der UN-Soldaten wieder so zu heben, dass sie die feindlichen Angriffe abwehren und Seoul zurückerobern konnten. Weitere amerikanische Erfolge folgten, und die nordkoreanischen Truppen und die chinesischen *Freiwilligen* konnten auf den Ausgangspunkt, den 38. Breitengrad, zurückgeschlagen werden. Dort begann nun ein zäher Stellungskrieg.

MacArthur gab nicht nach. Er begann, Parlamentarier zu beeinflussen, und griff öffentlich die Außenpolitik der US-Regierung an. Damit hatte der General seine Kompetenzen überreizt und eine rote Linie überschritten. Präsident Truman entließ MacArthur im April 1951 wegen Subordination.

Hätte die amerikanische Politik sich den Forderungen dieses mächtigen Militärs, des gefeierten Kriegshelden gebeugt, wären die USA mit China im Krieg gestanden. Das wiederum hätte aufgrund des sowjetisch-chinesischen Beistandspakts den Eintritt der Sowjetunion in den Krieg zur Folge gehabt.

Amerikanische UN-Soldaten beschießen feindliche Stellungen (1951)

Erneut wären sich die Supermächte direkt gegenübergestanden. Und dann?

Die Politik und auch Teile des Militärs dachten klar und nüchtern. Für Truman und das State Departement wäre die Ausweitung dieses Krieges *der falsche Krieg am falschen Ort, zur falschen Zeit und mit dem falschen Gegner gewesen*, wie ein anderer hoher amerikanischer General es ausdrückte.[57]

## Waffenstillstand

Statt zur Ausweitung kam es zu einem zähen Stellungskrieg entlang des 38. Breitengrades. Am 14. Juni 1951 stimmte Kim, das hieß Stalin, dem amerikanischen Gesuch um Waffenstillstandsverhandlungen zu. Die Verhandlungen erwiesen sich als schwierig und führten zu keinem Ergebnis.

Als Dwight D. Eisenhower im Januar 1953 Harry S. Truman im Amt des Präsidenten ablöste, während in Korea die Kampfhandlungen am 38. Breitengrad immer noch weitergingen, pokerte Eisenhower bewusst hoch, um die nordkoreanische Seite zu ernsthaften Verhandlungen zu zwingen. Er verkündete im Februar 1953, dass die USA Chiang Kai-shek nicht länger davon abhalten würden, das chinesische Festland anzugreifen.

Eisenhower (links) 1952 auf Militärvisite in Korea

Aufbahrung Stalins 1953 in Moskau

Die US-Stabschefs pokerten mit und schlugen die Ausweitung des Krieges vor. Eisenhower übernahm die Rolle des *madman*, des unkontrollierbar zu allem Bereiten, und entschied: China solle massiv angegriffen werden. Dazu sollten alle notwendigen Operationen unternommen werden, einschließlich *extensivem strategischen und taktischem Einsatz von Atombomben, um maximale Überraschung und Wirkung* zu erzielen.[58]

Washington sorgte dafür, dass die Sowjetunion und China von dem Beschluss erfuhren.

Am 5. März 1953 starb Josef Stalin.

Mitte März 1953 ließ der Ministerrat der Sowjetunion der UN mitteilen, dass die Zeit für den Waffenstillstand in Korea nun gekommen sei. Am 27. Juli 1953 wurde der Krieg in Korea durch den Waffenstillstandsvertrag beendet. Bei diesem Stand ist es bis heute geblieben.

Präsident Eisenhower führte das rasche Zustandekommen des Waffenstillstands auf seine harte Politik zurück. Es war aber – das kann heute aufgrund der Archivöffnung mit Sicherheit gesagt werden – der Tod Stalins, der den Weg zur Beendigung der Kriegshandlungen freigegeben hat. Es war allein Stalin gewesen, der *an der Fortsetzung des Krieges interessiert war, um Mao weiter in Abhängigkeit zu halten.* So das Urteil eines Historikers.[59]

Wie Stalin diese Abhängigkeit bewerkstelligt hatte, ging aus einem Brief hervor, den Stalin Ende August 1950 über den sowjetischen Botschafter in der Tschechoslowakei dem tschechoslowakischen Präsidenten zukommen ließ. Nachdem Stalin in dem Brief seine riskante und fehlgeleitete Politik, wie üblich, als weise und vorausschauend beschrieben hatte, kam er auf China zu sprechen:

*Nehmen wir an, die amerikanische Regierung fährt fort, sich weiter im Fernen Osten zu verstricken und auch China in den Kampf für die Freiheit und Unabhängigkeit Koreas hineinzuziehen. Was könnte das ergeben?*

*Erstens kann Amerika es genauso wenig wie irgendein anderes Land mit China aufnehmen, einem Land mit momentan groß(artig)en Streitkräften. Daraus folgt, dass Amerika sich in dem Konflikt übernehmen würde.*

*... Es versteht sich von selbst, dass ein bewaffneter Konflikt zwischen Amerika und China im gesamten Fernen Osten zu Revolutionen führen würde. Hilft uns das nicht im Blick auf das Machtgleichgewicht in der Welt? Zweifellos!*[60]

Auch dieser Brief ist den Historikern erst seit den 1990er Jahren bekannt. Nachdem entgegen Stalins und Kims Erwarten die USA doch in Korea interveniert hatten, das Malheur sozusagen passiert war, witterte Stalin nun einen anderen Vorteil für sich. Stalins wahnwitziger Traum von weiteren Revolutionen und dem dadurch bewirkten weiteren gewaltigen Zuwachs für seine Macht basierte auf dem, was der Alptraum Chinas war – die Verstrickung Chinas in eine militärische Konfrontation mit den USA. China wurde in Stalins kruder Strategie zu einem Instrument, das Stalins Erzrivalen USA einen weiteren Schlag versetzen sollte.

Koreanische Zivilisten vor einem amerikanischen Panzer (1951)

Eine anhaltende Konfrontation Chinas mit den USA hätte für Stalin nur Vorteile erbracht. Für Stalin war Mao der Rivale und Herausforderer für seine Führerschaft innerhalb der kommunistischen Bewegung und des sozialistischen Lagers. Doch wenn Mao durch den Konflikt mit den USA blockiert wäre, wäre dieser Rivale erst einmal für längere Zeit ausgeschaltet.[61]

## China und die Bombe

Der Koreakrieg wurde 1953 mit dem Waffenstillstand beendet.

Die Zivilbevölkerung Koreas musste unendliches Leid ertragen, die Städte und Dörfer wurden in Schutt und Asche gelegt.

Die amerikanische Luftwaffe hatte in Korea mehr Napalm eingesetzt als später im Krieg gegen Vietnam. (Napalm ist eine Brandwaffe, die kaum löschbar ist und extrem schlecht verheilende Brandwunden und große Schmerzen verursacht. Heute ist der Einsatz von Napalm als übermäßiges Leid verursachende Waffe international geächtet.)

Exakte Zahlen über die koreanischen und chinesischen Verluste gibt es keine. Schätzungsweise verlor Nordkorea etwa zehn Prozent seiner Bevölkerung, 2,5 Millionen Soldaten und Zivilisten. Südkorea verlor eine Million Soldaten und Zivilisten und China eine Million *Freiwillige*. Unter den vielen chinesischen Toten war am 25. November 1950 auch Maos Sohn Mao Anying, der bei einem Bombenangriff auf Pjöngjang getötet wurde.

Mao Anying (1922–1950) in Uniform

Etwa 40.000 UN-Soldaten starben in den Kämpfen.[62]

Stalin hatte die Haltung der USA völlig falsch eingeschätzt. Einen großen Teil der bösen Zeche hatte China bezahlt. Und selbst die von Stalin an China gelieferten Rüstungsgüter mussten von China bezahlt werden.

In der chinesischen Führung wurde das Misstrauen gegen die Sowjets noch größer.[63]

Die USA hatten Japan, den Hauptfeind Chinas, mit der Atombombe zur Kapitulation im

Zweiten Weltkrieg gezwungen. Nun hatte MacArthur auch China mit dem Einsatz der Bombe gedroht.

Die Sowjetunion gehörte seit 1949 zu den Atommächten.

China setzte ab jetzt alles daran, in den Besitz von Atomwaffen zu gelangen. Mao demonstrierte bis zur Lächerlichkeit Furchtlosigkeit, um den USA, deren Invasion er fürchtete, Angst vor der chinesischen Militärstärke aufgrund der Kraft der Massen einzuflößen.

1946 hatte Mao Zedong in einem Gespräch mit der amerikanischen Journalistin Anna Louise Strong erklärt, dass alle Reaktionäre Papiertiger seien, dem Aussehen nach furchterregend, aber in Wirklichkeit gar nicht so mächtig.[64] Den Begriff Papiertiger hat Mao seither so oft wiederholt, dass im *Kleinen Roten Buch*, der weltberühmten *Mao-Bibel*, die Verteidigungsminister Lin Biao 1964 zusammengestellt und herausgegeben hatte, ein Kapitel überschrieben war: *Der Imperialismus und alle Reaktionäre sind Papiertiger*. Die USA erklärte Mao Zedong mitsamt all ihrer Atombomben zu einem solchen Papiertiger. Diese Verharmlosung der Atombombe und der USA als Papiertiger ging als Bonmot um die Welt. (Siehe auch weiter unten.)

Kim Il-Sung unterzeichnet den Waffenstillstandsvertrag (1953)

1955 hatten die USA Atomsprengköpfe auf Taiwan stationiert, mit Richtung auf das Festland.

Für die Volksrepublik drohte die Gefahr von den USA und von der sowjetischen Machtpolitik. Die Jahre nach 1949 wurden beherrscht von der Erwartung eines Kriegs und dem Gedanken an Atomwaffen.

## Bündnispolitik

China suchte in den *kolonialen und halbkolonialen* Ländern Asiens, Afrikas und Lateinamerikas Verbündete, mit denen es gemeinsam auf die Weltrevolution hinarbeiten konnte, um sich so wirksam wie möglich gegenüber den USA zu behaupten.

China verweigerte aber auch 1955 den Beitritt zum Warschauer Pakt, dem militärischen Beistandspakt der Ostblockstaaten unter Führung der Sowjetunion, dem östlichen Gegenstück zur amerikanisch dominierten westlichen NATO. Es wollte sich in Fragen seiner Verteidigung keinem sowjetischen Militärbündnis unterordnen.

Der Außenminister Zhou Enlai nahm 1955 stattdessen an der Konferenz asiatischer und afrikanischer Länder in Bandung (Indonesien) teil. Dort versammelten sich erstmals die Vertreter der Länder, die früher Kolonien gewesen waren, um gemeinsam über Kolonialismus, Rassismus und die Lage der Welt zu debattieren.

Auf Japan, ein asiatisches Land, waren Atombomben gefallen, China, ein asiatisches Land, war mit Atombomben bedroht worden – darauf wies

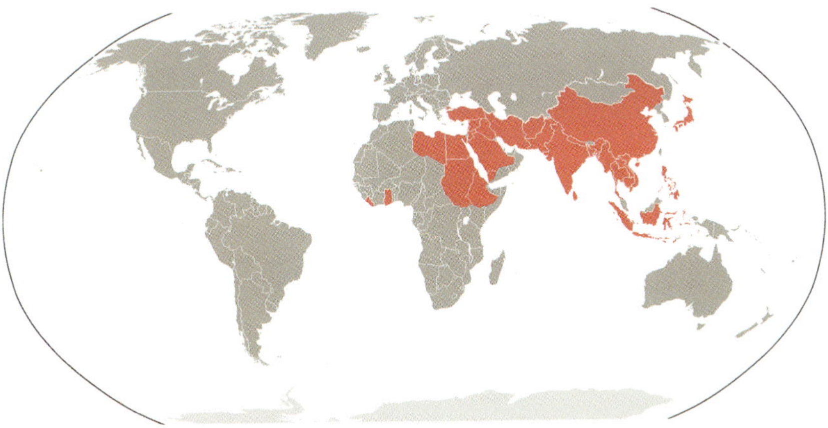

Rot gezeichnet: Teilnehmerländer der Konferenz von Bandung

der chinesische Außen- und Premierminister Zhou Enlai in Bandung hin. In Bandung wurde, um sich dem Machtkampf zu entziehen, eine politische Vision entwickelt, die im Kalten Krieg zwischen Westblock und Ostblock nicht vorgesehen war und von den USA wie der Sowjetunion entsprechend beargwöhnt wurde: nämlich die Vision von der Blockfreiheit und der Unabhängigkeit der armen Entwicklungsländer.

Die armen Entwicklungsländer, die sich in Bandung erstmals versammelt hatten, bezeichneten sich selbst mit dem neu entstandenen Begriff *Dritte Welt*. (1974 wird Deng Xiaoping die Drei-Welten-Theorie vor der UNO vortragen).

Den Begriff *Dritte Welt* hatte 1952 der französische Ethnologe und Historiker Alfred Sauvy (1898–1990) in dem Zeitungsartikel *Drei Welten, ein Planet* (L'Observateur vom 14. August 1952) geprägt. Sauvy zog eine Parallele zum Dritten Stand im vorrevolutionären Frankreich: So wie damals die meisten Franzosen dem Dritten Stand angehört hatten und auf sie hinabgesehen wurde, so umfasst die Dritte Welt heute die meisten Menschen. Doch auch sie gelten nur als Objekte von Ausbeutung und Unterdrückung, seien verachtet und ignoriert wie einst der Dritte Stand. Aber auch sie wollten und würden ihre Rolle in der Welt einnehmen.

Liu Shaoqi begrüßt Zhou Enlai bei dessen Rückkehr von der Konferenz in Bandung (1955)

1955 in Bandung übernahmen die teilnehmenden asiatischen und afrikanischen Länder die Bezeichnung *Dritte Welt* für sich. Sie beschlossen, nicht nur für die wirtschaftliche Entwicklung zu kämpfen, sondern auch, sich den bestehenden Machtblöcken zu entziehen. Sie einigten sich unter Führung des indischen Ministerpräsidenten und des chinesischen Außen- und Premierministers Zhou Enlai darauf, künftig eine neutrale Haltung zwischen Ostblock und Westblock zur Sicherung der Unabhängigkeit und Entwicklung ihrer Länder einzunehmen. Es entstand etwas eigentlich Paradoxes: ein Block der Blockfreien.[65]

*Zwischenzonen* nannten die chinesischen Kommunisten ab da die armen und blockfreien Länder und widersprachen damit der sowjetischen und US-amerikanischen Theorie, dass die Welt in das kapitalistische und kommunistische Lager gespalten sei und alle Staaten der Erde zum einen oder anderen Block zählten.

China baute seine Verteidigung darauf, dass es sich gegen Angriffe der USA durch das Bündnis mit der Sowjetunion und gegen Übergriffe von Seiten der Sowjetunion durch das Bündnis mit den Blockfreien schützte.[66]

Dass China, was seine Verteidigung betraf, sich nicht dem sowjetischen Bündnis unterstellt hatte, bedeutete aber noch lange nicht Unabhängigkeit von der Sowjetunion. Für den Aufbau im Inneren war China auf den Rat und die Hilfe des führenden sozialistischen Landes angewiesen.

## Von der Sowjetunion lernen

*In der Periode des Übergangs vom Kapitalismus zum Sozialismus lautet die Generallinie der Kommunistischen Partei Chinas: die Industrialisierung des Landes im Wesentlichen vollenden und gleichzeitig die sozialistische Umgestaltung der Landwirtschaft, des Handwerks, der kapitalistischen Industrie und des kapitalistischen Handels im Großen und Ganzen abschließen.*[67]

### Zurück zur Innenpolitik

Die Kommunistische Partei Chinas bezeichnete ein von ihr verabschiedetes Regierungsprogramm als *Generallinie.* 1953 setzte sich, nicht widerspruchslos, in der Parteiführung die Überzeugung durch, dass die erste Phase der Umwandlung der Gesellschaft, die Phase der *Neuen Demokratie*, bereits schnell bewältigt worden sei. Nun müsse die Generallinie des Übergangs zum Sozialismus beginnen, die Umwandlung in die sozialistische Gesellschaft. Die wirtschaftliche Basis der Großbourgeoisie war zerschlagen, es gab keinen Großgrundbesitz und keine großen in- oder ausländischen Privatunternehmen mehr.

Im Februar 1953 hatte Mao die Weisung erlassen: Wir Chinesen müssen *von der Sowjetunion lernen. Weil wir den großen Aufbau des Landes vorantreiben wollen, weil die vor uns liegende Arbeit schwer und hart ist und weil unsere Erfahrungen nicht ausreichen, deshalb wollen wir gewissenhaft*

Die Sowjetunion ist unser Vorbild!

*von den fortschrittlichen Erfahrungen der Sowjetunion lernen. ... Wir wollen nicht nur die Lehren von Marx, Engels, Lenin und Stalin studieren, sondern auch die fortschrittliche Wissenschaft und Technik der Sowjetunion. Wir wollen im nationalen Maßstab einen Aufschwung des Lernens von der Sowjetunion herbeiführen, um unser Land aufzubauen.*[68]

Am 1. Oktober 1953, am Nationalfeiertag, wurden die neue Generallinie und ein erster Fünfjahresplan nach sowjetischem Vorbild mit der Laufzeit für die Jahre von 1953 bis 1957 verkündet.

Das sowjetische Modell des wirtschaftlichen Aufbaus eines unterentwickelten Landes beruhte auf dem Prinzip, aus der Landwirtschaft das Kapital für den Aufbau der Industrie abzuschöpfen. Der Staat kaufte den Bauern billig ihre landwirtschaftlichen Erzeugnisse ab und verkaufte sie mit Gewinn weiter. Damit finanzierte der Staat den Aufbau der Industrie.

Als Indikator für erfolgreiche Industrialisierung galt weltweit die Schwerindustrie: der Bergbau, die Eisen- und Stahlindustrie. Kohle und Stahl galten als Garanten der Macht von Staaten.

Die Landwirtschaft selbst profitierte wenig von ihrer Rolle als Ka-

Stahl ist die Grundlage einer Industrie!

pitalbeschafferin. In sie floss der vom Staat erzielte Gewinn kaum zurück. Auch die Konsum- und Leichtgüterindustrie, welche die Erzeugnisse für den täglichen Bedarf herstellte, wurde als zweitrangig bewertet.

Die Sowjetunion half China und lieferte enorme Mengen technischer Datensätze, darunter allein 1400 Pläne für ganze Fabriken. Mehr als 10.000 sowjetische Techniker und Berater kamen ins Land und unterstützten es bei über 100 Industrieprojekten, die den Kern des industriellen Aufbaus in China bildeten: Diese Projekte lieferten 30 Prozent der Roheisen-, 40 Prozent der Stahl-, über 90 Prozent der Traktoren-, 80 Prozent der LKW-, 30 Prozent der synthetischen Ammoniak- sowie 25 Prozent der Elektrizitätsproduktion des Landes.[69]

Die Russen halfen bei der Entwicklung von Wasserkraftwerken, beim Ausbau des Schienennetzes und leider auch im Städtebau, wo viel historische Bausubstanz zerstört wurde. Über 10.000 chinesische Ingenieure, Techniker und Facharbeiter gingen zur Ausbildung in die Sowjetunion.

## Enteignung und Kollektivierung

Mit dem ersten Fünfjahresplan begannen die umfassenden Enteignungen. Die *nationale Bourgeoisie*, die einheimischen *Kapitalisten* wurden enteignet und ihre noch bestehenden größeren und kleineren Firmen, privaten Handwerksbetriebe, Handelsgeschäfte und Läden wurden in staatlich kontrollierte Genossenschaften überführt.

Ebenso begann die Kollektivierung der Landwirtschaft.

Im alten China hatten die Bauern keinen gemeinsamen Besitz gekannt. Ab 1949 hatte die Kommunistische Partei begonnen, die Bauern erstmals anzuleiten, sich zu *Teams der gegenseitigen Hilfe* zusammenzuschließen,

Traditionelles chinesisches Haus

welche die Felder gemeinschaftlich bestellten und die nötigen landwirtschaftlichen Geräte als kollektives Eigentum anschafften. Außerdem richtete die Führung, als eine Art Versuchsballon, erste *Landwirtschaftliche Produktionsgenossenschaften* (LPGs) ein. In den LPGs wurden die Werkzeuge und Maschinen kollektiv genutzt, das den Bauern gerade erst durch die Bodenreform zugewiesene Land blieb (noch) ihr Privatbesitz.

Nicht einmal ein Prozent der Bauernfamilien konnte sich bis Ende 1953 für die Eingliederung in eine LPG erwärmen.

Ab Dezember 1953 wurde deshalb in gewaltigen Kampagnen für den Eintritt in die LPGs geworben. Mehr Bauern als bisher übersiedelten daraufhin in eine LPG, teils weil sie den Kommunisten vertrauten, teils aber auch, weil Kader der Partei sie dazu zwangen.

Die Vorteile der Kollektivierung!

Als nächste Maßnahme wurde die Kollektivierung der Landwirtschaft noch weiter ausgebaut und *vollsozialistische* LPGs eingerichtet. Bei diesem Modell verblieben die Häuser und Gärten und noch etwa 10 Prozent des Ackerlandes im privaten Besitz. Das Übrige ging in Kollektivbesitz über.

Die Propagandamaschine lief weiter – Ende 1957 gehörten über 97 Prozent der Bauernfamilien einer *vollsozialistischen* LPG an.

### Mit Tempo zur grossen Einheit

Schon früh zeichnete die Innenpolitik unter Mao Zedong ein charakteristischer Zug aus: Es wurde auf Tempo gedrückt und der Umwandlung der Gesellschaft größere Bedeutung beigemessen als der wirtschaftlichen Entwicklung. Die Politik hatte Vorrang vor der Wirtschaft. Gerade deshalb wurde – gegen den Rat der Wirtschaftsfachleute – die sozialistische Umgestaltung so früh vorangetrieben. Die Politik wollte die Mentalitäten umformen, den neuen, den sozialistischen Menschen schaffen, der sein Wissen und seine Fähigkeiten in den Dienst des Aufbaus des Kommunismus setzen werde.

Der Wunsch nach der klassenlosen Gesellschaft, die der Marxismus anstrebte, war ohnehin tief in der alten revolutionären chinesischen Tradition verankert: als Idee der großen Einheit (datong), die durch den menschlichen Willen geschaffen werden sollte.

Der im traditionellen chinesischen Denken immer schon vorhandene Voluntarismus fand in Mao Zedong einen starken Fürsprecher: mit starkem Willen war (fast) alles möglich.70 War nicht schon der Sieg der Kommunisten über die Guomindang der beste Beweis dafür?

## Ziemlich beste Feinde

Nikita Chruschtschow (1894–1971), der Nachfolger Stalins im Amt des Partei- und Regierungschefs (1953–1964), erzählte in seinen Memoiren über das Verhältnis von Josef Stalin und Mao Zedong: *Stalin stand Mao immer ziemlich kritisch gegenüber. Er hatte einen Namen für Mao, der ihn vom rein marxistischen Standpunkt aus genau beschreibt. Stalin pflegte zu sagen, dass Mao ein auf Sand gebauter Marxist sei.*[71]

Wer auf Sand baut, dessen Fundament ist nicht stabil. *Mao hat sich immer auf die Bauern verlassen und nicht auf die Arbeiterklasse*, kritisierte Chruschtschow.

Chruschtschow berichtete auch, wie Stalin China brüskiert hat: *Zu einem bestimmten Zeitpunkt schloss Stalin mit China einen Vertrag über die gemeinsame Ausbeutung mineralischer Bodenschätze in Xinjiang. Das Abkommen war von Seiten Stalins ein Fehler. Jahrhundertelang hatten Franzosen, Engländer und Amerikaner China ausgebeutet, und jetzt kam die Sowjetunion.*

Nikita Chruschtschow (links) und Josef Stalin 1936

*Diese Ausbeutung war eine böse Sache, aber nicht ohne Beispiel: Stalin hatte ähnliche „gemischte" Gesellschaften in Polen, der DDR, Bulgarien, der Tschechoslowakei und Rumänien gegründet. Später haben wir diese Gesellschaften alle aufgelöst.*[72]

Auch wie schlicht es in der großen Politik und bei Sonderrechten zugehen kann, erzählte Chruschtschow: *Ein andermal fand Stalin Gefallen an Ananas in Dosen. Er diktierte sofort eine Nachricht an Malenkow, der immer ein geschickter Sekretär war: „Schreiben Sie den Chinesen, dass ich es gerne sehen würde, wenn sie uns ein Gelände für eine Ananaskonservenfabrik zur Verfügung stellten.*

*Ich sprach frei von der Leber weg und sagte: „Genosse Stalin, die Kommunisten sind in China erst vor kurzem an die Macht gekommen. Es gibt dort schon zu viele ausländische Fabriken, und jetzt will auch noch die Sowjetunion, ein sozialistisches Bruderland, eine eigene Fabrik in China bauen! Das wird Mao Zedong bestimmt kränken."*

*Stalin fuhr mich zornig an, und ich sagte nichts mehr. Das Telegramm wurde abgeschickt. Einen oder zwei Tage später erhielten wir die Antwort der Chinesen. Mao Zedong sagte: „Wir akzeptieren euren Vorschlag. Falls ihr an Dosenananas interessiert seid, dann gebt uns einen Kredit, und wir werden die Konservenfabrik selbst bauen. Den Kredit zahlen wir euch dann zurück mit den Früchten dieser Fabrik." Ich schwieg, während Stalin fluchte und wütete. Für Mao war Stalins Vorschlag eine Kränkung gewesen, genau wie ich es erwartet hatte.*[73]

## Entstalinisierung

Im März 1953 starb Stalin.

Nach Stalins Tod leitete der neue sowjetische Partei- und Regierungschef Nikita Chruschtschow die Entstalinisierung ein. Im Februar 1956 hielt Chruschtschow auf dem XX. Parteitag der Kommunistischen Partei der Sowjetunion die berühmte *Geheimrede*, in der er die Politik Stalins verurteilte und Stalins Verbrechen offenlegte. Chruschtschow sprach über das Gewaltregime Stalins: über den an den vermeintlichen politischen Gegnern verübten Terror, über die gezielten Verfolgungen, die grausame Folter, die willkürlichen Inhaftierungen und Hinrichtungen. Den um Stalin betriebenen Personenkult – seine Verehrung, Glorifizierung und Verherrlichung als einzigartigen Führer – brandmarkte er als Verstoß gegen die Lehre des Marxismus-Leninismus. Chruschtschow rechnete scharf und vernichtend mit seinem Vorgänger ab und benannte auch klar dessen Versagen als Militäroberbefehlshaber im Zweiten Weltkrieg.

Als Zuhörer der stundenlangen Rede waren allein die russischen Genossen zugelassen. Die anderen anwesenden Vertreter der teilnehmenden kommunistischen Parteien wie China wurden weder im Voraus informiert, dass Chruschtschow hinter verschlossenen Türen vor den russischen Genossen eine Grundsatzrede halten würde, noch wurden sie über den Inhalt informiert. Den vollständigen und autorisierten Text der Rede konnten die nichtrussischen Anwesenden erst vier Monate später, im Juni 1956, nachlesen, nachdem das US-Außenministerium ihn veröffentlicht hatte.[74] Schon vorher hatte die amerikanische New York Times Auszüge der Rede veröffentlicht, aus denen sie sich den Inhalt erschließen konnten.[75]

Bis heute liest man immer mal wieder, dass Mao Zedong sich durch Chruschtschows Kritik am Personenkult um Stalin bloßgestellt gesehen habe, denn auch um ihn hatte sich ein Kult etabliert (zum Kult um Mao später mehr).

Ob sich Mao wirklich durch diesen Teil der Geheimrede von Chruschtschow angegriffen fühlte?

China feiert Stalin (1949)

Ein anderer Grund wog viel schwerer: Alle Parteiführer der kommunistischen Welt, die dem großen Stalin offiziell stets nur gehuldigt hatten, sahen sich mit der Geheimrede vor das Problem gestellt, sich rechtfertigen zu müssen.

Noch unmittelbar vor der Geheimrede hatte Chinas Vertreter, General Zhu De, eine der üblichen Lobeshymnen auf Stalin angestimmt.[76] Diese Lobpreisung des vorgeblich Großen Stalins war nur zu verständlich. Der Aufbau der chinesischen Industrie, die Entwicklung des Landes, basierte auf sowjetischen, also stalinistischen Vorgaben. China war unabdingbar auf sowjetische Hilfe, Beratung und Unterstützung angewiesen – und sowjetische Hilfe hatte bisher stalinistische Hilfe bedeutet. Entsprechend pflichtschuldig hatte China dem großen Stalin gehuldigt. Und nicht nur China hatte das stets so gehalten, sondern alle sozialistischen Staaten waren aufgrund der Abhängigkeit von der Führungsmacht Sowjetunion zu dieser devoten Haltung gezwungen. Und nun demaskierte der neue Mann an der sowjetischen Spitze den toten Stalin ohne jede Vorwarnung an die anderen sozialistischen Staaten.

Mao ging nun auch auf Distanz zu Nikita Chruschtschow, der die Loyalität gegenüber den übrigen sozialistischen Ländern so eklatant verletzt und sie damit bloßgestellt hatte.

Die chinesischen Parteikader und die Presse wurden angewiesen, über die Geheimrede Chruschtschows zu schweigen. Öffentlich wurde verkündet, die Sowjetunion habe *das Schwert Stalins* aus der Hand gelegt.

## Am Ende des ersten Fünfjahresplans

Der erste Fünfjahresplan hatte sehr eindrucksvolle Ergebnisse im Bereich der Schwerindustrie erbracht. Verglichen mit 1953 wurden 1957 doppelt so viel Steinkohle und doppelt so viel Erdöl gefördert, China verfügte über die doppelte Menge an Elektrizität und erzeugte die dreifache Menge an Rohstahl.[77]

Die Zahl der Industriearbeiter hatte sich von 5 auf 18 Millionen erhöht, die der Facharbeiter von 2,5 auf über 6 Millionen.[78]

Aber: Ebenso wie die Wirtschaft gewachsen war, war auch die Abhängigkeit Chinas von der Sowjetunion mitgewachsen.[79]

Und ebenfalls mitgewachsen war die Staatsbürokratie. 1949 beschäftigte sie noch 3 Millionen Kader, 1958 über 8 Millionen Kader, das heißt Funktionäre der Partei.[80]

Der Plan nach sowjetischem Muster hatte China wirtschaftlich voran gebracht. Doch die Entwicklung des Landes stand im Dienste eines noch ganz anderen Ziels.

1949 hatte Mao Zedong es so erklärt: China kann *unter der Führung der Arbeiterklasse und der Kommunistischen Partei sicheren Schrittes den Übergang von einem Agrarland in ein Industrieland, von der Gesellschaft der Neuen Demokratie in eine sozialistische und kommunistische Gesellschaft vollziehen, die Klassen aufheben und die Große Harmonie verwirklichen.*[81]

China sollte sozialistisch und eine klassenlose Gesellschaft werden, um die Große Harmonie Wirklichkeit werden zu lassen, das eigentliche Ziel, das uralte Ideal, das sich die ganze chinesische Geschichte hindurch findet.[82] Dahin wollte Mao die Chinesen führen.

Mao Zedong fordert 1956, hundert Blumen blühen zu lassen

## „Lasst hundert Blumen blühen, lasst hundert Schulen miteinander wetteifern"

Das Resultat des ersten Fünfjahresplans war beeindruckend positiv, die Produktion erfolgreich gewachsen. Den Menschen in den Städten ging es besser als zuvor.

In Erwartung auf Anerkennung und Zustimmung schlug Mao Zedong 1956 dem Politbüro vor, eine große Kampagne mit dem Namen *Lasst hundert Blumen blühen, lasst hundert Schulen miteinander wetteifern* zu starten und die Bevölkerung eine erste Bilanz ziehen und die Politik bewerten zu lassen. Die Menschen sollten frei diskutieren und Vorschläge einreichen, wie das Errungene noch zu verbessern sei.

Mao rechnete mit Zustimmung, konstruktiver Kritik an der Politik und moderaten Verbesserungsvorschlägen.

Innerhalb der Partei gab es aber Widerspruch gegen Maos Idee. Der stellvertretende Parteivorsitzende Liu Shaoqi und der Pekinger Bürgermeister Peng Zhen warnten, dass eine solche Kampagne noch verfrüht sei.[83]

Mao fegte die Warnungen vom Tisch: *Ich stifte das Volk nicht zu Unruhen an, ich leite keinen Verein zur Förderung von Unruhen.*[84] Das Politbüro musste sich von ihm anhören, es sei zu einem Beamtenapparat degeneriert, der die Massen reglementiere, statt sie zu mobilisieren.[85]

Mao setzte sich gegen die Warner schließlich durch. Die Partei begann die Kampagne mit dem poetischen Namen *Lasst hundert Blumen blühen, lasst hundert Schulen miteinander wetteifern.*

Zuerst zögerten vor allem die Intellektuellen, sich aufrichtig zu äußern,

### Hundert Blumen und hundert Schulen

1956 hatte Mao Zedong auf einer Staatskonferenz zum ersten Mal dazu aufgefordert, *hundert Blumen blühen und hundert Schulen miteinander wetteifern zu lassen.* (Diese Rede Maos wurde nie veröffentlicht.) 1957 hat Mao Zedong die Forderung erneut bekräftigt, diese Rede wurde in der Volkszeitung, Renmin Ribao, unter dem Titel *Über die richtige Behandlung der Widersprüche im Volke* veröffentlicht. Mao erklärte darin: *Die Richtlinie, hundert Blumen blühen und hundert Schulen miteinander wetteifern zu lassen, soll dem Aufblühen der Künste und dem Fortschritt der Wissenschaft, dem Gedeihen einer sozialistischen Kultur in unserem Lande dienen.*[86]

Der Begriff *Schulen* zitierte die große Zeit der chinesischen Philosophie, die *Zeit der Streitenden Reiche* vor über 2000 Jahren. Damals hatten sich während einer jahrhundertelangen Kriegszeit die bedeutenden philosophischen Schulen Chinas gebildet, der Konfuzianismus, der Daoismus und alle anderen. So wie damals diese bedeutenden Philosophien entstanden waren, um Veränderungen in Gang zu setzen und Frieden zu schaffen, so sollten nach Maos Wunsch auch jetzt wieder in kreativer Konkurrenz Konzepte zur Weiterentwicklung der Gesellschaft erarbeitet werden. Zugleich sollten die Blumen vielfältig erblühen: Blumen als poetisches Bild für die Kunst, die Literatur, die Malerei, die Musik. Mao Zedong hatte allerdings vorausgesetzt, dass alle *Schulen* und *Blumen* sich im Rahmen des von der Partei vorgegebenen *Sozialismus* bewegen würden.

doch dann ließen sie sich überzeugen, dass ihre Meinung zählte und gefragt sei, und hielten sich mit ehrlichen Äußerungen nicht mehr zurück.

## Kampagne gegen Rechtsabweichler

Es kam, wie von den Gegnern von Maos Idee befürchtet. Was als *sanfter Lufthauch oder linder Regen*, als im *rechten Maß geübte Kritik und Selbstkritik, kleine Gesprächsrunden oder Gruppentreffe, kameradschaftlich offene Aussprachen im Unterhaltungston* gedacht war,[87] wurde ein Sturm.

Die chinesischen Intellektuellen kritisierten die Brutalität, mit der bisher die Reformen durchgesetzt worden waren, und die Beschränkungen

Umzug während der Kampagne gegen „Rechtsabweichler“ (1957)

bei der Freiheit von Kultur, Wissenschaft und Presse. Und sie stellten, und das machte die Kritik plötzlich gefährlich, die Allmacht der Kader und das Machtmonopol der Kommunistischen Partei grundsätzlich in Frage.[88]

Mao Zedong hatte nicht mit dieser Reaktion gerechnet und war ehrlich enttäuscht. Offenbar, nur dieser Schluss schien ihm plausibel, waren die Intellektuellen noch im alten, bürgerlich-kapitalistischen Denken verhaftet, und ihr Bewusstsein hatte nicht mit den sozialistischen Errungenschaften Schritt gehalten, war also noch falsch ausgerichtet.

Alarmiert brach die Parteiführung die Hundert-Blumen-Kampagne ab und stufte die Kritik als einen Angriff von rechts, von bourgeoisen Anhängern des Kapitalismus auf den Aufbau des Sozialismus ein. Die Kritiker wurden als *Rechtsabweichler* bezeichnet.

Nun leitete der Staat die Gegenkampagne zur *Hundert-Blumen-Kampagne* ein, die Kampagne gegen *Rechtsabweichler*.

Im August 1957 verabschiedete der Staatsrat den Beschluss, dass *Vagabunden, Faulenzer, Reaktionäre, Gegenrevolutionäre* auch ohne Verstoß gegen ein Gesetz auf unbestimmte Zeit zur *Umerziehung durch Arbeit* in Zwangsarbeitslager eingewiesen werden konnten. Der Beschluss wurde sofort auf mehrere Hundertausend (die Zahlen schwanken von 300.000 und

Parteikader werden aufs Land geschickt, um Alternativen zum sowjetischen Modell vorzubereiten (1957)

550.000 bis hin zu über einer Million) Menschen angewandt. Wer die Partei und die Politik substantiell kritisiert hatte, wurde als *Rechtsabweichler*, als *schlechtes Element*, als *Giftpflanze* (statt Blume) verhaftet und in Lager eingewiesen.[89]

Interessierte, kluge, engagierte Natur- und Geisteswissenschaftler wurden bestraft und verstummten.

## Die Abkehr vom Sowjetmodell

1957, nach der Hundert-Blumen-Kampagne und der anschließenden Kampagne gegen Rechtsabweichler, endete der erste Fünfjahresplan.

Der industrielle Aufbau war vorangetrieben worden, die Schwerindustrie entwickelt worden. Das dafür nötige Kapital hatten die Bauern erwirtschaftet. Nutznießer der wirtschaftlichen Entwicklung war allein die Minderheit der Stadtbevölkerung und unter ihnen vor allem die besser ausgebildeten Arbeiter.

Über 50 Prozent des vom Staat investierten Anlagekapitals waren in die Schwerindustrie geflossen, nur knapp 9 Prozent in die Land-, Forst- und Wasserwirtschaft.[90] Die Landwirtschaft war rückständig wie zuvor, im

Leben der Bauern hatte sich wenig geändert, immer noch waren sie arm, die Arbeitsmethoden mühselig und veraltet.

Ein zweiter, ähnlich strukturierter Fünfjahresplan hätte diese Entwicklung fortgesetzt und die Unterschiede von Stadt und Land weiter verfestigt, die Schere hätte sich noch mehr geöffnet.

Nun stammten fast 70 Prozent der Mitglieder der Kommunistischen Partei vom Land. Sie sahen daher in dem sowjetischen Modell des Aufbaus des Sozialismus für China einen falschen Weg. Die Führung suchte nach Alternativen zum sowjetischen Weg.

## Radikal gegen gemässigt

1958 musste der zweite Fünfjahresplan beginnen.

Schon lange zuvor war parteiintern die Art und Weise der Fortsetzung der weiteren Kollektivierung erörtert worden. Strittig war vor allem, in welchem Tempo man sie vorantreiben sollte.

Eine Gruppe innerhalb der Führung meinte, das Beste sei, die Kollektivierung radikal zu beschleunigen – um die Arbeitskraft jedes einzelnen optimal organisieren und nutzen zu können und China so möglichst schnell in einen modernen Industriestaat zu verwandeln. Diese Position vertraten der stellvertretende Vorsitzende der Kommunistischen Partei, Liu Shaoqi, der Generalsekretär der Kommunistischen Partei, Deng Xiaoping, und der Oberbürgermeister von Peking, Peng Zheng. Sie alle zählten zur alten Garde der Revolution und wurden von vielen weiteren hohen Funktionären des Parteiapparats in dieser Ansicht unterstützt.

Widerspruch kam von einer Gruppe, die für eine langsame, im Tempo gemäßigte, bedächtig vorgenommene Kollektivierung plädierte. Ihr gehörten Premierminister Zhou Enlai und Verteidigungsminister Peng Dehuai an. Sie warnten vor allzu großem Druck und Tempo und votierten für lange Übergangszeiten für die weitere Kollektivierung.

Zwischen beiden Gruppen standen die Unentschiedenen wie Mao Zedong und der hohe Militär Lin Biao, Marschall der Volksbefreiungsarmee und hervorragender Stratege schon der Roten Armee.

Mao Zedong änderte seine bisher in der Frage der Kollektivierung neutrale Haltung nach dem Verlauf der Hundert-Blumen-Kampagne. Er wechselte auf die Seite von Liu Shaoqi, Deng Xiaoping und Peng Zhen und deren Konzept der radikal beschleunigten Kollektivierung über.[91]

Liu Shaoqi (links) mit Zhou Enlai Ende der 1930er Jahre

Deng Xiaoping um 1930

Peng Zhen in den 1930er Jahren

Lin Biao in den 1930ern

Mao Zedong in den 1930ern

Für Mao hatte die Hundert-Blumen-Kampagne bewiesen, dass von den städtischen Intellektuellen der Aufbau des Sozialismus nicht unterstützt würde und von ihnen keine Hilfe zu erwarten sei.

Die notwendige Folgerung daraus lautete für ihn, *dass die Arbeiterklasse ihre eigenen technischen Kader, ihre eigenen Professoren, Lehrer, Wissenschaftler, Journalisten, Schriftsteller, Künstler und Theoretiker des Marxismus-Leninismus* hervorbringen müsse, und zwar *ein großes Kontingent von ihnen.* Als Zeitpunkt für die Ablösung der alten Bildungsschicht und ihre Ersetzung durch eine neue und zwar proletarische Bildungselite setzte er die Frist von zehn bis fünfzehn Jahren fest.[92]

In der Zwischenzeit mussten die Massen ohne Hilfe und Unterstützung durch die Intellektuellen allein den Aufbau schaffen, und das schien nur durch beschleunigte Kollektivierung und die damit notwendig verbundenen Organisationsstrukturen möglich. Die Arbeiter und Bauern, richtig angeleitet und im Kollektiv organisiert, davon war die Mehrheit des Politbüros mit Mao als Vorsitzendem überzeugt, würden die Industrialisierung auch ohne intellektuelle Spezialisten schaffen.

Und diese Überzeugung hatte unvorstellbare und weitreichende Konsequenzen.

## England überholen

1957 trafen sich die internationalen Kommunistischen Parteien zu einer Konferenz in Moskau.

Chruschtschow gab die sowjetischen Pläne für die weitere wirtschaftliche Entwicklung bekannt: in der Produktion von Stahl, von Kohle, Elektrizität, von Öl und Konsumgütern werde die Sowjetunion in den nächsten 15 Jahren die USA überholen.

In der Rede, die Mao hielt, griff er die Zahlenspiele auf und erklärte: *Genosse Chruschtschow hat uns gesagt, die Sowjetunion könne binnen 15 Jahren Amerika überholen. Auch wir können sagen, dass wir binnen 15 Jahren England ein- oder überholen können. Denn ich habe mit den Genossen (...) von der Kommunistischen Partei Englands gesprochen ... Sie haben mir gesagt, dass die Jahresproduktion an Stahl in England zurzeit bei 20 Millionen Tonnen liege und in 15 Jahren vielleicht auf 30 Millionen steigen werde. Und China? Wird in 15 Jahren vielleicht 40 Millionen Tonnen erreicht haben, aber auf alle Fälle mehr als England!*[93]

Mao kündigte große Fortschritte an.

Worüber er schwieg, waren die innerchinesischen Überlegungen: Wenn die Entwicklung Chinas weiter im sowjetischen Stil betrieben würde, war absehbar, dass die Landwirtschaft noch länger rückständig blieb. China konnte das nur verhindern, wenn es sich von der sowjetischen Methode des Aufbaus des Sozialismus verabschiedete und einen neuen, eigenen Weg wagte.

Seinem Leibarzt vertraute Mao an, wie sehr ihn ohnehin das gedankenlose, fast schon abergläubische Hersagen von Marx-Zitaten störte: *Der Marxismus ist nicht vom Himmel gefallen. Wir sollten uns nicht immer nach diesen Schriften richten und sklavisch jedes Wort nachbeten.* Der Marxismus-Leninismus sei kein Dogma und dürfe nie die revolutionäre Kreativität lähmen.[94]

Mao Zedong, Deng Xiaoping (links) und Song Qingling (rechts neben Mao) 1957 in Moskau

## Der Ostwind besiegt den Westwind
## Oder: Wer überlebt den Atomkrieg?

Mao war zuversichtlich. Mehr Menschen lebten inzwischen in sozialistischen Ländern als in kapitalistischen. Im Oktober 1957 hatten die Sowjets den ersten Satelliten mit Namen Sputnik ins Weltall geschossen, und der Westen, der nicht geahnt hatte, wie technisch fortgeschritten die Sowjetunion war, erlebte den Sputnik-Schock. Ein zweiter sowjetischer Satellit, mit der Hündin Laika an Bord, wurde im November 1957 gezündet.

*Der Ostwind besiegt den Westwind*, verkündete Mao auf der Konferenz der Kommunistischen Staaten 1957 in Moskau – und wiederholte das von nun an oft.

Aus seiner Sicht schien die Sowjetunion nun den USA technisch überlegen. Und das hatte Folgen auch für China. Wenn die Vormacht der USA im Schwinden begriffen war, verringerte das für China die Kriegsgefahr durch die USA. Die Gefahr eines Atomangriffs bestand weiter, doch die Sowjetunion bot Schutz: *Wenn es jetzt zum Krieg kommt, hat China nur Handgranaten und keine Atombomben – aber die Sowjetunion hat welche.*[95]

Mao sprach 1957 auf der Konferenz ausführlich über den Atomkrieg, und zwar so demonstrativ gelassen, dass seine Zuhörer sich insgeheim

Briefmarke zu Ehren der Hündin Laika

fragen mussten, ob sie einem politischen Abenteurer lauschten: *Kann man voraussehen, wie viele Opfer ein künftiger Krieg fordern wird? Möglicherweise wird ein Drittel der 2,7 Milliarden Menschen der Erde geopfert werden, das heißt nur 900 Millionen Menschen. Ich halte das sogar für wenig, wenn wirklich Atombomben abgeworfen werden. Natürlich ist das furchtbar. (...) Ich habe darüber einmal mit Nehru (dem indischen Staatspräsidenten, C.H.) diskutiert. In dieser Hinsicht ist er pessimistischer als ich. Ich sagte ihm, wenn die eine Hälfte umkäme, bliebe immer noch die andere Hälfte übrig; der Imperialismus wäre am Boden zerstört, und auf der Welt gäbe es nur den Sozialismus. In einem halben oder einem ganzen Jahrhundert würde die Bevölkerung wieder um noch mehr als die Hälfte zunehmen.*[96]

Mao setzte auf die zahlenmäßige Überlegenheit der Menschen in sozialistischen Staaten. Solche Gedankenspiele über die Überlebensrate der Menschheit nach einem Atomkrieg waren aber – nach den hohen Verlusten an Menschenleben im Zweiten Weltkrieg – für die Sowjets wie ihre europäischen Verbündeten kaum zu ertragen und ließen sie an der menschlichen und politischen Zurechnungsfähigkeit der Chinesen zweifeln.

Das Kriegsszenarium, das Mao heraufbeschwor, schockierte die sowjetische Führung auch deshalb besonders, weil Moskau gerade einen Kurswechsel vollzogen und die Politik der friedlichen Koexistenz von Staaten mit unterschiedlichen Gesellschaftssystemen eingeleitet hatte, die den Kalten Krieg mit den USA beenden sollte. Wenn nun China, das größte sozialistische Bruderland, vor diesem Hintergrund öffentlich Überlegungen zu einem Atomkrieg anstellte, strafte es die vorgebliche sozialistische Geschlossenheit unter der Führung Moskaus Lügen – die Widersprüche innerhalb des Lagers wurden öffentlich.

Und Mao hatte Ähnliches zum Atomkrieg wiederholt, Moskau 1957 war kein einmaliger Ausrutscher, keine einmalige politische Muskelprotzerei.

Seit Gründung der Volksrepublik fürchtete China die USA und misstraute insgeheim der Sowjetunion.

Die USA hatten China mit dem Abwurf von Atombomben gedroht. Auf Taiwan hatten die USA mittlerweile Langstreckenraketen mit Atomsprengköpfen in Richtung Volksrepublik stationiert. Chiang drohte unverdrossen mit der Wiedereroberung des Festlandes.

Mao ging dazu über, Standardsätze in Richtung USA zu schleudern,

### Papiertiger

Der Tiger war in China ein Sinnbild für Stärke, Macht und Tapferkeit. Er galt als König der Berge, Götter ritten auf ihm. Ein Tiger aus Papier täuschte, er war kein echter, starker Tiger, er sah zwar nach einem Tiger aus, doch niemand musste ihn fürchten.

Portrait des Zhuge Liang, um 1600

Chruschtschow sprach später über Mao und den Papiertiger, wie man sich an Peinlichkeiten innerhalb von Familie und Verwandtschaft erinnert: *Die Losung vom „Papiertiger" wurde erstmals verkündet, als unsere Beziehungen zu China noch gut waren, und sie verursachten uns eine gewisse Verlegenheit, da sie ausgerechnet von unserem Freund Mao Zedong kam, dem Führer des chinesischen Volkes. Jetzt geben die Chinesen anscheinend für den Augenblick Ruhe mit dem „Papiertiger". Sie führen nicht mehr wie früher ständig diese Losung im Mund.*[97]

Was damals übersehen wurde: Mao und die chinesische Führung ahmten mit der vorgetäuschten Gelassenheit und der demonstrativen Gleichgültigkeit – den Atomkrieg kühl mit Bezug auf Opferzahlen durchzurechnen, ihn in Betracht zu ziehen, aber nicht zu fürchten – ein altes chinesisches Strategem nach. Diese Kriegslist heißt das *Strategem der leeren Stadt* und wird in dem Roman von Luo Guanzhong *Die drei Reiche* so erzählt: Der berühmte General Zhuge Liang (181–234) bemerkt eine weit überlegene Streitmacht, die sich der Stadt nähert. Sowohl Widerstand als auch Kapitulation würden den Untergang bedeuten. Also benutzt er eine List. Er öffnet weit das Stadttor, postiert sich entspannt davor, hinter ihm in der Stadt pulsiert das ganz gewöhnliche Alltagsleben. Aus dieser demonstrativen Gelassenheit folgert der General der anrückenden feindlichen Streitmacht, dass in dieser Stadt gewaltige Reserven und militärische Kapazitäten vorhanden sein müssen. Er stoppt den Vormarsch und zieht seine Armee zurück.

China war wie das Kind, das im Wald pfiff, um sich Mut zu machen.

Der Imperialismus und alle Reaktionäre sind Papiertiger!

die, schaut man genau hin, davor warnten, dass im Kriegsfall die USA, aber nicht das bevölkerungsreiche China den größten Verlust an Menschenleben erleiden würde. Der US-Imperialismus sei ein Papiertiger – im Westen sprachen die Politiker weniger bildhaft, symbolisch aufgeladen und literarisch gebildet, und umso aufmerksamer wurden Maos Worte verfolgt.

## Auf der Suche nach dem neuen Weg

Die Begeisterung über den gewaltigen *Ostwind* hallte nach.

Im Januar 1958 ließ Mao Zedong unter ranghohen Parteimitgliedern ein internes Arbeitspapier zirkulieren, in dem er festgehalten hatte: *Permanente Revolution. Unsere Revolution ist eine fortgesetzte Revolution. Sie begann mit der politischen Machtübernahme (...)*

*Jetzt sollten wir eine technische Revolution starten, um in einem Zeitraum von 15 oder etwas mehr Jahren England einzuholen und zu überholen. (...) Unsere Revolution gleicht einer Schlacht. Nachdem man eine erfolgreiche Schlacht geschlagen hat, stellen sich sofort neue Aufgaben. Dies lässt die Kader und Massen ständig von revolutionärer Begeisterung erfüllt sein und verringert Gefühle der Überheblichkeit.*[98]

Sitzung des Politbüros. Hinter dem Podium vorne (von links) Liu Shaoqi, Mao Zedong und Zhou Enlai

Mao verkündete unablässige Revolutionen. Für China durfte es jetzt keine Ruhepausen mehr geben, der industrielle Aufbau musste forciert, der kräftig wehende Ostwind unbedingt genutzt werden: Nach der Schlacht war vor der Schlacht.

Mao schrieb: *Wir sind gegenwärtig Zeugen einer derart gewaltigen Begeisterung und Kreativität der Volksmassen an der Produktionsfront, wie wir sie früher nie gesehen haben. Die Parole, England innerhalb von 15 oder etwas mehr Jahren im Bereich der Produktion von Eisen, Stahl und anderen wichtigen Industrieerzeugnissen einzuholen oder sogar zu überholen, ist ein Ansporn für das Volk des ganzen Landes.*[99]

Mao und das Politbüro beschlossen ein großangelegtes Gesellschafts- und Entwicklungsexperiment. Nicht länger der schrittweise und allmähliche wirtschaftliche Aufbau wie bisher sollte die Entwicklung Chinas bestimmen, sondern nun sollten die Massen mobilisiert werden. Mao sprach davon, *einen großen Sprung nach vorn in der Produktion vorzubereiten.*[100]

Der nächste Fünfjahresplan, der nun verabschiedet wurde, wich völlig vom bisher befolgten sowjetischen Muster ab und setzte in ganz neuem Stil auf die Kraft der Massen.

## Drei rote Banner

Die chinesische Führung hatte einen zweiten Fünfjahresplan ausgearbeitet, er begann 1958 und trug den Namen: die *Drei Roten Banner*.

Es waren drei Punkte, die als *Drei Rote Banner* zusammengefasst worden waren: die Generallinie, der Große Sprung nach vorne und die Volkskommunen.

Die *Drei Roten Banner* kann man nur begrifflich, aber nicht inhaltlich scharf voneinander trennen. Alle drei *Banner* meinten das gleiche wirtschafts- und gesellschaftspolitische Experiment.

## Bauern und Proletarier

Das *Rote Banner Generallinie* bedeutete wie schon beim ersten Fünfjahresplan die von der Regierung verabschiedeten generellen Leitlinien, die für den Fünfjahresplan ausgearbeitet worden waren. Sie betrafen die Art und Weise, den Umfang und die Ziele, die innerhalb der Laufzeit des Plans befolgt und erreicht werden mussten.

Was die neue Generallinie von der alten unterschied, war, dass die Modernisierung und Industrialisierung endlich auch das rückständige Land und die Bauern erreichen sollten. Die Bauern, über 80 Prozent der Chinesen, sollten nicht länger einzig und allein das Kapital für die Industrialisierung erwirtschaften. Sie sollten direkt in den Aufbau des industrialisierten China einbezogen werden, und ihr Lebensstandard sollte wie der der städtischen Arbeiter steigen.

Für dieses Ziel wurde auf zwei Ebenen angesetzt.

Zum einen sollte das Leben der Bauern jetzt schon so organisiert und strukturiert werden, wie es im Kommunismus sein würde, nämlich als Leben in den *Volkskommunen*, einem der Roten Banner (die gleich anschließend beschrieben werden).

Zum anderen wurden die Bauern direkt in die Projekte des *Großen Sprungs nach vorn*, dem weiteren Banner (auch dazu gleich mehr) eingebunden, und zwar als Arbeiter, nicht als Bauern. Die Bauern sollten proletarische Erfahrungen machen, ein proletarisches Bewusstsein entwickeln und zu Proletariern in reinster Vollendung werden, zu Revolutionären. Und dazu plante die Generallinie sie zu Industriearbeiten ein, wo sie als Proletarier arbeiteten. Der immer noch gravierende Unterschied zwischen Stadt und Land sollte durch die wechselseitigen Arbeitserfahrungen aufgehoben und eingeebnet werden – und die große Harmonie beginnen.

Die *Drei Roten Banner* waren ein landesweites, umwälzendes Experiment, das aus China den Staat machen sollte, der, industrialisiert, sozialistisch (wenn nicht schon kommunistisch) den verfaulenden Kapitalismus und Imperialismus weit hinter sich lassen würde – aber auch die bürokratisch verkrustete Sowjetunion. Dieses China würde über kurz oder lang der Führer der blockfreien und der kommunistischen Welt werden.

## Die Generallinie

Das erste *Rote Banner* lautete schlicht: *Generallinie für den Aufbau des Sozialismus.* Die neue Generallinie legte fest, dass der Aufbau und die Industrialisierung Chinas gleichzeitig Stadt wie Land umfassen sollte. Das ganze Land, die gesamte Wirtschaft sollte entwickelt werden, und zwar in ungeheuer beschleunigtem Tempo: *Von heute an ist es unsere Aufgabe, die Mobilisierung aller aktiven Faktoren, wie sie die Parteizentrale und Mao Zedong vorgeschlagen haben, umzusetzen (...), alle Kräfte anzuspannen, vorwärtszustreben und die Generallinie zum Aufbau des Sozialismus in größerem Umfang, schneller, besser und billiger umzusetzen und für eine Revolution in Technik und Kultur zu kämpfen.*[101]

China sollte *schneller, besser, wirtschaftlicher* aufgebaut werden.[102]

Jetzt lief die Propaganda an, bald kannte jeder Chinese selbst im Schlaf den Kern der Generallinie auswendig: unter Anstrengung aller Kräfte den Sozialismus *mehr, schneller, besser, wirtschaftlicher* aufbauen.

Die Partei gab die Parole aus: *Drei Jahre harte Arbeit, 10000 Jahre Glück – die Zeitungen schrieben: Tempo ist die Seele der Generallinie.*[103] (10000 Jahre sind eine chinesische Formel für Ewigkeit.)

Trommelt immer lauter für den Großen Sprung nach vorn!

In einem ungeheuren, aber zeitlich begrenztem Kraftakt sollte die historisch günstige Situation genutzt und der Weg zum Kommunismus gebahnt werden.

Kritiker, die warnten, dass das verschärfte Tempo eine unverantwortliche übermäßige Anspannung der Menschen, eine Überstürzung sei, wurden als *Rechtsabweichler* abgestraft.

## Der Grosse Sprung

Das zweite *Rote Banner* hieß: der *Große Sprung nach vorn.*

Schon in den 1920er Jahren hatte Li Dazhao, Mitbegründer der Kommunistischen Partei und Maos

Reite den Wind und besänftige die Wellen, um den Großen Sprung auf allen Gebieten zu schaffen!

Chef in der Bibliothek der Universität Peking, gesagt, China müsste *doppelte Schritte* machen, alle Kraft des Willens anspannen und dann direkt zum Sozialismus übergehen.

Das Konzept des *Großen Sprungs* erinnerte an den Voluntarismus des frühen chinesischen Marxismus. Die Chinesen sollten in einer gewaltigen kollektiven Kraftanstrengung, angespornt durch den Willen, China zu einem modernen Industriestaat umwandeln.

*Drei Jahre harte Arbeit* und dann *10000 Jahre Glück* – eine kurze Zeit der kolossalen Anstrengung, und das ganze Land, mitsamt dem ländlichen Raum wäre industrialisiert. China wäre kein Entwicklungsland mehr, nicht mehr abhängig und nie mehr eine potentielle Beute ausländischer Interessen.

Es begann ein gigantomanisches Aufbauprogramm, ein Wirtschaftsaufbau, der bis in den letzten Winkel hinein das Land total umfasste. Alle Chinesen wurden mobilisiert für gewaltige Projekte, etwa für den Bau von

Fabriken, von Anlagen, für Landgewinnung, für den Abbau von Energieträgern wie Kohle, für die Gewinnung von Bodenschätzen und die Erzeugung von Stahl. Als gelte es, einen Krieg zu gewinnen, stand das Leben im Zeichen von Schlacht und Sieg. Die Führung verordnete der Presse und Propaganda eine kriegerische Rhetorik. Erneut seien, wie schon beim Kampf gegen die Warlords und die Guomindang, Schlachten zu schlagen und zu gewinnen, *Produktionsschlachten* für den erneuten Sieg.

Um diese *Produktionsschlachten* zu gewinnen, wurde Chinas große Masse, Arbeiter und Bauern gemeinsam, für gigantische industrielle und landwirtschaftliche Projekte eingesetzt: Im Frühjahr 1958 bauten Millionen von Menschen innerhalb von vier Monaten Deiche, Kanäle und Wasserreservoirs. Unter ihnen waren Millionen Bauern, deren Leben durch die Partei völlig verändert worden war. Die Bauern lebten nun in Volkskommunen, sie mussten die Felder verlassen und wurden in die Produktions- und Industrialisierungsschlacht geworfen.

In millionenfacher kollektiver Arbeit wurden neue Ackerflächen gewonnen. Schon Ende 1958 waren es angeblich 7,8 Millionen Hektar neues Land, und noch viel mehr sollte gewonnen werden. (China ist das drittgrößte Land der Erde, doch nur ein Drittel seiner Fläche ist landwirtschaftlich nutzbar.) Mehr landwirtschaftliche Fläche wurde dringend gebraucht.

Im Bergbau wurde die Förderung von Steinkohle intensiviert, größere Mengen Erdöl gefördert, mehr Elektrizität erzeugt.

## Die Stahlschlacht

Stahl war das Aushängeschild einer modernen Industrie. Kam in der Sowjetunion und in China die Rede auf das Einholen und Überholen der Industrieländer, fehlte nie die Mengenangabe der produzierten Tonnen Stahl.

Im Großen Sprung spielte die sogenannte *Stahlschlacht* eine herausragende Rolle. Und bis heute kennen noch viele auch im Westen Chinas Versuch, mit primitiver Technik ungeheure Mengen an Stahl zu produzieren.

Um die prestigeträchtige Stahlerzeugung auszuweiten, wurden 1958 zuerst die Kapazitäten der vorhandenen Stahlwerke ausgeschöpft und erweitert. Die Stahlproduktion sollte sich verdoppeln. Als die Fabriken völlig überlastet waren, suchten die Wirtschaftsplaner die Lösung auf Chinesisch und bezogen die Städte und die Dörfer mit in die Stahlproduktion ein.

In China war schon im 19. Jahrhundert in einfachen, kleinen Stahlöfen auf dem Land Stahl produziert worden. Diese Stahlöfen waren aus Sand, Stein, Ziegeln und Tonerde errichtet und drei bis vier Meter hoch. Das Schmelzmaterial wurde von oben eingefüllt, die zur Auslösung des Erzes nötige Luft wurde über einfache, häufig handbetriebene Zylindergebläse zugeführt. Dieser Stahl wurde für Alltagsgeräte verwendet und musste nicht von weit her transportiert werden. Er wurde in kleinen Mengen produziert und hatte eine respektable, ganz brauchbare Qualität.

Nun glaubten die Planer, mit diesem Typ von Stahlofen die Lösung aller Stahlprobleme gefunden zu haben. Auf verfügbaren Freiflächen, in den Hinterhöfen fast aller Städte und in vielen Dörfern wurden unzählige dieser kleinen, einfachen Hochöfen gebaut. (Chruschtschow sprach abfällig von *Samowar-Hochöfen*.[104])

Im September 1958 erzeugten die *Hinterhof-Stahlöfen* 14 Prozent des chinesischen Stahls, bereits einen Monat später, im Oktober 1958, fast 50 Prozent. Nun wurden die Menschen in die *Stahlschlacht* geworfen, zuletzt waren es 90 Millionen Menschen, darunter wieder Millionen Bauern, deren Arbeitskraft in der Landwirtschaft fehlte und die ihre Felder nicht mehr bestellen konnten.[105]

Stahlöfen auf dem Land (1958)

Allein die hohe Zahl der Beschäftigten verrät, was da schief gehen musste. Was in kleinem Umfang passabel funktioniert hatte, versagte, wenn es um riesige Mengen ging. Weder waren gelernte Stahlkocher am Werk, noch genügten die Hinterhof-Stahlöfen bei den verlangten großen Mengen der Aufgabe. Der produzierte Stahl war schlecht, bestenfalls Roheisen, zur Hälfte wertlos.

Die Wirtschaftsplaner hatten hohe Soll-Quoten festgesetzt. Die Quote, eine weitere Katastrophe, wurde oft nur deshalb erreicht, weil die *Stahlkocher*, um das Soll zu

Metallgegenstände zum Einschmelzen in den Stahlöfen werden auf einem Platz gesammelt

erfüllen, wenn nötig einfach schon vorhandene Metallgegenstände mit einschmolzen. War die Quote nicht zu schaffen, schmolzen sie – überfordert, wütend, oft auch noch unter Anleitung der Arbeitskader – jeden Gegenstand aus Metall ein, ob Kochtopf, Pfannen, Woks, Schaufeln, Nägel. Sogar Eisenbahnschienen wurden abmontiert und landeten in der Schmelze, um das Soll zu erfüllen. Zum Anheizen wurden die Wälder abgeholzt, sogar Bauholz und Möbel verfeuert. Brauchbare Artikel wurden vernichtet, um überwiegend Unbrauchbares zu erzeugen. Chaos machte sich im ganzen Land breit. Die Planungsbehörden kapitulierten nach einiger Zeit vor der Aufgabe, die *Produktionsschlachten* zu organisieren und die Materialzuteilung, die Investitionen und die Transportwege aufeinander abzustimmen. Sie stellten zeitweilig die Arbeit ein.[106]

## Die Volkskommunen

Das dritte *Rote Banner* waren die *Volkskommunen.*

Hymnisch lobte Mao Zedong: *1958 erschien eine neue gesellschaftliche Organisation wie die aufgehende Sonne über dem weiten Horizont Ostasiens.*[107] Als Morgensonne sollten die Volkskommunen jeden neuen Tag erhellen.

Die Volkskommunen sind großartig!

Die Überzeugung der Führung von der Überlegenheit großer Kollektive vor kleineren Einheiten beruhte nicht allein auf ideologischer Voreingenommenheit, sondern entsprach der Erfahrung. Die Bauern, die schon bisher in größeren Kollektiven gelebt und gearbeitet hatten, hatten bessere Ernten als die Bauern erzielt, die in kleineren Kollektiven gelebt und gearbeitet hatten.

Dieser Effekt sollte jetzt – im Sinne der Generallinie *mehr, besser, schneller, wirtschaftlicher* – grandios gesteigert werden. *Es ist wie beim Mahjong-Spiel, man verdoppelt einfach seinen Einsatz*, erklärte Mao.[108]

Der verdoppelte Einsatz sah so aus: Die landwirtschaftlichen Produktionsgenossenschaften, LPGs, wurden aufgelöst und durch weitaus größere Einheiten ersetzt, die Volkskommunen (benannt nach der Pariser Commune).

Die neuen Volkskommunen auf dem Land und für die Bauern sollten nur der Anfang sein. Später sollte auch die Stadtbevölkerung in Volkskommunen leben und arbeiten – doch dazu kam es nicht mehr.

Jede einzelne Volkskommune, die ab 1958 auf dem Land geschaffen worden war, war als eine autarke, sich selbstversorgende Einheit angelegt, die alles umschloss: Landwirtschaft, Industrie, Handel, Verwaltung, Krankenhäuser, Schulen, Speisehallen und örtliche Miliz. Der Staat sollte sich allmählich auflösen und aus dem Leben des Einzelnen verschwinden, wie es Marx und Engels für den Kommunismus vorhergesagt hatten.

Jede Kommune verwaltete sich selbst, und damit sollte das Problem der Bürokratenklasse verschwinden. (Diese Entwicklungsstrategie wurde damals übrigens auch von der Weltbank den Entwicklungsländern empfohlen.[109]) Der Staat sollte sich zurückziehen können, ein urkommunistischer Gedanke, der ja das Absterben des Staates zum Ziel hat. Manche Volkskommune nannte sich auch stolz Sputnik-Kommune – das Leben der Bauern sollte durch die Kommunen wie ein Satellit erfolgreich in immer höhere Sphären aufsteigen.

Aus den bisher etwa 750.000 LPGs wurden circa 24.000 Volkskommunen gebildet, gleich mehrere Dörfer wurden zusammengelegt.

## Dienst und Familie

Das neue Leben der Bauern in einer Kommune wurde in der Zeitung des Kommunistischen Jugendverbandes begeistert so beschrieben:

*In der Zhaoying-Kommune wird bei Tagesanbruch geläutet und gepfiffen. In ungefähr einer Viertelstunde sind die Bauern zum Dienst angetreten. Auf Befehl der Zug- und Kompanieführer marschieren die Kolonnen mit Fahnen auf die Felder. Hier sieht man keine Bauern mehr, die in Gruppen von zwei oder drei Mann gemütlich rauchend und langsam auf die Felder gehen. Was man jetzt hört, sind Marschgesänge und abgemessene, militärische Schritte. (...)*

*Gemeinschaftsspeisehäuser und Kindergärten sind jetzt in den Dörfern zu finden. Alle Häuser sind abgeschlossen, da alle Bewohner auf die Felder und in die Fabriken marschieren. Man kann nicht länger das altgewohnte Phänomen beobachten, dass in jeder einzelnen Familie gekocht wird und die Kinder großgezogen werden. Der Rahmen der individuellen Familie, die für Tausende von Jahren existiert hat, ist vollständig zerschlagen worden.*[110]

Was der Jugendverband der Kommunistischen Partei als Errungenschaft feierte, stieß bei den Betroffenen allerdings auf wenig Gegenliebe.

Die Bauern lebten und arbeiteten nun in Volkskommunen, riesigen Einheiten, landwirtschaftlichen Industriekomplexen, die jede Ähnlichkeit mit einem Bauernhof verloren hatten. Jeglicher Privatbesitz war abgeschafft,

Speisesaal einer Volkskommune (1958)

niemand mehr besaß, wie noch in der LPG, ein Stück eigenes Land. (Dass „Proletarisierung" für Bauern eine Katastrophe bedeutete, war aus der Geschichte der Industrialisierung hinlänglich bekannt: Der immaterielle Wert der bäuerlichen Arbeit beruhte auf der Freiheit, die Arbeit bis zu einem gewissen Grad selbst bestimmen zu können, sein eigener Herr zu sein. Bauern gingen in der Regel erst dann in die Fabrik, wenn die finanzielle und existentielle Not extrem geworden war.)

Alle Privatsphäre war weitgehend aufgehoben, das herkömmliche Familienleben war verschwunden. Die Frauen sollten von der Last des Kochens befreit sein, die Mahlzeiten bereiteten die Köche der Volksküchen, alle aßen kollektiv in Gemeinschaftsspeisehäusern. Keine Familie kochte oder aß mehr allein. Die Kindererziehung wurde an das Kollektiv übertragen, auch davon wurden die Familien „befreit". Die Kinder mussten Kinderkrippen und Kindergärten besuchen, die am Montagmorgen früh öffneten und am Samstagabend spät schlossen, und sie durften die Woche über nicht von der Familie betreut werden.

Die Großeltern, die Alten, die bisher in den Familien gelebt und je nach Vermögen im Haushalt, auf dem Feld oder bei der Kindererziehung mitgeholfen hatten, mussten in Altenheime übersiedeln, die *Heimstätten des Glücks* genannt wurden.

Die Gemeinschaftseinrichtungen wie Altenheime, Kindertagesstätten oder Gemeinschaftsküchen krankten allerdings von Beginn an daran, dass sie meist in wenigen Tagen errichtete Schuppen waren, mangelhafte Provisorien, ohne Heizung, als die Winterkälte einbrach.

Die Kinder und Alten darbten in den Baracken, die Volksküchen waren schlecht ausgestattet und hatten zum Teil große hygienische Mängel, vom Geschmack des zubereiteten Essens zu schweigen.

Da die *Drei Roten Banner* in einem ungeheuren Tempo durchgepeitscht worden waren, hatten sich Planungsfehler schon zu Beginn gehäuft.

Eigentlich sollte eine Volkskommune etwa 2000 Haushalte umfassen, es kamen in dichtbevölkerten Regionen aber durchaus Einheiten von fast 5000 Haushalten pro Kommune vor, also weitaus größere, als von der ohnehin schon gigantomanischen Planung vorgesehen worden war.[111]

1958 drohte der besiegte Chiang Kai-shek von Taiwan aus, er werde das chinesische Festland zurückerobern und die Kommunistische Partei zerschlagen.

Anfang August wurden die Mitglieder der Volkskommunen zu Milizen zusammengefasst und an der Waffe ausgebildet. Den Bauern wurde befohlen, wie beim Militär in Kolonnen zur Arbeit zu ziehen, und sie waren darüber alles andere als glücklich.

Sie lehnten sich auf und leisteten zunehmend Widerstand. Sie klagten, dass sie keine Soldaten wären, und weigerten sich, Kolonnen zu bilden. Sie beschwerten sich, dass die Familien zerstört worden seien, holten die Kinder und die Alten aus den Heimen und kochten heimlich zu Hause.

Sie aßen das unreife, „grüne" Getreide auf dem Feld noch vor der Ernte. Viele flohen in die Städte.

## Der Traum vom Übergang zum Kommunismus

Anfang September 1958 schrieben die Zeitungen, dass der Übergang zum Kommunismus in 20 Jahren vollendet sei. Ende September 1958 hatte sich die Wartezeit bereits auf 10 bis 15 Jahre verkürzt. Wenig später, Anfang Oktober 1958 berichtete das Blatt der Kommunistischen Jugendliga, es gebe in manchen Volkskommunen *Greise von 70 bis 80 Jahren, die sich freuten, dass sie selbst noch mit Gewissheit die Vollendung der kommunistischen Gesellschaftsordnung erleben würden.*[112]

Am 1. Oktober 1958, dem Nationalfeiertag, versprach die parteiamtliche Volkszeitung Renmin Ribao dem Volk *ein Leben im Überfluss an Nahrung und Kleidung in zwei oder drei Jahren.*[113] Ein bescheidenes Bedürfnis, sich angemessen ernähren und kleiden zu können. Nur zerschlug sich selbst diese bescheidene Hoffnung.

Die Leitungen vieler Volkskommunen nahmen den Übergang zum Kommunismus, der laut Marx und Engels das Absterben des Staates bedeutete, wörtlich und brachen die Beziehungen zu übergeordneten Stellen ab. Die lokalen Kader führten die Massen nun selbst und stürzten sich –

ideologisch begeistert, aber meist wenig sachkundig – auf die Aufgabe. Bei der Größe der Volkskommunen wuchsen sich aber schon kleinere Fehler zum volkswirtschaftlichen Chaos aus.

Die industriellen *Produktionsschlachten* hatten die wirtschaftlichen Wechselbeziehungen empfindlich gestört. Die Bauern wurden aus der Landwirtschaft abgezogen, wo ihre Arbeitskraft fehlte und nicht ersetzt wurde. Statt auf dem Feld arbeiteten sie für den industriellen Aufbau. Allein die *Stahlschlacht* beschäftigte Millionen Bauern.

Außerdem wurden sie für weitere gigantische Flussregulierungs- und Bewässerungsprojekte eingesetzt. Mit Willen und Kraft sollten die Bauern Großes leisten.

## Die Produktionsgarantie

Mit den autarken Volkskommunen war das ländliche China dezentralisiert. Um trotzdem einen Überblick über die Nahrungsversorgung für die Städte zu behalten, wurden die Volkskommunen zur Abgabe einer *Produktionsgarantie* verpflichtet. Sie verpflichtete die Kader einer Volkskommune, die zu erwartenden Überschüsse aus der nächsten Ernte, nämlich das Getreide (worunter man in China Kartoffeln, Reis, Sojabohnen, Weizen, Hirse versteht), das die Volkskommune nicht für den eigenen Bedarf benötigte, der staatlichen Erfassungsbehörde für Lebensmittel zu melden. Die Behörde gewann damit Übersicht über die zu erwartende Höhe der Versorgung der Städte.

Die Produktionsgarantie musste vor der Ernte abgegeben werden. War die Produktionsgarantie abgegeben, musste sich die Volkskommune verpflichten, den angemeldeten Überschuss auch tatsächlich an die staatlichen Stellen zu liefern. Entsprach die angemeldete Menge nicht der tatsächlich abgegebenen Menge, wurde die Volkskommune gezwungen, die Differenz nachzuliefern – auch wenn sie dafür die Versorgung ihrer Mitglieder einschränken musste.

Die Planungsbehörden versprachen sich von diesem System zuverlässige bäuerliche Leistung, Sicherheit vor Verschwendung von Lebensmitteln innerhalb der Kommune und Sicherheit für die Versorgung der Städte.[114]

Das alles klang nach einer vernünftigen Regelung. Und doch entwickelte sich die Produktionsgarantie zu einer tödlichen Falle.

1958 war eine Rekordernte eingefahren worden, deren Ertrag die

Parteiführung als noch größer als tatsächlich dargestellt hatte, um die Bevölkerung vom Erfolg der Volkskommunen zu überzeugen. Mit dieser Übertreibung hatte die Regierung aber das Muster geliefert, das die lokalen Kader von nun an nachahmten und das die größte von Menschen verursachte Hungerkatastrophe anbahnte, die China je erlebt hatte.

Die lokalen Kader begannen, den künftigen Überschuss aus der nächsten Ernte übertrieben hoch anzusetzen. Die im Voraus gemeldete Menge musste dann auch abgeliefert werden – und die bäuerliche Bevölkerung hungerte.

Dieser denkbar schlimmste aller Fälle von Missbrauch bei der Abgabe der Produktionsgarantie trat mit verheerenden Konsequenzen tausendfach ein – die Fehler summierten sich in den nächsten drei, vier Jahren zur humanitären Katastrophe.

## Der Weg in die Hungerkatastrophe

Die Katastrophe begann. Manche Kader der Volkskommunen wollten sich als hundertprozentige Revolutionäre erweisen und meldeten falsche und weit überhöhte Rekordernten an die Behörden – ganz im vom Staat vorgegebenen Muster. Damit gerieten die anderen Kader in Zugzwang. Um nicht als Versager dazustehen, bedienten auch sie sich der Übertreibung und meldeten statt einer realistischen Menge einen viel zu hohen Getreideüberschuss, den die Volkskommune abliefern würde.

Besonders böse gelogen wurde in den Provinzen Anhui, Sichuan und Henan. Hier wuchsen angeblich nur Rekordernten heran, und die Parteisekretäre raubten den Bauern noch das letzte Korn, um es an die staatlichen Erfassungsstellen zu liefern.

Da die Bauern angeblich so hohe Überschüsse erzeugten, mussten sie immer größere Mengen abliefern. Der Staat verkaufte das Getreide sogar ins Ausland.

Ein objektiver Einblick, ob bei der phantastischen Zunahme der Agrarerzeugnisse alles noch mit rechten Dingen zuging, war nicht mehr zu erhalten. Möglicherweise hätte ein Statistisches Amt hier für Klarheit und Objektivität sorgen können. Doch durch die Volkskommunen war das ländliche China dezentralisiert, um den Kommunismus vorzubereiten. In diesem Zug war auch das Statistische Amt praktisch abgeschafft worden.[115] Und die Partei vertraute nur zu gern den allzu oft grandiosen Berichten der örtlichen Kader.

Bauern zur Zeit des Großen Sprungs

## Theorie gegen Erfahrung

Was den Hunger auf dem Land noch vergrößert hat, waren die schädigenden Anbaumethoden, zu denen die politische Führung die Bauern während des Großen Sprungs nach vorne zwang.

Trofin Lyssenko auf dem Feld

Mao stammte aus einer wohlhabenden Bauernfamilie und hatte von klein auf den Kreislauf von Aussaat, Wachstumszeit und Ernte kennengelernt. Es muss mit seinem strikten Glauben an die alles überwindende Kraft des Willens selbst in der Natur zu tun haben, dass er den abstrusen Theorien des marxistischen russischen Biologen Trofin Lyssenko vertraute, dessen Methoden ab 1958 in China einführen ließ und sie den Volkskommunen verordnete. Lyssenko übertrug den Marxismus-Leninismus auf die Biologie, ein abenteuerliches Unterfangen, weil sich die Natur nicht ändert, damit eine Wirtschafts- und Gesellschaftstheorie Recht behält.

Trofin Lyssenko behauptete, wissenschaftlich bewiesen zu haben, dass auch Pflanzen von der Umwelt geprägt würden und keine angeborenen, genetischen Eigenschaften besäßen. Auch sie könnten ausgerichtet, erzogen werden. Lyssenko riet daher zu einer sehr dichten Bepflanzung und einem bis zu einem Meter tiefen Pflügen, um mehr Pflanzen auf gleichem Raum zu bewirtschaften. Jeder Bauer wusste aber aus Erfahrung, dass dann den Pflanzen zu wenig Platz zum Wachsen blieb und dass beim tiefen Pflügen die fruchtbare Humusschicht des Bodens untergepflügt und unbrauchbar wurde. Auch diese von oben verordneten Methoden hemmten die Pflanzen im Wachstum und trockneten die Humusschicht aus.

Doch wer wollte in dem aufgeheizten politischen Klima schon die neuen revolutionären Methoden als Unsinn bezeichnen und als Rechtsabweichler bestraft werden?

(Später in der Kulturrevolution spielte auch der Hass auf das Verhalten der Kader während des Großen Sprungs eine Rolle. In den Hungerprovinzen Anhui, Sichuan und Henan wurden die Kader besonders brutal verfolgt.)

Chen Kaige, der durch Filme über die chinesische Geschichte weltberühmte Regisseur, erzählte über die Hungersnot in Henan: *Gerade in Henan kehrte die Volksmiliz mit Handbesen noch die letzten Getreidekörner aus den Speichern, um das Plansoll für die Warenablieferung zu erfüllen, und errichtete Blockaden, damit die Landbevölkerung nicht zum Betteln ausbrechen konnte.*[116]

Die Bauern hatten immer weniger zu essen, der Hunger nahm zu, eine Katastrophe bahnte sich an.

Hinzu kam: Die Bauern mussten millionenfach die Felder verlassen, sie sollten ja zugleich Proletarier werden. Also kochten sie „Stahl" und schufteten in anderen Großprojekten. Als Ersatz wurden Schüler und Studenten aufs Land geschickt, ohne jede Erfahrung in Landarbeit.

Der Großteil der Männer fehlte. Die schwere Feldarbeit blieb hauptsächlich den Bäuerinnen, den Alten und den Kindern überlassen. Vielerorts, wo das Getreide üppig heranwuchs und gute Ernten möglich gewesen wären, bewältigten die Bäuerinnen zusammen mit den wenigen Bauern die schwere Erntearbeit nicht, das Getreide verschimmelte auf dem Feld. Das Ackergerät, um den Boden zu bearbeiten und die Ernte einzubringen, war oft genug in der *Stahlschlacht* verfeuert oder eingeschmolzen worden.

Die Ernte 1959 fiel deutlich geringer als erwartet aus. Getreide, Gemüse und Öl wurden knapp, die vorhandene Nahrung reichte nicht zum Leben. Hunger und ein stilles Sterben setzten ein. Die Landbevölkerung aß in ihrer Verzweiflung Baumrinde, wilde Gräser und Kräuter.

In der Zeit von 1959 bis 1961 sind nach Schätzungen von Historikern zwischen 25 und 40 Millionen Menschen verhungert oder an Krankheiten gestorben, die durch Unterernährung verursacht waren.

Während in China die Menschen auf dem Land hungerten und verhungerten, wurden Reis und Speiseöl in den sozialistischen Bruderstaat Deutsche Demokratische Republik (DDR) exportiert. Der chinesische Reis wurde in der DDR zu einem Grundnahrungsmittel.[117]

Die chinesische Führung exportierte, um die Schulden an die Sowjetunion zu tilgen und Kapital für den Aufbau zu erzielen.

## Lushan 1959

Ab 1959 wurde die Lage schlecht. Das Politbüro war nicht ahnungslos und ohne Kenntnis der Situation auf dem Land. Aus allen Teilen Chinas wurde der Staatsführung gemeldet, dass die ländliche Bevölkerung Hunger litt und dass es zu Hungertoten gekommen war.

Die Landbevölkerung setzte sich zur Wehr. An vielen Orten leisteten die Bauern gewaltsam Widerstand gegen die Volkskommunen und die Abgaben, die sie dem Staat bringen mussten, und auch diese Nachrichten erreichten die Führung. Erhielten die örtlichen Garnisonen der Volksbefreiungsarmee den Befehl, gegen die rebellierenden Bauern auszurücken, verweigerten die Soldaten, die fast alle aus bäuerlichen Familien stammten, häufig den Einsatz gegen die hungernden Bauern.

Die Lage wurde in jeder Hinsicht sehr ernst und bedeutete eine Gefahr für die Macht der Staatsführung.[118]

Die Führung musste reagieren, die Planvorgaben wurden etwas gesenkt, blieben aber immer noch zu hoch.

Um sich selbst ein Bild zu verschaffen, besuchte Mao Zedong im Frühjahr 1959 sein Heimatdorf, und die örtlichen Kader gaukelten ihm blühende Landschaften vor. Mao war beruhigt.

Auch der Verteidigungsminister Peng Dehuai reiste ungefähr zur gleichen Zeit in sein Dorf, das nicht weit von Maos Heimatdorf entfernt. Peng, dessen Soldaten überwiegend junge Bauernsöhne waren, war besser als jeder andere Minister darüber informiert, welche fatalen Folgen die *Roten Banner* hatten. Er sah das Elend in seinem Dorf. Wertloser Stahl rostete auf den Feldern, die Häuser waren verlassen und zerstört, da das Holz für die Hochöfen verfeuert worden war, die Obstbäume waren abgeholzt. Frierende Greise irrten umher.

Peng Dehuai beschrieb die Eindrücke in einem Gedicht:

*Korn liegt auf der Erde verstreut,*
*Kartoffelstauden sterben ab,*
*Die kräftigen Jungen gehen fort, um Stahl zu schaffen.*
*Nur Kinder und alte Frauen ernten.*
*Wie werden sie das nächste Jahr überstehen?*
*Erlaubt mir, dass ich für das Volk die Stimme erhebe!*[119]

Im Juli 1959 versammelte sich die politische Führung zu einer Konferenz in dem Ferienort Lushan in der Provinz Jiangxi.

Hier überreichte Peng Dehuai Mao Zedong einen Brief, der nur für ihn persönlich bestimmt war.

Peng hatte den Brief mit einem Lob der Volkskommunen als dem richtigen Weg, *sich vollkommen aus der Armut zu befreien* begonnen. Nach den einleitenden und lobenden Sätzen sprach er über die begangenen Fehler. Er kritisierte die *Großspurigkeit*, mit der die Ernteerträge zu hoch eingeschätzt und die Bauern für den Einsatz in der Industrie von der Feldarbeit frei gestellt worden waren. Er sprach von *kleinbürgerlichem Fanatismus*, der zu *linken Fehlern* verleite. Der Politik warf er Wunschdenken vor und nahm sich selbst nicht aus: *Vom Vorsitzenden geprägte Aufrufe wie „Geringerer Anbau, höhere Erträge, größere Ernten" und „In 15 Jahren England einholen!" gehörten zum strategischen und langfristigen Kurs. Aber wir versäumten es, Untersuchungen durchzuführen (...) Einige Planziffern wurden stufenweise erhöht, wobei die Zahlen von Stufe zu Stufe größer wurden, so dass Anforderungen, für deren Erfüllung eigentlich einige Jahre oder mehr als zehn Jahre notwendig wären, sich in Planziffern verwandelten, die in einem Jahr oder in einigen Monaten erfüllt werden sollten. Deshalb haben wir uns von der Wirklichkeit losgelöst, und es ist uns nicht gelungen, die Unterstützung der Massen zu gewinnen.*[120]

Peng Dehuai (links) und Mao Zedong (1953)

Lin Biao (1955)

Mao las den Brief. Obwohl er nur ihm persönlich galt, ließ er ihn allen Konferenzteilnehmern zukommen. Mao nahm den Brief zum Anlass, die von ihm als Staatspräsidenten und Parteivorsitzenden verantwortete Politik zu verteidigen.

Peng Dehuai kostete das entschiedene Eintreten für die Bauern das Amt. Er wurde als Verteidigungsminister entlassen und Lin Biao, Marschall der Volksbefreiungsarmee sein Nachfolger. Doch auch Mao Zedong trat vom Amt des Staatspräsidenten der Volksrepublik zurück, Liu Shaoqi wurde zum Staatspräsidenten ernannt. Das Amt des Vorsitzenden der Kommunistischen Partei behielt Mao.

## Das langsame Ende

Nach Peng Dehuais Entlassung hielt der Hunger an, die Bauernproteste gingen weiter und nahmen an Intensität zu. Vor allem der Kreis um Mao Zedong schien die Nachrichten über die Situation immer noch nicht in ihrer tragischen Bedeutung zu erkennen.

Die Maßnahmen, die er zunächst anordnete, waren in sich widersprüchlich. Einerseits wies er die Kader an, den Bauern mehr Schonung zu gewähren und ihre Arbeitskraft nicht übermäßig zu beanspruchen.

Im gleichen Atemzug wiegelte er aber ab und beschwichtigte: Eine kleine Minderheit der Kader habe ein falsches Spiel mit der Arbeitskraft der Bauern getrieben, aber die überwiegende Mehrheit der Kader dürfte in ihrer Begeisterung für den Großen Sprung nicht gebremst werden.

Für die lokalen Kader war es schwer, den Anweisungen der Führung zu folgen. Sollten sie die weiterhin vorgegeben harten Vorgaben der Quoten erfüllen oder die weichen Vorgaben der Rücksichtnahme?[121]

*Wenn du die Ziele nicht erreichst, wirst du kritisiert, wenn aber jemand stirbt, wirst du bestraft*, war als Einstellung weit verbreitet.[122] Um nicht als konterrevolutionär zu gelten, entschieden sich die Kader meist für die harten Vorgaben.

Liu Shaoqi besucht Bauern in seiner Heimatprovinz Hunan, die ihm von der Hungerkatastrophe berichten

Aber Peng Dehuais entschiedener Einspruch gegen die Fortsetzung der *Drei Roten Banner* zeigte doch Folgen, auch wenn Peng politisch kaltgestellt worden war.

(Die spätere Kulturrevolution, um vorzugreifen, begann mit einem Streit um ein Bühnenstück, das (angeblich) die Entlassung von Peng Dehuai zum Thema hatte.)

Der stellvertretende Außenminister Zhang Wentian und weitere Führungskräfte pflichteten Peng bei, der stellvertretende Parteivorsitzender Liu Shaoqi, der das Amt des Staatspräsidenten von Mao übernommen hatte, stellte sich auf Pengs Seite.

Die Kommunistische Partei änderte in den zwei folgenden Jahren langsam die politischen Vorgaben. Endlich wurde aus dem Ausland Getreide importiert, statt es weiterhin zu exportieren. Der Hunger und das Sterben hörten langsam auf, ab 1961 gingen die Todesraten allmählich zurück.

Die kommunistische Partei hat später zur Rechtfertigung vorgebracht, dass Naturkatastrophen 1959 und 1960 und der plötzliche Rückzug der sowjetischen Experten – dazu im Folgenden mehr – den Hunger verursacht hätten. Das überzeugt nicht. Zwar waren die Ernten in den beiden Jahren schlecht ausgefallen, doch eine schlechte Ernte führte auch in früheren Jahren nicht zu einer derartigen Hungerkatastrophe. Bis heute ist nicht klar, warum die Regierung erst so spät reagiert und den Hunger beendet hat. Auch in Peking selbst, also vor der eigenen Haustür, war er zu sehen und zu spüren. Im Januar 1961 waren in Peking die Straßen *wie leergefegt, die wenigen Menschen, die man traf, sahen schwach und kränklich aus. Die meisten blieben zu Hause, um ihre Kräfte zu schonen.*[123]

Die Informationen über die Katastrophe waren deutlich und in ausreichender Zahl vorhanden. Die Antwort auf die Haltung der Partei lagert in den bisher verschlossenen Archiven.

## Lyrikschlachten

Die Volkskommunen im ganzen Land wetteiferten sogar in der grandiosen Produktion von Gedichten.

In wahren *Lyrikschlachten* entstanden aufmunternde *Volkslieder* wie folgendes:

*Reis so dick wie Bohnen, Bohnen größer als Melonen, Sesam streitet mit dem Mais, mannshoch wächst der Reis, kartoffelgroß die Erdnüsse, Kartoffeln groß wie Kürbisse, reich steht jedes Korn – Bauern auf dem Sprung nach vorn.*

In einer Volkskommune lebte sogar ein *Zehntausend-Gedichte-Paradesoldat*, der in einem Monat 10.000 Gedichte geschrieben haben soll.[124]

Alles ist reif, die Kürbisse sind riesig, das Feld trägt in Hülle und Fülle!

Bunker

Auch die Städte wurden umgebaut und zwar ins Hässliche. In der Hauptstadt Peking wurden die letzten Reste der großen Stadtmauern abgerissen und auf den Fundamenten neue, eintönige Ringstraßen angelegt. Peking wurde zum Schutz vor amerikanischen Atomangriffen mit unterirdischen Luftschutzbunkern untertunnelt.

Jahre später, in der Kulturrevolution, wurden erneut – diesmal aus Furcht vor sowjetischen Angriffen – unterirdische Luftschutzbunker in Peking gebaut, die sich bis heute kreuz und quer durch die Stadt ziehen. Angeblich kann die ganze Bevölkerung innerhalb von drei Minuten unter die Erde flüchten.

Eine Pioniergruppe der chinesischen Armee errichtete während der Kulturrevolution auch den riesigen unterirdischen Komplex „19. Mai“ – an einem 19. Mai wurde die Entscheidung zum Bau getroffen. Dieser Komplex war nicht an das Bunkersystem angeschlossen und sollte in Krisenzeiten das militärische Oberkommando beherbergen. Zu dem unterirdischen Komplex gehört neben Büros und Wohnungen ein modernes Krankenhaus. In diesem Krankenhaus wurde der Leichnam von Mao Zedong nach seinem Tod 1976 von Ärzten konserviert.[125]

Peking, Stadtmauer (Undatiertes Archivbild)

# DRITTER TEIL

# NACH DEN DREI ROTEN BANNERN

## Zwei Fraktionen: Pragmatiker und Idealisten

*Das oberste Credo der Kommunistischen Partei Chinas war der Aufbau einer kommunistischen Gesellschaft. Sie verlangte nicht nur von ihren Mitgliedern, entschlossen an den kommunistischen Idealen festzuhalten, sie hat auch sämtliche Chinesen nach diesen Idealen erzogen. Aber beim praktischen Aufbau der kommunistischen Gesellschaft sind diese Ideale immer wieder mit der Realität kollidiert. (...) Die Wurzeln der dreijährigen Hungersnot liegen in einer Forcierung der kommunistischen Ideale mit Mitteln eines totalitären Systems und des Klassenkampfes.*

*Nach der Hungerskatastrophe konnte man die Kommunistische Partei im Großen und Ganzen in zwei Fraktionen aufteilen: Die erste wollte sich von den Idealen des Kommunismus zurückziehen und tun, was die Realität verlangte, das war die „pragmatische Fraktion"; die andere hielt weiter an einer durch politischen Kampf forcierten Umsetzung der kommunistischen Ideale fest, die konnte man als die „idealistische Fraktion" bezeichnen. (...)*

*Die mächtigste Waffe gegen die pragmatische Fraktion in den Händen von Mao Zedong war, sie des Revisionismus zu zeihen.*[126]

Dieses Bild der Partei nach 1961/1962 zeichnete Yang Jisheng, als früherer Journalist der amtlichen chinesischen Nachrichtenagentur Xinhua ein Insider der Politik. 2008 ist in Hongkong sein Bericht *Grabstein – Mubei. Die große chinesische Hungerkatastrophe 1958–1962* erschienen, aus dem das Zitat stammt. In diesem Buch hat er seinem während des Großen Sprungs verhungerten Vater ein Denkmal, einen Grabstein, gesetzt.

Yang Jisheng schilderte, wie nach 1961/62 infolge der Politik der *Drei Roten Banner* die bisherige Eintracht der Kommunistischen Partei zerstört war. Zwei Fraktionen waren entstanden, eine *idealistische* um Mao und eine pragmatische um Liu Shaoqi und Deng Xiaoping. Beide Fraktionen verfolgten dasselbe Ziel: das Land zu entwickeln und den Sozialismus aufzubauen.

Aber die Frage, wie schnell den Menschen der Wechsel zu den kollektiven Lebensformen einer sozialistischen Zukunft zugemutet werden und

Yang Jisheng. Autor von Grabstein – Mubei. Die große chinesische Hungerkatastrophe 1958–1962

in welchem Maße ihre Arbeitskraft dafür beansprucht werden konnte, wurde nun, nach der objektiven Katastrophe, zum entscheidenden Streitpunkt. Während die idealistische Fraktion um Mao Zedong den Kampf um den Sozialismus immerzu vorantreiben wollte und als oberstes Prinzip hochhielt, war die pragmatische Fraktion um Liu Shaoqi bereit, den Menschen bei der Umwandlung hin zum Sozialismus mehr Zeit zu gewähren und etwas Rücksicht auf Bedürfnisse zu nehmen, die noch zur alten, bürgerlich-kapitalistischen Welt gehörten und offensichtlich nur langsam in sozialistische Ideale umgewandelt werden konnten. Zu dieser Ansicht war die pragmatische Fraktion während der Katastrophe, die sie zusammen mit der idealistischen Fraktion herbeigeführt hatte, gelangt.

Die Gefahr, die der pragmatischen Fraktion in diesem Grundsatzstreit drohte, war, dass die idealistische Fraktion versuchen könnte, sie als *bourgeois* und *revisionistisch* darzustellen, politisch kaltzustellen und den Klassenkampf gegen sie auszurichten.

Und genau das trat in den kommenden Jahren ein.

## Revisionisten

*Revisionismus* oder *Revisionist* ist das vernichtende Urteil, das Sozialisten/Kommunisten über jene Feinde verhängen, die sich zwar grundsätzlich als Mitstreiter für die Sache des Sozialismus verstehen, aber andere Wege als die kanonisierten gehen möchten.

Nach dem Tod von Marx, Engels und Lenin waren ihre Gedanken und Theorien als Lehrsystem festgehalten worden: als Marxismus und Marxismus-Leninismus.

Wer als Anhänger des Marxismus es nun unternommen hat, das politische System des Marxismus-Leninismus weiterzudenken, fortzuentwickeln oder neuen Bedingungen anzupassen, konnte, wenn er Glück hatte, zu einer neuen marxistischen Autorität aufsteigen und seinen Namen in einen –ismus verwandelt sehen. Er konnte aber auch, wenn er Pech hatte, als Abweichler, als Revisionist ausgegrenzt werden, als ein Feind des Marxismus, der die korrekte Linie verlassen hat und abgeirrt ist. Die Hüter der Lehre, die über Macht und Deutungshoheit verfügten, verurteilten denjenigen scharf, der in ihren Augen die gültigen Grundsätze und Lehren revidieren, verfälschen wollte, als Revisionisten und schlossen ihn aus den Reihen aus. Es liegt im Auge des Betrachters, ob eine Maßnahme, eine Idee, als mit dem Marxismus vereinbar oder als Revisionismus, als Abkehr vom Marxismus und ein Verlassen des richtigen Wegs bezeichnet wurde.

Historisch hatte sich das Schimpfwort *Revisionismus* zuerst auf die frühen Sozialisten in Deutschland wie Karl Kautsky (1854–1938) und Eduard Bernstein (1850–1932) bezogen, welche die Verhältnisse durch nichtrevolutionäre Methoden wie Gewerkschaften, Streiks, parlamentarische Mitarbeit verändern wollten, aber damit in den Augen ihrer Gegner dem Kapitalismus zuarbeiteten und ihn durch Abmilderung seiner unmenschlichen Härte stützten (statt revolutionär zu stürzen) – also, wie die chinesischen Kommunisten den *Revisionismus* später umschrieben: erneut den *kapitalistischen Weg* gegangen sind.

Im Verlauf der chinesisch-sowjetischen Auseinandersetzungen benutzte die chinesische Propaganda den Begriff *Revisionismus*, um nach der Entstalinisierung und dem verbundenen neuen Kurs in der Sowjetunion (dazu später) überall Revisionisten am Werk zu sehen. 1963 griff China öffentlich und unverhohlen die sowjetischen Führer als *Revisionisten* an.

In der Sowjetunion wiederum griff man die chinesische Politik als *Dogmatismus* an und konterte mit *Dogmatismus*, wenn „China" gemeint war.[127]

Karl Kautsky

Eduard Bernstein

## Ansehensverlust

Während der *Drei Roten Banner* von 1958–1962 wurden die politischen Vorgaben zwar etwas abgemildert, heute würde die schönfärbende Umschreibung *nachgebessert* lauten. Aber da die Korrekturen, die ab 1958 vorgenommen wurden, widersprüchlich und halbherzig waren, blieb die Situation auf dem Land noch lange katastrophal, die Menschen hungerten und starben.

Verheerender konnte eine politische Führung nicht versagen. Das Ansehen der Kommunistischen Partei und des Vorsitzenden Mao waren tief gesunken, Mao galt nicht mehr als nahezu unfehlbarer politischer Führer. Im

Mao Zedong mit Kang Sheng (1945)

Politbüro hielten ab 1960 nur noch Verteidigungsminister Lin Biao und Sicherheitschef Kang Sheng bedingungslos zu ihm.

Auch in der Öffentlichkeit wurde Kritik an Mao und den *Drei Roten Bannern* laut. Im Feuilleton, in Romanen und Essays wurden verdeckte Stellungnahmen publiziert, etwa als Aufsätze über historische Themen getarnt, in denen die Politik als großmäuliges Geschwätz entlarvt wurde. Es waren vorwiegend Pekinger Zeitungen und Journale, die den Kritikern die benötigte Plattform boten. Der Oberbürgermeister von Peking, Peng Zhen, und die anderen Mitglieder des Pekinger Stadtkomitees schritten nicht mit Zensur ein.

## Kurswechsel

1962 versammelten sich 7000 Kader aus dem ganzen Land zu einer Arbeitskonferenz in Peking. Staatspräsident Liu Shaoqi trug den offiziellen Bericht der Parteiführung vor, den Mao Zedong ausgearbeitet hatte und in dem behauptet wurde, dass Naturkatastrophen, das Wetter also, den Hunger und die entsetzlichen Ereignisse verursacht hätten.

Anschließend hielt Liu Shaoqi eine von ihm selbst verfasste Rede. Drei Stunden lang sprach er über die Politik der *Drei Roten Banner* und sagte vorbehaltslos: zu viele Massenbewegungen seien vorangetrieben und die Planziele viel zu hoch angesetzt worden. Die Hungerkatastrophe sei zu 70 Prozent auf menschliches Versagen und zu 30 Prozent auf Naturereignisse zurückzuführen. In Hunan seien die Bauern der Meinung, dass die *Schwierigkeiten* auf ein vom Menschen verursachtes Desaster zurückzuführen seien.

Dass Liu so offen von einem *vom Menschen verursachten Desaster* sprach, sorgte unter den Anwesenden für intensive Aufmerksamkeit.

Liu wich selbst dann nicht von dieser Aussage ab, als Mao Zedong ihm widersprach und mit Verweisen auf *kleinere lokale Probleme* abwiegeln wollte.[128] Liu benannte vor den 7000 Kadern klar die Verantwortlichkeit:

Von links: Zhou Enlai, Chen Yun, Liu Shaoqi, Mao Zedong und Deng Xiaoping auf der Konferenz der 7000 Kader

Schuld sei die zentrale Parteiführung.

Der neue Verteidigungsminister Lin Biao sprang Mao wie immer bei, stellte sich auf seine Seite und lobte den *Großen Sprung*: Die Gedanken des Vorsitzenden Mao seien immer richtig. *Was er sagt, ist sehr viel realistischer als das, was andere sagen. Er trifft den Nagel immer auf den Kopf. Er verliert nie die Realität aus den Augen.*[129]

Premierminister Zhou Enlai bemühte sich, Mao als Verantwortlichen in jeder Hinsicht zu entlasten und bekannte sich selbst an vielem schuldig. Vergeblich versuchte Zhou, zwischen Mao und Liu zu vermitteln und erneut Einigkeit herzustellen.

Die meisten der anwesenden Kader, Partei- und Armeekader aus den Städten wie den Provinzen, dazu Industrie- und Bergbaudirektoren, teilten Lius Ansicht.

1962 wurde dann auch ein Kurswechsel eingeleitet. Staatspräsident Liu Shaoqi, Premierminister Zhou Enlai und der Generalsekretär der Kommunistischen Partei, Deng Xiaoping, ersetzen die *Drei Roten Banner* durch ein pragmatisches, der wirtschaftlichen Entwicklung und den Bedürfnissen der Menschen angepasstes Programm. Auch Mao Zedong hat wesentliche Teile des Programms mitformuliert und mitverantwortet.[130] Alle Politbüromitglieder stimmten dem Kurswechsel zu.

Mao war wütend, seinem Leibarzt klagte er: *Liu weicht vom Klassenstandpunkt ab.* Und: *Er kümmert sich nicht um die Frage, ob wir den kapitalistischen oder den sozialistischen Weg gehen. Stattdessen spricht er über Naturkatastrophen im Gegensatz zu dem durch Menschen verursachten Chaos. In meinen Augen ist dieses Geschwätz die eigentliche Katastrophe.*[131]

Mao misstraute nun Liu zutiefst. Nachdem Mao die Kulturrevolution ausgerufen hatte, ließ er Liu verfolgen, foltern und gab ihm dem Tod preis. Er sah in ihm den chinesischen Chruschtschow.[132]

Der neue Kurs, der zugleich der dritte Fünfjahresplan war, enthielt folgende Regelungen:

Um die Schäden in der Landwirtschaft zu beheben, mussten die Millionen von Bauern, die seit den *Drei Roten Bannern* in die Städte gezogen waren, wieder aufs Land, in die Dörfer zurückkehren. Zusätzlich wurden die jungen städtischen Arbeitslosen zur Arbeit aufs Land geschickt.

Die Volkskommunen, die als autarke Verwaltungseinheiten versagt hatten, behielten nur noch ihren Namen, hießen also weiter Volkskommunen. Sie wurden aber wieder auf die Größe der Landwirtschaftlichen Produktionsgenossenschaften (LPGs) von 1957 verkleinert. Diese verkleinerten Volkskommunen wurden sogar weiter in *Produktionsbrigaden* (Dörfer) und *Produktionsgruppen* (zwanzig bis dreißig Haushalte eines Dorfes) unterteilt. Die bäuerliche Arbeit erfolgte immer noch im Kollektiv, aber nicht mehr die lokalen Kader, sondern die einzelnen Haushalte bestimmten ab nun über den Anbau und die Ernte.

Den einzelnen Familien wurde wieder mehr Privatheit zugestanden. Die meisten der trostlosen *Heime der Glückseligkeit*, die Altersheime, wurden geschlossen und die Zahl der Kinderkrippen und Kindergärten deutlich verringert.

Die bäuerliche Privatwirtschaft wurde wieder zugelassen: Den Bauern wurde erlaubt, ein Stück Land privat in eigener Verantwortung zu bearbeiten und Hühner, Enten und Schweine darauf zu halten. Bis maximal 15 Prozent der gesamten Anbaufläche durfte die LPGs den Bauern als Privatbesitz zuteilen.

Kleine Märkte wurden gestattet, wo die Bauern die privat angebauten Produkte zu einem von ihnen selbst festgelegten Preis und zu eigenem Gewinn verkaufen konnten. Fast ein Drittel ihres Einkommens erwirtschafteten die Bauern Mitte der 1960er Jahre aus dem kleinen Stück Privatland.

Alle Betriebe, die während des Großen Sprungs gegründet worden waren und mit Verlust arbeiteten, wurden geschlossen.

## Schwarze und weisse Katzen

1962 zitierte der Generalsekretär der Kommunistischen Partei, Deng Xiaoping, ein Sprichwort aus Sichuan und äußerte damit den bekanntesten Satz seiner politischen Laufbahn: *Egal, ob die Katze schwarz oder weiß ist – fängt sie Mäuse, ist sie eine gute Katze.*

Stabilität und Wirtschaftswachstum wurden zum Ziel der Mehrheit der Führung. Staatspräsident Liu Shaoqi, Generalsekretär Deng Xiaoping, der einflussreiche Pekinger Oberbürgermeister Peng Zheng und viele andere hatten sich nach der entsetzlichen Hungertragödie vom radikalen Kurs der beschleunigten Industrialisierung und Kollektivierung abgekehrt (den sie zuvor propagiert hatten). Sie vertraten nun einen pragmatisch-gemäßigten Kurs. China kehrte zur Planwirtschaft nach sowjetischem Muster zurück.

Wieder stellte sich ein Erfolg ein. In kurzer Zeit stieg die Industrieproduktion: die Leichtindustrie wuchs um 27 Prozent, die Schwerindustrie um 17 Prozent. 1965 erreichte die Landwirtschaft wieder den Stand von 1957.[133]

Doch mit dem Erfolg kehrte das alte Übel Bürokratie zurück und blähte sich zu einem gewaltigen Apparat auf.

## Die sozialistische Erziehungsbewegung

Für die *Drei Roten Banner* trug die Führung der Kommunistischen Partei unter dem Vorsitz von Mao Zedong die politische Verantwortung.

Aber: Die untergeordneten Kader hatten die verfehlte Politik mitgetragen und angeheizt.

Daher schickte das Politbüro Vertrauensleute auf das Land, um die dortigen Verhältnisse untersuchen zu lassen.

Die Berichte der Vertrauensleute fielen deprimierend aus. Bei der Festlegung der Quote, bei der Buchführung, der Anlieferung von Getreide in die staatlichen Speicher, bei den Einnahmen und der Entlohnung der Bauern – bei diesen Kernaufgaben schienen die Kader nichts aus der Katastrophe gelernt zu haben, sondern zeigten weiterhin eine *schlechte Moral*. Der typische Dorfkader gab Befehle und war korrupt. Wer ihm missfiel, wurde schikaniert – die Bauern reagierten nur noch mit Verachtung und Zynismus auf die *Ortskaiser*.

Die Führung musste handeln. Sie beschloss, mit einer neuen Kampagne gegen die Missstände vorzugehen.

Über alle Fraktionskämpfe hinweg einigten sich Mao Zedong, Liu Shaoqi, Zhou Enlai und Deng Xiaoping. Im Mai 1963 starteten sie die *Sozialistische Erziehungsbewegung*, die den Kadern auf dem Land wieder die Grundsätze des Sozialismus beibringen sollte.

Mao drückte der *Sozialistischen Erziehungsbewegung* seine Handschrift auf. So, als gelte es nach wie vor, Saboteure des Sozialismus ausfindig und

Programmschrift der Sozialistischen Erziehungsbewegung 1963

unschädlich zu machen und als hätte nicht die Kommunistische Partei die Realitäten aus den Augen verloren gehabt, sprach er erneut von *Klassen* und *Klassenkampf* auf dem Land und vom richtigen sozialistischen Bewusstsein, das die Bauern erwerben müssten. Eine neue Klasse reicher Bauern sei entstanden, die den Sozialismus sabotierten. Was dem Land fehlte, sei das richtige sozialistische Bewusstsein. Der Klassenkampf sei zu lange vernachlässigt worden, die Feinde des Sozialismus müssten aufs Neue bekämpft werden. Dann erst könnten die Bauern erkennen, dass die Volkskommunen und die Kollektivierung ihren wahren Bedürfnissen entsprechen würden.[134]

Im Verlauf der Kampagne begriffen die pragmatischen Politiker rasch, dass sich die Bauern dem *Klassenkampf* gegen die angeblich neuen *reichen Klassen* von Bauern widersetzten. Das Vertrauen in diese Art von Massenbewegungen und in die ländlichen Kader, die den Klassenkampf organisieren würden, war erschöpft.

Auch in den Ohren der Pragmatiker, die das Land gerade wirtschaftlich wieder einigermaßen auf die Beine gebracht sahen, klangen *Massenbewegung* und *fortgesetzter Klassenkampf*, wie sie die maoistische Fraktion forderte, in der derzeitigen Situation nur schal und abgedroschen.

## Untersuchung statt Klassenkampf

Dem pragmatischen Flügel der Partei gelang es, die Ziele der Bewegung vom *Klassenkampf* in die Untersuchung der Verhältnisse auf dem Land umzulenken.

Die Kommunistische Partei war angetreten, um den Hunger, die Armut und Unterdrückung zu beseitigen. Die Pragmatiker setzten nun alles daran, dass sie und nicht Mao Zedong China den Weg in die Zukunft wiesen. Sie

Wang Guangmei mit ihrem Ehemann Liu Shaoqi (1949)

steuerten die *Sozialistische Erziehungsbewegung* in ihrem Sinne.

Sie schickten *Arbeitsgruppen* auf das Land, die mit den Bauern sprachen. Die Bauern berichteten von Gewalt, Missständen und von Selbstherrlichkeit der Kader.

Auch die Frau des Staatspräsidenten Liu Shaoqi, Wang Guangmei, ging (inkognito) für ein halbes Jahr in ein größeres Dorf, wo sie unerkannt blieb. Sie nahm am Dorfleben und an Versammlungen teil, baute sich einen Bekanntenkreis auf, ließ sich informieren und trug in sorgfältiger Kleinarbeit Beweismaterial über Unterschlagungen und Betrügereien der örtlichen Kader zusammen. Am Ende ihrer Arbeit kam Wang Guangmei zu dem Schluss, dass rundweg alle Ortskader korrupte Gauner seien. Auf ihren Bericht hin wurden 40 der 47 örtlichen Kader öffentlich kritisiert oder abgesetzt, eine immens hohe Anzahl und ein miserables Ergebnis für die Zuverlässigkeit der ländlichen Kader.[135]

Im Sommer 1964 reisten der Staatspräsident Liu Shaoqi und seine Frau gemeinsam durch Zentral- und Südchina und stellten fast überall Fehlverhalten der Kader fest.

Die Kader waren machtgierig, korrupt, überheblich, zynisch bis bösartig. Die Führung musste im eigenen Interesse die Probleme auf dem Land in den Griff bekommen, wenn sie nicht auf lange Sicht ihre Herrschaft gefährden wollte.

Doch wie geht man mit dieser Erkenntnis um? Nahm man an, dass das ganze System faul und morsch geworden war und gründlich durch eine neue Massenbewegung gesäubert werden musste – oder ging man davon aus, dass jeder korrupte ländliche Kader ein Einzeltäter war und individuell bestraft gehörte?

## Kaderlinie oder Massenlinie

Der Parteivorsitzende Mao Zedong, Staatspräsident Liu Shaoqi und Generalsekretär Deng Xiaoping fürchteten angesichts des allgegenwärtigen, systematischen Machtmissbrauchs der örtlichen Kader zu Recht um die Herrschaft der Kommunistischen Partei.

Liu Shaoqi hatte vor dem Sieg der Kommunisten als städtischer Gewerkschaftsführer gearbeitet, verborgen und konspirativ im Untergrund, und besann sich auf den damals praktizierten sogenannten *leninistischen* Arbeitsstil: Misstrauen gegen fremde, anonyme Massen und Personenkreise, konspiratives Vorgehen. Mit dieser *Kaderlinie* hatte er erfolgreich für den Sieg der Kommunistischen Partei gearbeitet.

Um die Herrschaft *seiner* Kommunistischen Partei fürchtete auch Mao. Seine politischen Wurzeln waren aber andere. Mao war der große Bauernführer, er hatte seine großen Erfolge, den Sieg über die Guomindang und die Etablierung der Volksrepublik, mit dem Arbeitsstil erzielt: Öffentlichkeit und Massenmobilisierung.[136]

Liu plädierte für eine diskrete Vorgehensweise, um das Ansehen der Partei nicht noch weiter zu gefährden. Jeder korrupte Kader sollte unbedingt als Einzelfall behandelt und bestraft werden, um die Korruption und den Machtmissbrauch nicht als Massenphänomen und damit als Problem des politischen Systems offenkundig zu machen. Die Missstände in der Partei sollten parteiintern geregelt werden.

Mao Zedong plädierte für die genau entgegengesetzte Massenlinie. Er wollte auf die Methode der Massenmobilisierung zurückgreifen: Wenn in der Partei derartige *kapitalistische* Übel aufgetreten seien, müsste die Partei unter Einbeziehung der Massen durch offene Kritik und Diskussion korrigiert werden.

Er beharrte auf der Massenbewegung und dem Klassenkampf – nur dann zeige sich, wer ein echter Revolutionär und kein bourgeoiser Auswuchs sei. Wer, wie Liu, das Volk von der Untersuchung und der Urteilsfindung ausschließen wolle, misstraue dem unbestechlichen Urteil der Massen.

## Die unfehlbare Masse

Bauernrevolten hatten in Chinas langer Geschichte oft eine bestehende Herrschaft gestürzt. Mao hatte die Bauernaufstände 1927 in Hunan untersucht, wo die Bauern gegen die Großgrundbesitzer rebelliert hatten.

André Malraux (1974)

Er hatte nach dem Langen Marsch die Zusammenarbeit der Bauern mit den Kommunisten in Yan´an erlebt. Wenn die Massen sich erhoben hatten, waren sie seiner Erfahrung nach stets auf dem richtigen revolutionären Weg. In Li Shaoqis Version der *Sozialistischen Erziehungsbewegung* sah er Verrat an der Revolution.

André Malraux (1901–1976), der französische marxistische Intellektuelle, hatte oft Gelegenheit, mit Mao persönlich zu sprechen. Malraux hielt fest, was Mao am meisten gefürchtet hatte: *man fängt damit an, keine Kritik mehr zu dulden; dann schafft man die Selbstkritik ab; dann bricht man die Verbindung zu den Massen ab; und da die Politik ihre revolutionäre Kraft nur bei ihnen finden kann, duldet man die Bildung einer neuen Klasse; zu guter Letzt verkündet man wie Chruschtschow die immerwährende friedliche Koexistenz mit den Vereinigten Staaten – und die Amerikaner landen in Vietnam. Ich habe seinen alten Ausspruch nicht vergessen: „Es gibt hier siebzig Prozent arme Bauern, und deren revolutionärer Instinkt hat nie versagt!".*

*Strikt war Mao nach wie vor davon überzeugt: man muss von den Massen lernen, um sie lehren zu können.*[137]

Die einzige wirklich zuverlässige Instanz waren für Mao die Massen. Nur ihrem Urteil sei zu trauen: *Wir müssen wirklich die Massen mobilisieren; wer ein guter und wer ein übler Mensch ist, dafür haben die Massen ein Gespür ... die Massen haben ein Gespür dafür, doch wir haben kein sonderlich gutes Gespür dafür.*[138]

Mao forderte: *Notwendig ist, den Massen freie Hand zu lassen.*[139]

Der Graben zwischen der pragmatischen und der maoistischen Fraktion wurde tiefer. Im Januar 1965 ließ Mao Zedong in einer Resolution des

Zentralkomitees zur *Sozialistischen Erziehungsbewegung* festhalten: *Der wichtigste Punkt in dieser Kampagne besteht darin, diejenigen Leute innerhalb der Partei zu korrigieren, die Autorität ausüben und den kapitalistischen Weg gehen.*[140]

Mao begann zu drohen. Er sprach von kapitalistisch beeinflussten Saboteuren in der Kommunistischen Partei, die es ablehnten, die Massen zum Klassenkampf zu mobilisieren.

Mao Zedong trieb die Furcht, dass mit dem neuen Kurs und der Rückkehr zur (geringfügigen) Privatwirtschaft der Kapitalismus auf leisen Sohlen, aber stetig zurückkehren werde und der *Neue Mensch* und die Kommunistische Gesellschaft in weite Ferne gerückt seien. Ein Jahr später startete er die Große Proletarische Kulturrevolution.

## China und die Sowjetunion
## Die Gegenwart der Sowjetunion

*Die Gegenwart der Sowjetunion ist unsere Zukunft* lautete eine chinesische Parole der 1950er Jahre. Anfang der 1960er Jahre klang sie für Mao und seinen Kreis allerdings wie eine düstere Prophezeiung.

Für sie schien China durch die Maßnahmen der Pragmatiker um Liu Shaoqi und Deng Xiaoping den Weg zum Sozialismus zu verlassen und revisionistisch zu werden.

Die immer zahlreicheren Kader der Partei genossen Privilegien und drohten, eine neue Klasse zu bilden.

In den Fabriken und Betrieben arbeiteten neben festangestellten Arbeitern Gelegenheitsarbeiter ohne Versorgung im Krankheitsfall und ohne Anspruch auf Urlaub. Auch das ergab zwei Gruppen: privilegierte und nichtprivilegierte Proletarier.

Die Bauern erzielten einen Teil des Einkommens durch Privatwirtschaft und entfremdeten sich damit angeblich weiter von der Arbeit im Kollektiv.

Das starke Stadt-Land-Gefälle, die ungleiche Verteilung der Einkommen und Güter, hatte sich nicht ausgeglichen, die Verschmelzung von Industrie und Landwirtschaft war gescheitert.

Der neue sozialistische Mensch und die neue Gesellschaft waren in weite Ferne gerückt, die Machtverteilung innerhalb der Gesellschaft ging nicht in Richtung Gleichheit, sondern in Richtung Ungleichheit.

## Friedliche Koexistenz

*Die Sowjets möchten die Kontrolle über uns gewinnen, deshalb sind sie gegen die chinesische Bombe ... Ich werde die Bombe auf jeden Fall entwickeln lassen ... Wir lassen uns von niemandem herumkommandieren.“ Mao Zedong zu seinem Leibarzt.*[141]

Im Februar 1956 hatte Chruschtschow die Geheimrede gehalten, mit der er die Entstalinisierung eingeleitet hatte.

Chruschtschow hatte verfügt, sich vom weltrevolutionären, vom gewaltsamen Konzept des Marxismus zu verabschieden und den kommunistischen Auftrag zur Weltrevolution ad acta zu legen.

Statt Lenins These von der Unvermeidbarkeit des Krieges zwischen Kommunismus und Kapitalismus aufrechtzuerhalten, verkündete Chruschtschow die Doktrin der friedlichen Koexistenz: Länder mit unterschiedlichen politischen Systemen könnten friedlich nebeneinander existieren und zusammenarbeiten. Der Übergang zum Sozialismus sei auch auf friedlichem, nichtrevolutionärem Weg möglich.

Nikita Chruschtschow

Der Weltkommunismus unter der Führung der Sowjetunion war damit neu konzipiert.

Moskaus neuer politischer Ansatz lautete: eine langfristige Periode der friedlichen Koexistenz und des wirtschaftlichen Wettbewerbs mit dem Westens sollte den sozialistischen Ländern zu einem ökonomischen Übergewicht in der Welt verhelfen. Ergänzend sollten die kommunistischen Parteien der kapitalistischen Länder versuchen, auf parlamentarischem Weg an die Macht zu kommen. Grundsätzlich habe der Kampf für Frieden und Entwicklung Vorrang vor revolutionären Experimenten. Die Kommunisten der Entwicklungsländer

Nikita Chruschtschow und Richard Nixon, damals Vizepräsident der USA (1959)

sollten keine überstürzte Machtübernahme versuchen, sondern versuchen, ihre Bevölkerung und Politiker vom Sozialismus zu überzeugen.

In Peking war man über die moderaten Töne aus Moskau in Richtung der USA alarmiert. Bereits einen Monat nach deren Bekanntmachung, im März 1956, erhob die chinesische Kommunistische Partei in einem Schreiben an den Kreml Einspruch gegen die Thesen von der friedlichen Koexistenz und der Möglichkeit des friedlichen Übergangs zum Sozialismus.

Die neue sowjetische Außenpolitik beleuchtet die chinesische Innenpolitik der forcierten Industrialisierung und beschleunigten Kollektivierung nach 1956 aus einer weiteren Sicht. Nachdem Chruschtschow die *Weltrevolution verraten* hatte, wollte China so schnell wie möglich die Entwicklung zum Kommunismus vollziehen, um als erstes kommunistisches Land der Welt zum Führer des Weltkommunismus aufzusteigen.

## Weltrevolution

1959 trafen sich der sowjetische Staatschef Chruschtschow und der amerikanische Präsident Eisenhower in den USA, in Camp David in Maryland.

Ab dem 22. April 1960, dem 90. Jahrestag von Lenins Geburt, erschien in der chinesischen Volkszeitung Renmin Ribao eine Artikelserie mit dem Titel: *Lang lebe der Leninismus.*

In fortlaufenden Artikeln wurde vom Anwachsen national-revolutionärer Bewegungen in den Entwicklungsländern Afrikas, Asiens und Lateinamerikas und damit von neuen weltrevolutionären Perspektiven berichtet. Das revolutionäre Zentrum der Welt habe sich in die Entwicklungsländer Afrikas, Asiens und Lateinamerikas verlagert. Die sozialistischen Länder müssten die revolutionären Kräfte dieser Länder fördern und durch ihre

Von links: Nina Chruschtschow, Mami Eisenhower, Nikita Chruschtschow, Dwight D. Eisenhower

kompromisslose Haltung gegen den imperialistischen Westen unterstützen. Die kommunistischen Parteien der westlichen Länder sollten sich für die bevorstehenden revolutionären Kämpfe rüsten. Eine friedliche Koexistenz, ökonomischer Wettbewerb, Abrüstung, friedlicher Weg zum Sozialismus seien als *revisionistisch* abzulehnen und bestenfalls als taktische Lösung akzeptabel.

Damit legte Peking eine eigene weltrevolutionäre Konzeption vor. Der Finger zeigte nicht direkt auf Moskau, doch politischen Insidern war klar, dass mit *revisionistisch* Chruschtschow gemeint war.

1965 erweiterte Verteidigungsminister Lin Biao die weltrevolutionäre Konzeption. In der Schrift *Es lebe der Sieg im Volkskrieg* übertrug er das Modell der erfolgreichen Strategie der Kommunistischen Partei im Kampf gegen die Guomindang auf die übrige Welt.

Die chinesischen Kommunisten hatten vom Land, von den Dörfern aus operiert und so den Feind, der seine Basis in den Städten hatte, besiegt.

Lin Biao setzte in seiner Schrift die chinesischen Dörfer mit den Entwicklungsländern und die chinesischen Städte mit den Industrieländern gleich. Wie die chinesischen Kommunisten sollten die Weltdörfer, wie er die Entwicklungsländer bezeichnete, nun die Weltstädte, wie er die Industrieländern bezeichnete, besiegen. Die Gleichsetzungen waren unhaltbar, und dennoch zeigte die Schrift große Wirkung.

Der spätere amerikanische Außenminister Henry Kissinger schrieb: *Die Regierung Johnson in den USA nahm dies als den Plan der Unterstützung für kommunistische Subversionsakte überall auf der Welt, besonders in Indochina, oder gar als direkte Beteiligung daran. Lin Biaos Schrift gab einen der Anstöße für die Entscheidung, amerikanische Truppen nach Vietnam zu schicken.*[142]

Abgesehen davon, dass die Einteilung der Welt in Weltdörfer und Weltstädte logisch nicht nachvollzogen, geschweige denn kartographiert werden kann – denn die Weltdörfer und Weltstädte zerfallen ja ihrerseits in Dörfer und Städte – wurde, auch von der US-amerikanischen Regierung, nicht verstanden oder absichtlich übersehen, dass Lin Biao gleichzeitig eine Strategie der Nichteinmischung verfolgte.

Lin Biao hatte festgehalten: *Die Befreiung der Massen erfolgt durch*

Amerikanische Truppen in Vietnam

*die Massen selbst. Das ist eines der grundlegenden Prinzipien des Marxismus-Leninismus. Die Revolution oder der Volkskrieg in irgendeinem Land ist eine Angelegenheit der Massen dieses eigenen Landes; sie soll und kann in erster Linie nur mit den eigenen Kräften durchgeführt werden.* Lin Biao hatte zwar eine weltrevolutionäre Strategie entworfen, doch zugleich für die Nichteinmischung plädiert.[143]

## Atomwaffen

Eine immense Rolle im chinesisch-sowjetischen Verhältnis spielte der Streit über die Weitergabe der Atomtechnik.

Chinas dringendes Interesse war es, sich durch den Besitz der Atombombe gegen den feindlichen Einsatz dieser Waffe auf seinem Territorium zu schützen.

1954 war zwischen der UdSSR und China ein Vertrag über technische und wissenschaftliche Zusammenarbeit geschlossen worden, der China mit ersten Informationen über die Atomtechnik versorgte. Ein Jahr später lieferten die Sowjets spaltbares Material nach China. 1958 wurde in der Nähe von Peking der erste Atomreaktor vom Schwerwassertyp in Betrieb genommen.

Im Herbst 1958 ließ Mao die von der Guomindang besetzten und zu Taiwan gehörenden Inseln Quemoy und Matsu, eine Inselgruppe aus 19 Inseln in der Taiwan-Straße, bombardieren, nachdem Chiang mit der Rückeroberung des Festlandes gedroht hatte. Mao hatte Chruschtschow nicht darüber informiert, weil er es für eine innere Angelegenheit Chinas hielt. Doch Taiwan war mit den USA verbündet, die Volksrepublik mit der Sowjetunion – der mögliche Eintritt eines Bündnisfalles hätte zu einer Konfrontation der Supermächte führen können. Die Sowjets beschlossen, China in der Entwicklung von Atomwaffen nicht länger zu unterstützen.

Chruschtschow sagte später: *Als Mao den Gedanken propagierte, China könne Amerika innerhalb von fünf Jahren einholen, ging er gleichzeitig zur Offensive gegen uns über, und zwar in aller Öffentlichkeit. Etwa um diese Zeit begann er, Kommunen zu organisieren und seine Samowar-Hochöfen zu bauen. (...) In China wurde verkündet, wir, die Sowjetunion, hingen an den Rockschößen der Bourgeoisie. So tauchten einige grundsätzliche Fragen hinsichtlich der künftigen Richtung unserer Bewegung auf, und wir hatten einen Punkt erreicht, wo sich unsere Wege von denen Chinas trennten.*[144]

Straße von Taiwan mit den Inselgruppen Quemoy und Matsu

Chinesischer Schwerwasserreaktor auf einer Briefmarke

Wie auch immer, die ideologische Spaltung war vollzogen. Zwar hatte Chruschtschow den Chinesen die Baupläne für die Atombombe versprochen, diese Zusage dann aber 1959 aufgrund der zunehmenden ideologischen Spannungen und der demonstrativen Furchtlosigkeit Maos vor einem Krieg widerrufen.

Die Chinesen arbeiteten trotzdem weiter an der Konstruktion einer Atombombe. Als die Sowjets im Juli 1960 mitten im Großen Sprung ihre etwa 1400 Berater, Ingenieure und Techniker, Spezialisten, die den Wirtschaftsaufbau unterstützten, darunter auch zwei Atomspezialisten, aus China abzogen, waren in China bereits vier Reaktoren mit schwerem Wasser in Betrieb.

## Der Bruch

1960 stellten China und die Sowjetunion die Handelsbeziehungen ein. Die parteiamtliche Volkszeitung Renmin Ribao präsentierte China in langen Artikeln als den wahren Hort des Leninismus.

Erst 1963 wurde der Bruch mit der Sowjetunion der Weltöffentlichkeit bekannt. Damals griff China die Sowjetunion erstmals offen als *revisionistisch* an.

1963 schlossen Großbritannien, die USA und die Sowjetunion einen Vertrag und verpflichteten sich, keine weiteren Atomtests durchzuführen. China interpretierte den Vertrag als Vorstoß der Sowjetunion, China endgültig vom Besitz der Atombombe auszuschließen.

Doch selbst, wenn die Sowjetunion diese Absicht gehabt hätte: 1964 zündeten chinesische Wissenschaftler, die unter Aufsicht der Volksbefreiungsarmee arbeiteten, auf geheimen Stützpunkten in der Taklamakanwüste, in Lop Nor in der Provinz Xinjian, den ersten atomaren Sprengsatz.

Die beiden größten kommunistischen Parteien der Welt standen sich in offener Gegnerschaft gegenüber.

Eine chinesische Zeitzeugin erinnerte sich: *Immer wieder wurde uns gesagt, wir dürfen nicht zulassen, dass China „die Farbe wechselt", das heißt vom Kommunismus zum Kapitalismus überging. Der zunächst verheimlichte Bruch mit der Sowjetunion wurde Anfang 1963 bekannt. Man erklärte uns, dass es mit der Sowjetunion nach Stalins Tod im Jahr 1953 und Chruschtschows Machtübernahme stetig bergab gegangen sei, das Land habe vor dem internationalen Kapitalismus kapituliert und die russischen Kinder müssten nun wieder Hunger leiden wie die chinesischen unter der Guomindang. Nachdem uns unsere Politiklehrerin zum hundertsten Mal vor dem russischen Weg gewarnt hatte, sagte sie: „Wenn ihr nicht wachsam seid, wird unser Land ganz allmählich die Farbe wechseln, von Leuchtendrot zu Hellrot, dann zu Grau und schließlich zu Schwarz."*[145]

China lebte in der Furcht vor den USA, die gegen das Land Wirtschaftssanktionen verhängt und auf Taiwan Atomsprengköpfe in Richtung auf das Festland stationiert hatten. In Vietnam, das an China grenzte, wurden seit 1965 amerikanische Bodentruppen eingesetzt, um den Vormarsch des Kommunismus in Asien zu stoppen. Die US-Regierung wollte gemäß der Domino-Theorie – wenn ein Stein umfällt, fallen viele weitere – kein weiteres asiatisches Land an den Kommunismus verlieren.

Aus chinesischer Sicht hatten die Sowjets den Kommunismus verraten und sich mit den Amerikanern verbündet. Damit sah sich China von beiden Atommächten umzingelt, stand allein da und musste das leninistische revolutionäre Erbe verteidigen.[146]

## Die Volksbefreiungsarmee unter Lin Biao
## Die Politisierung der Armee

Nochmal zurück in die Zeit der *Drei Roten Banner*.

1959 hatte Mao Verteidigungsminister Peng Dehuai wegen seiner Kritik an der desaströsen Politik entlassen und Marschall Lin Biao, der zum engen Kreis um Mao zählte, zum neuen Verteidigungsminister ernannt.

## Mao Zedong loswerden

Rodion Malinowski (rechts) mit Peng Dehuai 1956

Im Oktober 1964 wurde Chruschtschow gestürzt. Leonid Breschnew wurde sein Nachfolger.

An den Feierlichkeiten in Moskau 1964 zum Jahrestag der Oktoberrevolution, drei Wochen nach dem Sturz von Chruschtschow, nahm eine chinesische Delegation unter Leitung von Premierminister Zhou Enlai teil.

Es kam es zu einem gewaltigen diplomatischen Eklat. Der sowjetische Verteidigungsminister Rodion Malinowski war betrunken und legte dem chinesischen Marschall He Long, Mitglied der Delegation, dar: *Wir sind schon Chruschtschow losgeworden; Ihr solltet unserem Beispiel folgen und Mao Zedong loswerden. Dann werden wir besser miteinander auskommen.* Die russische Führung versuchte, den Vorfall mit der Alkoholisierung und der angeblichen Unzurechnungsfähigkeit zu entschuldigen, doch der Zwischenfall wurde von chinesischer Seite übel vermerkt.[147]

Wie Peng gehörte Lin zu der alten Garde der Militärführer schon der Roten Armee, der Bürgerkriegsarmee.

Mit Lin Biao als Nachfolger von Peng Dehuai änderte sich der Führungsstil innerhalb der Armee.

Peng Dehuai hatte im Koreakrieg die überlegene Waffentechnik der UN-Truppen im Einsatz gesehen und seither auf Technik und verbesserte Ausstattung des chinesischen Militärs gedrängt. Er hatte sich für eine Verbesserung der Ausrüstung und der Technik der einzelnen Waffengattungen stark gemacht, er wollte eine professionell geschulte Armee.

Die Volksbefreiungsarmee rekrutierte sich überwiegend aus Bauernsöhnen. Während der *Drei Roten Banner* hatten der alte wie der neue

Mao Zedong der Große Steuermann

Verteidigungsminister die strikte Ablehnung der Politik durch die Mehrheit der Soldaten erfahren.

Lin Biao reagierte darauf, indem er die politische Schulung der Armee und nicht ihre Professionalisierung zur wichtigsten Aufgabe erklärte. Er nutzte sein Amt, um die Loyalität des Militärs zu Mao Zedong wiederherzustellen und zu stärken.

Schon 12 Tage nach der Amtsübernahme, im September 1959, schrieb Lin in einem Leitartikel für die Volkszeitung: Die Armee stehe *im Dienste der Politik* und dürfe deshalb *nie die Politik vergessen.*[148]

Lin Biao setzte nun Programme zur politisch-ideologischen Erziehung in Gang, er schwor die Armee auf Mao Zedong ein. Er baute durch stete Indoktrination und in immer neuen Kampagnen Mao Zedong in der Volksbefreiungsarmee zu einer hehren Kultfigur, einem Übervater auf. Dabei konnte Lin an den Kult anknüpfen, der um Mao als großen Führer bereits in den 1940er Jahren entstanden und immer weiter tradiert worden war.

Zur Rechtfertigung der politischen Ausrichtung zitierte Lin Biao die Aussage von Mao: *Die Waffe ist ein wichtiger, aber nicht der entscheidende Faktor des Krieges. Der entscheidende Faktor ist der Mensch, nicht aber eine Sache.*[149]

Die politische Moral und die revolutionäre Zielsetzung seien entscheidend, auch im Kampf.

Lin Biao wollte keine professionelle Armee, er wollte eine politische Armee, die Mao Zedongs egalitäre politische Vorstellungen teilte. 1965 ließ Lin Biao die Rangabzeichen im Militär abschaffen – das war die einzige Maßnahme, die selbst Chruschtschow loben konnte und zu der Erkenntnis veranlasste: *Er hatte Recht, die Epauletten von den chinesischen Uniformen zu entfernen. ... Heutzutage sind unsere Militärs aufgedonnert wie Kanarienvögel.*[150]

Lin politisierte die Armee und vergrößerte zugleich ihren Einfluss. Er knüpfte wichtige Kontakte zur Polizei, zu Geheimdiensten und zur Kulturbürokratie. In Schulen und Fabriken richtete er politische Büros ein und besetzte sie mit Militärs. Die Machtbasis der Armee wuchs enorm an, sie strahlte noch mehr als bisher auf die ganze Gesellschaft aus und vor allem über die Schulen auf die Kinder und Jugendlichen.

Es ist nicht klar, ob der zivile und pragmatisch eingestellte Parteiapparat die Ausrichtung der Armee auf Mao Zedong schlicht einfach nicht bemerkt

### Der Kult um Chiang und Mao

In den 1930er Jahren traten weltweit gleich mehrere große „Führer“ in Erscheinung: Stalin, Mussolini, Hitler, um nur diese drei zu nennen. Von der Guomindang wurde ebenfalls ein großer Führer mit dem entsprechenden Kult aufgebaut: Chiang Kai-shek als der Einzige, der China retten könne. Er wurde zu *China's Destiny*, Chinas Schicksal, verklärt. So lautete auch der Titel des Buchs von Chiang von 1943, in dem er China beschrieb, dessen große Vergangenheit, großartige Kultur und glänzende Zukunft – und das Recht und die Pflicht jedes Chinesen, sich der Guomindang anzuschließen. Chiangs Schrift erreichte Millionenauflagen, 1947 wurde sie ins Englische übersetzt.

Die Kommunistische Partei hatte den Personenkult um Chiang verfolgt und baute nach gleichem Muster Mao Zedong als den einzigen bedeutenden Führer auf. Sie kanonisierten die Essenz der Reden und Schriften Mao Zedongs als Mao Zedong-Denken.

Das Mao-Zedong-Denken bildete ab da neben dem Marxismus-Leninismus eine Grundlage des politischen Denkens der Volksrepublik und fand Eingang in die verschiedenen Verfassungen. Das letzte Mal zu Maos Lebzeiten wurde es 1975 in den Artikel 2 der Verfassung der Volksrepublik aufgenommen: *Die kommunistische Partei Chinas ist der führende Kern des ganzen chinesischen Volkes. Die Arbeiterklasse führt den Staat durch ihre Vorhut, die Kommunistische Partei Chinas. Der Marxismus, der Leninismus, das „Mao Zedong-Denken“ sind die theoretische Grundlage, von der unsere Nation ihr Denken leiten lässt.*

(Erst 2012 wurde das „Mao Zedong-Denken“ nicht mehr eigens in der Verfassung verankert.)

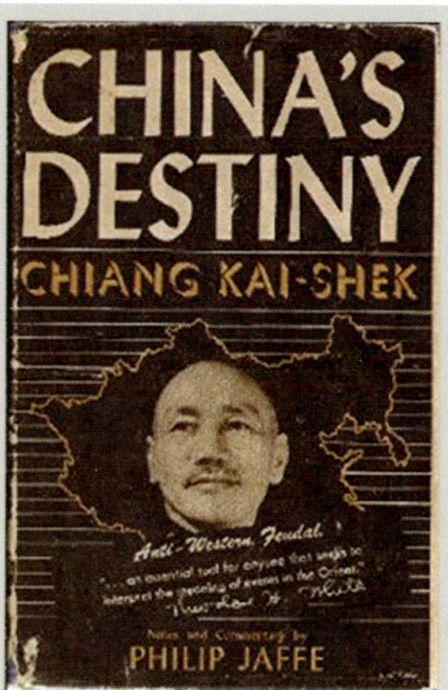


Chiangs Schrift von 1943

Ein Portrait von Chiang Kai-shek vor 1940 am Tiananmen in Peking

oder in der Konsequenz nicht erfasst hatte, oder ob er keine Möglichkeit gesehen hatte, dagegen einzuschreiten.

Wer jedenfalls innerhalb der Pekinger Militärzentrale den neuen Stil nicht unterstützte und Kontakt zur pragmatischen Fraktion aufnahm, wurde früher oder später aus dem Dienst entlassen.

In der von Lin geführten Armee entstand eine gewaltige Machtbasis für Mao in einer Zeit, in welcher der zivile Parteiapparat seinen Einfluss stark abgeschwächt hatte.

Lin ging vielfältig vor, um Mao erneut zu kultischer Verehrung emporzuheben. Doch vor allem mit zwei Maßnahmen war er außerordentlich erfolgreich: mit der Sammlung der *Worte des Vorsitzenden Mao Zedong*, die Lin als Schulungsmaterial für die Truppen zusammenstellte und mit dem Kult um den Mustersoldaten Lei Feng.

## Der Mustersoldat Lei Feng

1963 hatte Lin Biao in der Volksbefreiungsarmee eine skurrile Kampagne um den jungen Soldaten Lei Feng (1940–1962) inszeniert.

Lei Feng war ein einfacher Soldat der Volksbefreiungsarmee, der im März 1962 bei einem Unfall ums Leben gekommen war. In einem nach dem

Lei Feng poliert ein Fahrzeug der Armee. Daneben eine Seite aus seinem Tagebuch mit seinem Portrait

Tod aufgefundenen Tagebuch hat Lei Feng sein kurzes Leben festgehalten. Das Tagebuch wurde zur Pflichtlektüre der Soldaten.

Lei Feng hatte seinen Kameraden die Socken geflickt, ihnen Tee serviert und mit seinem geringen Sold die Eltern eines Kameraden unterstützt. Er war ein Muster an Tugenden aller Art. Im Tagebuch hatte er über seine Liebe zu seinem Land, zur Partei und vor allem über seine unerschütterliche Liebe zu dem Vorsitzenden Mao geschrieben. Alle seine vielfältigen guten Taten vollbrachte der junge Soldat im steten Gedanken an Mao Zedong, sein Leben war ganz der Verehrung des Großen Vorsitzenden gewidmet. Lei Feng hatte jede seiner mildtätigen Handlungen mit einem Zitat des Vorsitzenden Mao eingeleitet, in jeder freien Minute hatte er in den Schriften Maos gelesen.

Lei Fengs Tagebuch war eine von der Propagandaabteilung der Armee zusammengestellte Fälschung, die den reinen Dienst am Vorsitzenden Mao predigte: Lei Feng wurde innerhalb der Armee zum Vorbild erklärt und zur Kultfigur stilisiert. Der Kult um ihn wurde aus der Armee hinaus auf die Bevölkerung übertragen und das Tagebuch zur Schullektüre erhoben.[151]

Lei Feng studiert die Werke des Vorsitzenden Mao

Lei Feng hatte in dem Tagebuch nicht nur über seine selbstlosen Taten und die Liebe zum Vorsitzenden Mao geschrieben, sondern auch selbstverfasste Gedichte eingetragen, etwa das Gedicht *Die Jahreszeiten*, das bald jedes Schulkind auswendig aufsagen konnte: *Warm wie der Frühling bin ich zu den Genossen/ Glühend wie der Sommer brenne ich vor revolutionärem Eifer/ Meinen Individualismus fege ich hinweg wie ein Herbststurm die gefallenen Blätter/ Und zum Klassenfeind bin ich grausam und unbarmherzig wie der harte Winter.*

Der wahre Jünger Mao Zedongs kannte den Klassenfeind und ließ ihm gegenüber keine Milde walten.

Wang Jie, ein weiterer Mustersoldat.

Nicht nur Lei Feng, sondern weitere propagandistische Modellgestalten begleiteten nun das Denken der Soldaten, etwa die Kameraden der *Gute 8. Kompanie der Nanjingstraße* in Shanghai, die um 1927 allen Versuchungen der Großstadt, allen Einflüsterungen der Klassenfeinde sowie den Mädchen und dem Opium heldenhaft widerstanden hatten. Auch sie waren der Phantasie der Propagandaabteilung der Armee entsprungen.

## Worte des Vorsitzenden Mao Zedong

*Das lebendige Studium und der lebende Gebrauch des Denkens Mao Zedongs* sowie *Schlichtheit des Lebens, Flexibilität und gutes militärisches Können* sollten jeden Soldaten auszeichnen.[152] Lin Biao hatte pädagogische Ambitionen für die Volksbefreiungsarmee.

Ab Mai 1961 begann Lin, auf jedes Titelblatt der Zeitung der Volksbefreiungsarmee ein Zitat von Mao Zedong drucken zu lassen. 1964 erschienen Zitate Mao Zedongs gesammelt und nach Themen gegliedert als schmales kleines Buch mit dem Titel *Worte des Vorsitzenden Mao Zedong*.

Lin Biao hatte für die Sammlung ein Vorwort geschrieben, in dem er ausführte: *Genosse Mao Zedong ist der größte Marxist-Leninist unserer Zeit. ... Die Ideen Mao Zedongs sind eine mächtige ideologische Waffe im*

Mao ist die röteste Sonne in unserem Herzen!

*Kampf gegen den Imperialismus, eine mächtige ideologische Waffe im Kampf gegen Revisionismus und Dogmatismus. Die Ideen Mao Zedongs sind das Leitprinzip für die gesamte Tätigkeit der ganzen Partei, der ganzen Armee, des ganzen Landes.*

Und im letzten Absatz stand: *Sobald die breiten Massen die Ideen Mao Zedongs beherrschen, werden diese zu einem unversiegbaren Kraftquell und zu einer geistigen Atombombe von unvergesslicher Macht.*[153]

Der Kult um Mao Zedong, den der Verteidigungsminister lanciert hatte, hatte damit eine schriftliche Form gefunden, und das kleine Buch übertraf bald alle bisherigen Maßnahmen zur Propagierung des Kults um Mao Zedong noch um Längen. Es wurde eines der meistgedruckten und meistverbreiteten Bücher aller Zeiten. Als das *Kleine Rote Buch*, das *Kostbare Rote Buch* wurde es weltberühmt.

Es hatte das handliche Format von 10,5 x 7,5 cm und besaß einen roten Plastikeinband. In den späteren Ausgaben wurde der Kopf des Großen Vorsitzenden mit einem Strahlenkranz umgeben dargestellt: Mao war die rote Sonne im Herzen eines jeden Soldaten.

Lins Idee, Mao Zedongs Anweisungen in kompakter Form herauszugeben, war keineswegs originell. Etwas ähnliches existierte nämlich bereits von Liu Shaoqi, dem Konkurrenten (zumindest aus Sicht von Mao und Lin).

Liu hatte 1939 eine kleine Handreichung verfasst mit dem Titel: *Wie man ein guter Kommunist wird*. Es war eine Anleitung zur Selbstschulung und Selbsterziehung zu einem guten Kommunisten. Lin zitierte wörtlich die Autoritäten des Marxismus-Leninismus und verwies auf die Grundlinien der Kommunistischen Partei. Lins Schrift, die auch der Kaderprüfung diente, hatte bis 1962 eine Auflage von 20 Millionen Exemplaren erreicht.

Worte des Vorsitzenden Mao Zedong

Im *Kleinen Roten Buch*, gewissermaßen der Konkurrenzschrift, standen allein die Worte Mao Zedongs: Er war die einzige Autorität, allein seine Worte wiesen dem guten Kommunisten den Weg.

Maos Zitate kamen ohne Bezug auf die Tradition, auf die Geschichte des Kommunismus daher. Mit Mao und seinen Gedanken hatte, Lin schrieb es explizit im Vorwort, gewissermaßen eine neue Zeitrechnung begonnen, denn sie waren *eine geistige Atombombe von unvergesslicher Kraft*, die weltweit stärkste Waffe überhaupt.

Diese geistige Atombombe, um im Bild zu bleiben, schlug, von der Auflagenzahl her gesehen, wirklich ein. Keine andere Schrift von Mao Zedong hatte einen derartigen Erfolg erlebt. Die vier Bände der Ausgewählten Werke Mao Zedongs waren bis 1966 gerade einmal elf Millionen Mal verkauft worden und rangierten damit im Verkaufsrang weit hinter der Broschüre von Liu.[154]

Spätestens mit der Kulturrevolution rückte das Kleine Rote Buch zum auflagenstärksten Werk eines chinesischen Politikers empor, es wurde zur Pflichtlektüre eines jedes Chinesen, der es immer bei sich tragen und am besten gleich auswendig lernen sollte.

Und auch im Westen gehörten die *Worte des Vorsitzenden Mao Zedong*, von skeptischen Spöttern die *Mao-Bibel* genannt, zu den Revolutionsutensilien der Linken.

# VIERTER TEIL

# DIE GROSSE PROLETARISCHE KULTURREVOLUTION

*Letzten Endes ... hängt das Heranziehen von Nachfolgern für die revolutionäre Sache des Proletariats nur davon ab, ob es uns gelingt, das Auftauchen eines Chruschtschowschen Revisionismus in China erfolgreich zu verhindern.... Es geht dabei für unsere Partei und unser Land um Leben oder Tod ... über hundert, tausend, ja sogar mehr als tausend Jahre. Die imperialistischen Propheten hängen ihre Hoffnung auf eine 'friedliche Evolution' an die dritte und vierte Generation der chinesischen Partei. Wir müssen diese imperialistischen Prophezeiungen ausmerzen – bis zu den Wurzeln.*[155]

## Revisionismus oder Revolution

Für den Flügel um Mao Zedong drohte mit dem politischen Kurs, der 1962 eingeschlagen wurde, China eine ähnliche Entwicklung wie in der Sowjetunion.

Mao warnte 1962: *Dass die sozialistische Umgestaltung das Eigentumssystem der Ausbeuterklasse vernichtet hat, bedeutet nicht, dass es keinen Kampf in der Politik und Ideologie mehr gibt. Der Einfluss auf das Denken und Bewusstsein ist langwierig. (...) Die Bourgeoisie kann wiedererstehen, dies ist die Situation in der Sowjetunion.*[156]

Die Sowjetunion bot das abschreckende Beispiel. Aus deren Nomenklatura, der Gruppe der führenden Kader, war eine neue Elite, eine neue Klasse von Apparatschiks, eine neue Bourgeoisie hervorgegangen. (Das hatte bereits der Kampfgefährte Lenins und Gründer der russischen Roten Armee, Leo Trotzki, kritisiert. 1957 hatte der jugoslawische Kommunist Milovan Djilas die Kritik in dem vielbeachteten Buch *Die neue Klasse* wiederholt.)[157]

Die Sowjetunion habe einen verhängnisvollen Fehler begangen, schrieb die Theoriezeitung der Kommunistischen Partei, Hongqi: *Nach Errichtung sozialistischer Produktionsverhältnisse versäumte es die Sowjetunion, ernsthaft eine proletarische Kulturrevolution durchzuführen. Die bürgerliche Ideologie nahm überhand und korrumpierte die Gehirne der Menschen. ... Nach Stalins Tod wurde die öffentliche Meinung durch die Gruppe*

### Kultur und Überbau

*Kultur* meint in diesem Zusammenhang etwas anderes als das, was man im Westen gewöhnlich darunter versteht. Es sind nicht die schönen Künste gemeint, sondern der gesamte geistige, soziale und gesellschaftliche Bereich. Mao und sein Kreis haben von *Kultur* und *Kulturrevolution* gesprochen und damit die Sache gemeint, die Marxisten normalerweise den Überbau nennen. Im Marxismus bezeichnet der Überbau jene politischen, juristischen, moralischen, ideologischen, gesellschaftlichen Grundsätze, Vorstellungen, Diskurse, Narrative, oder wie immer man es nennen will, die sich über das rein ökonomische Fundament der Gesellschaft, marxistisch gesprochen die *Basis*, erheben. Die alles bestimmende *Basis* ist die Ökonomie, sind die Produktionsverhältnisse. Alles außerhalb der ökonomischen Basis bildet den Überbau, oder, wie es nun in der Kulturrevolution hieß, die *Kultur*.

*der Chruschtschow-Revisionisten offener im konterrevolutionären Sinne geformt. Später kam dann diese Gruppe ... an die Macht in Partei, Militär und Regierung und stürzte die Diktatur des Proletariats.*[158]

Der Kreis um Mao richtete den Blick auf die *Kultur*. Die Kultur müsse sich ändern – die Kultur sei das Problem. Sie speise sich immer noch aus der alten bürgerlichen Ideologie und nicht aus dem Proletariat.

Für den Kreis um Mao stand fest: Das Bürgertum hatte sich kaltblütig, bewusst und zynisch als Waffe eine bürgerliche Kultur, eine bürgerliche Ideologie geschmiedet. Diese bürgerliche Kultur war weltweit die vorherrschende Kultur und betonte die Unterschiede, Individualität und Privilegien, die Ungleichheit – statt die sozialistische kollektive Gleichheit, die Egalität. Die bürgerliche Kultur präge die Menschen tief, selbst noch die Mitglieder des Politbüros. Dagegen müsse das Proletariat sich nun bewusst und kalt eine ebenso scharfe, ebenso geschliffene Waffe schmieden: die proletarische Kultur.[159]

## In der Tiefe der Seele

Mao war Revolutionsführer, Guerillataktiker, er verstand es wie kaum ein anderer, die Massen zu mobilisieren – und er fürchtete um „seine“

Edgar Snow und Mao Zedong (1970)

Revolution: China dürfe nicht die Farbe wechseln, revisionistisch wie die Sowjetunion werden, wo ein korrupter Bürokratismus das Ideal des Sozialismus in das Gegenteil verkehrt habe und die alte Klasse der ländlichen Großgrundbesitzer und städtischen Bourgeoisie durch die neue Klasse der Partei- und Verwaltungsbürokratie ersetzt worden sei.[160]

Lin Biao arbeitete wie immer Mao zu. Die bürgerliche Kultur sei kein zu vernachlässigendes Überbleibsel, sondern durchdringe das ganze Leben des Volkes, schrieb die *Zeitung der Volksbefreiungsarmee: Durch Literatur, Theater, Film, Musik, die schönen Künste, Presse, Zeitschriften, Radio, Publikationen, wissenschaftliche Forschung in Schulen und anderswo* verbreiteten die Vertreter der Bourgeoisie *bürgerliches revisionistisches Gift, um die Gehirne der Menschen zu verwirren und die „friedliche Evolution" als Vorbereitung einer kapitalistischen Restauration in Ideologie und öffentlicher Meinung durchzuführen.*[161] Die Kultur sei in der Hand von Vertretern der Bourgeoisie, die den Sozialismus gefährdeten und den Kapitalismus wieder einführten.

Laut Lenin waren Kapitalismus und Imperialismus zum Sterben verurteilt. China musste auch deshalb strikt sozialistisch bleiben und durfte nie revisionistisch werden, damit ihm die Zukunft gehörte. Mao beharrte: *Der Wahrheit des Marxismus-Leninismus kann niemand widerstehen. Die Volksmassen wollen die Revolution, und die Weltrevolution wird früher oder später siegen.*[162]

Um die Seelen der Menschen zu berühren, wie im August 1966 der *Beschluss des Zentralkomitees über die Große Proletarische Kulturrevolution* es nannte, um den Marxismus, die Zukunft, tief in den Menschen zu verankern, begannen Mao und seine Anhänger die Kulturrevolution. Um, wie Maos amerikanischer Freund Edgar Snow es ausdrückte: *die Nation auf den revolutionären Weg zurückzuführen.*[163]

Doch zunächst ein Blick auf die Vorarbeiten für den Startschuss zur Kulturrevolution.

## Herbst 1965

Die Kommunistische Partei war gespalten, die *wahrhaft Roten* opponierten gegen jene, die weiter auf Planung, etwas Privatwirtschaft und gewisse Freiheiten der Kultur setzten und in den Augen von Mao und seinem Kreis dem bourgeoisen Denken anhingen.

Maos Ansehen und Macht waren gesunken. Er war der Vorsitzende der Partei, das politische Alltagsgeschäft erledigten andere. Er wurde gerühmt, fühlte sich aber wie ein in Ehren gehaltenes Relikt aus vergangener Zeit.[164]

Die Pekinger Propagandaabteilung hatte begonnen, den Staatspräsidenten Liu Shaoqi (seit 1945 designierter Nachfolger Maos), im Politbüro die Nummer Zwei, immer stärker gleichberechtigt mit Mao Zedong in der Öffentlichkeit zu zeigen. Porträts von Mao und von Liu wurden bei Staatsfeierlichkeiten in gleicher Größe und Anzahl präsentiert.[165] Es schien, als könnte der zweite Mann im Staat den ersten schon zu dessen Lebzeiten ersetzen.

Ende September 1965 forderte Mao Zedong vom Politbüro, gegen alle Künstler, Schriftsteller und Journalisten vorzugehen, die sich kritisch oder satirisch zu den *Drei Roten Bannern* geäußert hatten. Das Politbüro lehnte mit deutlicher Mehrheit ab.

Enttäuscht zog Mao sich aus Peking nach Shanghai zurück und versammelte dort die engen Mitarbeiter, darunter seine Ehefrau Jiang Qing und seinen Privatsekretär Chen Boda, zur Beratung.

Wu Han, Historiker und Politiker

Hai Rui (1513–1587). Undatierte Zeichnung.

Der nächste Schritt, der nun unternommen wurde, ging, so sonderbar das klingt, um ein Bühnenstück, die Pekingoper *Hai Rui wird seines Amtes enthoben*. Wu Han, ein Historiker, Schriftsteller, Vize-Bürgermeister und Mitglied des Pekinger Stadtkomitees, hatte diese Pekingoper 1961 verfasst und seither wurde sie auf den Bühnen aufgeführt.

## Hai Rui

Hai Rui, der Held von Wu Hans Pekingoper *Hai Rui wird seines Amtes enthoben*, war ein beliebter Volksheld der chinesischen Bühne.

Der historische Hai Rui (1513–1587), an den er angelehnt war, hatte als Beamter am Hof des Kaisers Jiajing (1507–1567) gedient. In die Literatur ging er ein als das Vorbild eines gerechten und mutigen Beamten, der sein Leben dem Wohl des Landes gewidmet und stets gewagt hatte, den Kaiser an seine Herrscherpflicht zu erinnern, wenn er sie vernachlässigt hatte. In der literarischen Überlieferung Chinas galt Hai Rui als der mustergültige Beamte schlechthin – ähnlich wie der gerechte und kluge *Richter Di*, den man im Westen durch die Kriminalromane des niederländischen Autors Robert van Gulik kennt.

In Maos Heimatprovinz Hunan hatten Aufführungen von Volksopern

### Von wegen bloss Theater

In China standen künstlerische Darbietungen schon früh im Dienste der Politik. Was auf einer Bühne gesprochen und gesungen wurde, wurde in China bewusst immer auch politisch betrachtet.

Eine chinesische Bühnenaufführung war, anders als im Westen, immer ein Zusammenspiel von Sprechtheater und Schauspiel, Musik und Gesang, Tanz und Akrobatik. Zu jeder Aufführung gehörte untrennbar die Musik, die auf der Bühne einen breiten Raum einnahm. Musik galt als wirkungsvolles Regierungsinstrument: *Die Musik bewegt die Menschen tief in ihrem Inneren und verändert sie rasch. ... Solange die Musik das Extrem meidet, lebt das Volk zufrieden und ohne vom rechten Wege abzukommen. Solange die Musik gesetzt ist, ist das Volk ausgeglichen und nicht aufständisch. Solange das Volk friedlich und ausgeglichen ist, sind die Truppen stark, die Stadtmauern stehen fest, und die Feinde [werden] es nicht wagen, anzugreifen.* Diese Hinweise auf die Wirkung gab bereits im zweiten vorchristlichen Jahrhundert der konfuzianische Philosoph Xunzi (ca. 298–238 v.Chr.).[166] Alle späteren Zeiten haben Musik und Kunst politisch eingesetzt. Da die Musik auf der chinesischen Bühne einen so breiten Raum einnahm, bezeichnete man das chinesische Theater als *chinesische Oper*. Eine Form davon ist die *Pekingoper*.

mit Hai Rui als Helden eine lange Tradition. 1958 besuchte Mao Zedong in Changsha/Hunan eine dieser Aufführungen und war so begeistert, dass er sich noch am gleichen Abend weitere Geschichten um Hai Rui bringen ließ.[167]

Gleich darauf ließ Mao die Biographie des heldenhaften Beamten neu auflegen und empfahl den Mitgliedern des Zentralkomitees, sich Hai Rui als Beispiel zu nehmen. Der legendäre Hai Rui gelangte zu neuem Ruhm und Glanz.

Mao wandte sich damals auch an den Historiker und Schriftsteller Wu Han, der über den historischen Hai Rui und seine Zeit gearbeitet hatte. Er beauftragte Wu Han, Hai Rui durch Aufsätze und ein Bühnenstück noch bekannter zu machen. In Maos Auftrag schrieb Wu Han die Pekingoper

*Hai Rui wird seines Amtes enthoben*, die 1961 auf den Bühnen in Shanghai und Peking uraufgeführt wurde.

In Wu Hans Stück hat der Kaiser sich ganz dem Spirituellen verschrieben und die Regierungsgeschäfte seit langem vernachlässigt. Kein Minister wagt es, ihn zu ermahnen. Nur Hai Rui ist mutig und kritisiert in einem Thronbericht die Regierung. Der Kaiser ist außer sich, Hai Rui wird entlassen und ins Gefängnis geworfen.

Kang Sheng

Am Schluss kommt Hai Rui endlich wieder frei und fordert vom Kaiser, er solle den Bauern das Land zurückgeben.

Maos Ehefrau Jiang Qing und das Mitglied des Politbüros Kang Sheng, Chef des Geheimdienstes, besuchten Wu Hans Oper und bezeichneten die Handlung sofort als Kritik an Maos Politik und eine Anspielung auf die Entlassung des Verteidigungsministers Peng Dehuai 1959. (Ihre Deutung fußte darauf, dass das Verweisen auf Ereignisse der älteren chinesischen Geschichte, um damit die Gegenwart zu kritisieren, in China immer gebräuchlich war. *Man zeigt auf den Maulbeerbaum und meint die Akazie* lautet die Methode in den Strategemen. Oder: *Mit der Geschichte auf die Gegenwart zielen.*)

Mao hielt diese Interpretation damals noch für an den Haaren herbeigezogen und applaudierte dem Stück.

## Der Angriff aus Shanghai

Erst 1964/1965 gelang es Kang Sheng, Mao von seiner Lesart zu überzeugen. Er legte Mao nahe, mit Hilfe der Oper *Hai Rui wird seines Amtes enthoben* gegen die innerparteiliche Opposition, die pragmatische Fraktion, vorzugehen.[168] Das klingt im ersten Moment skurril, doch Wu Hans Oper bot den nötigen und sogar idealen Hebel.

Denn Wu Han war nicht nur Historiker und Schriftsteller, sondern

Mao Zedong und Jiang Qing

auch einer von acht Vizebürgermeistern von Peking. Sein Vorgesetzter war Peng Zhen, der Oberbürgermeister von Peking, Vorsitzender des Pekinger Parteikomitees und einer der führenden und prominenten Köpfe der pragmatischen Fraktion.

Peng Zhen, Liu Shaoqi und Deng Xiaoping arbeiteten so eng zusammen, dass Mao klagte: *Was Peking angeht, so lässt sich weder eine Nadel hineinstechen, noch kann ein Wassertropfen hineinsickern. Peng Zhen will die Partei seiner Weltanschauung entsprechend umgestalten.*[169]

Jeder Angriff auf die Politik der Pekinger Pragmatiker prallte zwar an

Peng Zhen und Mao Zedong 1958 noch vereint beim Schaufeln von etwas Erde. Peng Zhen wurde nach 1966 aus dieser Aufnahme entfernt

deren wasserdichten Geschlossenheit ab. Doch das Bühnenstück von Wu Han bot einen Keil.

Im November 1965 erschien in einer großen Shanghaier Zeitung der Artikel: Über das neue Historienstück „Hai Rui wird seines Amtes enthoben".

Als Verfasser zeichnete der Shanghaier Parteijournalist Yao Wenyuan, der Mao nahestand. Was nicht bekannt war: Kang Sheng und Jiang Qing hatten im Hintergrund die Feder geführt, Mao hatte die einzelnen Entwürfe korrigiert.

Yao fuhr in dem Artikel schweres Geschütz auf: Wu Han habe die Grundprämisse des Mao-Zedong-Denkens, dass nämlich die Volksmassen die treibende Kraft der Geschichte bildeten, verraten und stattdessen die falsche Ansicht vertreten, einzelne moralische Menschen könnten sich über die wirtschaftlichen und gesellschaftlichen Gegebenheiten ihrer Zeit erheben. Das Schauspiel sei *großes giftiges Unkraut*, das *ausgerissen und vernichtet* werden müsse. Yao kritisierte scharf, dass Wu Han *Ungerechtigkeiten* auf dem Land just zu dem Zeitpunkt beheben wolle, *da die Bauern in unserem Land den Sozialismus bereits verwirklicht haben, alles besitzen und die großen Volkskommunen errichtet haben.* Der Artikel sei ein literarisch getarnter Angriff gegen die Politik der Kommunistischen Partei und gegen die Volkskommunen. Wäre es möglich, dass Wu und seine Anhänger *die Staatstheorie des Marxismus-Leninismus durch die der Grundherren und der Bourgeoisie zu ersetzen* wünschten, fragte er?[170] Über persönliche Kontakte hatte Jiang Qing den Artikel in Shanghai an der Zensur vorbei in die Presse lancieren können. In Peking mit dem Oberbürgermeister Peng Zhen wäre der Artikel nie erschienen, die Abteilung für Propaganda wäre sofort eingeschritten.

Denn der Artikel zielte gegen Peng Zhen, den Vorgesetzten von Wu Han.

Nur wenige Tage später druckte die auflagenstarke *Zeitung der Volksbefreiungsarmee* den Artikel nach. Als aus Shanghai der Nachdruck des Artikels auch in Peking verlangt wurde, lehnte die Pekinger Zensur ab.

Und trotzdem saß Peng Zhen in der Falle, und die Schlinge zog sich langsam zu. Ignorierte er den Artikel, der sich gegen seinen Untergebenen wandte, konnte man ihm vorhalten, einen Revisionisten zu schützen. Genehmigte er den Nachdruck, konnte man ihn anklagen, politisch blind den Revisionismus bei Wu Han nicht erkannt und als Oberbürgermeister die Hauptstadt nicht vor dem schlimmsten Feind geschützt zu haben. Verteidigte er Wu Han, würde man auch ihn zum Kritiker des Großen Vorsitzenden stempeln.[171]

Peng Zhen spielte auf Zeit und verbot so lange den Abdruck in Peking, bis Zhou Enlai ihn aufklärte, dass hinter dem Lokaljournalisten Yao Wenyuan der Vorsitzende Mao persönlich stand.

Die Schlinge war zugezogen. Der Artikel von Yao Wenyuan erschien in Peking in der Volkszeitung, allerdings mit einem Vorspann, der ihn als literarische Debatte relativieren wollte: Wu Hans Schauspiel müsse als literarischer Missgriff und nicht als politische Aussage gesehen werden.

Nun folgten bis zum Mai 1966 fast täglich weitere, vom Kreis um Mao in Shanghai gesteuerte Artikel über *revisionistische* Tendenzen in der Kunst. Zahllose ähnlich lautende Leserbriefe beteiligten sich an der Debatte, immer in dem Tenor, in der Literatur, auf der Bühne und im Film würden Sympathien für Kapitalisten und das bourgeoise Kleinbürgertum ausgedrückt.[172]

## Peking Februar 1966

Die Pekinger Parteiführung musste reagieren.

Da Mao sich weiter in Shanghai aufhielt, berief Liu Shaoqi im Februar 1966 den ständigen Ausschuss des Politbüros in Peking zusammen.

Der Ausschuss beschloss die Einrichtung einer *Gruppe Kulturrevolution*, die Leitlinien für eine Diskussion über proletarische Kunst erarbeiten sollte.

Zum Vorsitzenden der fünfköpfigen Gruppe wurde Peng Zhen ernannt. Nur ein Anhänger Maos gehörte der Gruppe an, Kang Sheng, der mächtige Chef und Koordinator der Geheimdienste.

Gegen den Widerstand von Kang Sheng erklärte die Gruppe den Streit um Wu Hans Oper zur rein akademischen Diskussion: Schriftsteller wie Wu Han seien keine Klassenfeinde, sondern Marxisten-Leninisten, die sich künstlerische Freiheiten erlaubt hätten. Künstler wollten keine Klassengegensätze errichten, sondern zum Nachdenken innerhalb des Proletariats anregen. So etwas seien *Widersprüche im Volk* und bedeuteten keinen Klassengegensatz zwischen einer Bourgeoisie und dem Proletariat.

## Shanghai Februar 1966

Die Maoisten lehnten diese Darstellung ab und beriefen sofort in Shanghai eine *Konferenz über die literarische und künstlerische Arbeit in der Volksbefreiungsarmee* ein. Auf Vorschlag von Lin Biao leitete Jiang Qing die Konferenz, die Ehefrau Mao Zedongs, die damit erstmals die politische Bühne betrat und bald für die Kunst und Propaganda während der Kulturrevolution verantwortlich zeichnete.

Auf der Konferenz wurden alle künstlerischen Leistungen der Volkrepublik vernichtend abgeurteilt: Die *Literatur und Kunst der vergangenen 17 Jahre* sei von *einer schwarzen Linie* durchzogen, die bekämpft und korrigiert werden müsse (*schwarz* als Farbe des Bösen verstanden). Eine *schwar-*

Jiang Qing in der Uniform der Volksbefreiungsarmee als Leiterin des Bereichs Propaganda und Kunst

*ze Bande* wolle die Diktatur des Proletariats zerschlagen. Die Bande müsse in einer *Großen Kulturrevolution* bekämpft werden. China stehe *unter der Diktatur einer unheilvollen, gegen die Partei und den Sozialismus gerichteten, dem Denken des Vorsitzenden Mao genau entgegengesetzten Richtung.*[173]

Politisch falsche Literatur wie die Oper von Wu Han, derartiges *giftiges antisozialistisches Unkraut*, dürfe man nie wuchern lassen. Und dann wurde die Lösung vorgestellt, die Kulturrevolution. Selbst dieses *hartnäckige Bollwerk kann im Sturm genommen und revolutionär umgestaltet* werden. Die Volksbefreiungsarmee als *die Hauptstütze und Hoffnung des chinesischen Volkes und der revolutionären Weltbevölkerung* müsse in diesem Kulturkampf eine zentrale Aufgabe übernehmen und auf ihre Art dazu beitragen, *den blinden Glauben an die klassische Literatur Chinas und des Auslandes zu zerstören.*[174] Dem Protokoll fügte Lin Biao noch an: *Falls das Proletariat die Positionen in Literatur und Kunst nicht besetzt, wird es mit Sicherheit die Bourgeoisie tun. Dieser Kampf ist unvermeidbar.*[175]

Der Teufel, der in der Kunst angeblich steckte, wurde an die Wand gemalt. Nun wusste jeder, dass die Stunde für eine erneute Säuberung geschlagen hatte, als in Shanghai Mao Zedong und Lin Biao zu einer *revolutionären Sturmflut* aufriefen.[176]

## Giftiges Gewürm

In Peking versuchten Liu Shaoqi, Deng Xiaoping, Peng Zhen und die Mehrheit des Parteiapparats, den Kampf gegen die angeblich *revisionistische* Kunst und die Säuberung der Schriftsteller, Künstler und Intellektuellen zu verhindern.

Ende April 1966 kehrten der Staatspräsident Liu Shaoqi und seine Frau Wang Guangmei von einem Staatsbesuch zurück. Lin Biao demonstrierte nun offen die Macht des Militärs und ließ die Amtsräume von Peng Zhen und der Mitglieder des Pekinger Stadtkomitees von Patrouillen der Volksbefreiungsarmee überwachen.[177]

Im Mai 1966 hetzte die Zeitung der Volksbefreiungsarmee, hinter der *schwarzen Bande* stünden *noch gefährlichere Dämonen und Ungeheuer*, die man in einem *Kampf auf Leben und Tod entlarven* müsse.

Damit war ausgesprochen, dass Mao und sein Kreis planten, nach den Künstlern auch die sie schützende Hand, die Pragmatiker in der Partei, ins Visier zu nehmen.[178]

## Gruppe für die Kulturrevolution beim ZK

Vom 4. bis zum 26. Mai 1966 versammelte sich in Hangzhou bei Shanghai die *Erweiterte Tagung des Politbüros.* Mao und sein Kreis schufen ab jetzt die Grundlage für das weitere Vorgehen. Vor den Abstimmungen sprach Mao mit jedem einzelnen Mitglied des Politbüros und warf seine Verdienste um die chinesische Revolution so lange in die Waagschale, bis sie sich seiner Meinung anschlossen. So kam es zu dem Ergebnis, das Mao und sein Kreis anstrebten: den Einfluss der pragmatischen Fraktion Zug um Zug auszuschalten.

Peng Zhen und andere Anhänger eines pragmatischen Kurses wurden entlassen. Die gerade erst im Februar 1966 gebildete *Gruppe Kulturrevolution* wurde aufgelöst und durch die *Gruppe für die Kulturrevolution beim Zentralkomitee* ersetzt.

In der neuen Gruppe Kulturrevolution waren ausschließlich Gefolgsleute von Mao Zedong vertreten, und sie entwickelte sich sehr schnell zu einer mächtigen Organisation der Partei. Chen Boda, der Privatsekretär Mao Zedongs, übernahm den Vorsitz, sein Berater war der Chef des Sicherheits- und Geheimdienstes Kang Sheng. Die erste stellvertretende Vorsitzende hieß Jiang Qing, zum zweiten stellvertretenden Vorsitzenden wurde Zhang Chunqiao ernannt, der Parteisekretär von Shanghai. Weitere prominente Kader aus Politik und Militär gehörten der Gruppe an.

Als Ergebnis der Tagung wurde das *Rundschreiben vom 16. Mai 1966* veröffentlicht.

## Das Rundschreiben vom 16. Mai 1966

*Die eigentliche Bombe war jedoch das Rundschreiben des ZK der KPCh vom 16. Mai 1966.*[179]

Das Rundschreiben des Zentralkomitees der Kommunistischen Partei vom Mai 1966 sprach erstmals offiziell von einer Kulturrevolution: *Unser Land steht jetzt vor einem großartigen Aufschwung in der proletarischen Kulturrevolution. Dieser Aufschwung ist ein machtvoller Sturm auf alle dekadenten ideologischen und kulturellen Positionen, die noch von der Bourgeoisie und den Überresten des Feudalismus gehalten werden.*

Das Rundschreiben befahl: *Die gesamte Partei muss, den Weisungen des Vorsitzenden Mao folgend, das große Banner der proletarischen Kulturevolution hochhalten, den reaktionären bürgerlichen Standpunkt jener par-*

Mao Zedong und die Hauptakteure der Kulturrevolution.
Von links: Kang Sheng, Zhou Enlai, Mao Zedong, Lin Biao, Chen Boda und Jiang Qing

*teifeindlichen, antisozialistischen sogenannten 'akademischen Autoritäten' gründlich enthüllen, an den reaktionären, bürgerlichen Ideen in der Wissenschaft, im Erziehungswesen, im Journalismus, in Literatur und Kunst und im Verlagswesen gründliche Kritik üben und die Führungsmacht auf diesen Sektoren der Kultur erobern.(…) Die Vertreter der Bourgeoisie, die sich in die Partei, die Regierung, die Armee und in die verschiedenen Bereiche der Kultur eingeschlichen haben, sind ein Haufen konterrevolutionärer Revisionisten; sie werden, wenn eines Tages die Zeit dafür reif ist, die politische Macht an sich reißen und die Diktatur des Proletariats in eine Diktatur der Bourgeoisie umwandeln. Wir haben bereits einige dieser Leute durchschaut; es gibt aber noch solche, die nicht durchschaut sind; manche erfreuen sich in diesem Augenblick unseres Vertrauens und werden zu unseren Nachfolgern herangezogen, Leute vom Schlage Chruschtschows, die gerade jetzt neben uns nisten.*[180]

Die Kernaussage war: Die Volksrepublik sei in großer Gefahr, sie sei von einer gegenrevolutionären, revisionistischen Clique, der Bourgeoisie unterwandert, die sich in Partei, Armee und alle Bereiche der Kultur eingeschleust habe und sich auf die Machtübernahme vorbereite.

Die Frage, wer in China vom Schlage Chruschtschows sei, wurde ebenso offengelassen wie die Frage, wer den *machtvollen Sturm auf alle dekadenten ideologischen und kulturellen Positionen* entfesseln sollte.

## Die Truppen der Kulturrevolution

Man muss vermuten, belegen kann man es nicht, dass bei der Planung der derart abstrakten Kulturrevolution die Frage, wer den *machtvollen*

*Sturm* losbrechen solle, den Initiatoren ein gewisses Kopfzerbrechen bereitet hat. Die revolutionären *Massen*, die Arbeiter und Bauern plädierten nach der Katastrophe der *Drei Roten Banner* in der Mehrheit für genau den pragmatischen Kurs, in dem Mao und sein Kreis die Gefahr des sowjetischen Revisionismus und einer neuen Klasse heraufziehen sahen. Sie erneut zu mobilisieren wäre, wenn überhaupt möglich, äußerst schwierig gewesen.

Aber ohnehin verbot die volkswirtschaftlich gebotene Rücksicht auf die Produktivität, die nicht erneut schwer beeinträchtigt werden durfte, die Mobilisierung der Arbeiter und Bauern schon aus Gründen der Vernunft. Die herkömmlichen revolutionären Massen fielen für den *Sturm* also aus.

Der suchende Blick muss irgendwann auf die Jugendlichen gefallen sein – die ja per se die Zukunft bedeuteten. Kinder und Jugendliche also wurden zu den *revolutionären Massen* der Kulturrevolution bestimmt.

Die Vorarbeiten dafür wurden mit Umsicht geleistet. Der Aufbau des Kults um Mao, den Verteidigungsminister Lin Biao in der Volksbefreiungsarmee initiiert hatte, war früh auf die Schulen und Universitäten erweitert worden, den Mustersoldaten Lei Feng kannte jedes chinesische Kind. Die Jugend war durch diese und ähnliche Kampagnen mit Erfolg auf Mao persönlich eingeschworen, Mao war Kult, das Idol: *In der Mittelschule Nr.4 liefen viele Schüler herum, die 'von Mao gelernt' hatten: unter den Arm geklemmte Bücher, Bürstenhaarschnitt, schlichte Baumwollkleidung, absichtlich mit Flicken ausstaffiert, auch im Winter barfuß in möglichst löchrigen Baumwollschuhen, aus denen die Zehen lugten … . Manche konnten ganze Abschnitte aus den Werken von Marx oder Lenin auswendig.*[181] Die Schüler verbrachten *zahllose Sonntage im Klassenraum, um unter der Aufsicht der Lehrerin Artikel für Artikel aus den bereits in vierter*

Lese die Werke Mao Zedongs und werde wie er (1965)

*Auflage erschienen „Ausgewählten Werken Mao Zedongs" zu studieren.*[182]

Das Fundament für die Rekrutierung der Schüler und Studenten als Kulturrevolutionäre war gelegt. Die Kulturrevolutionäre, die sich in der Gruppe Kulturrevolution zusammengefunden hatten oder mit ihr zusammenarbeiteten, konnten beginnen, ihre Verbände, ihre Truppen in den Schulen und Universitäten zu organisieren und anzuweisen.

## Spontane Massen?

Erfahrene Guerillakämpfer und herausragende Strategen wie Lin Biao und Mao Zedong hatten im Kampf nie etwas dem Zufall überlassen. Auch diesmal nicht.

Die politischen Abteilungen der Volksbefreiungsarmee trainierten ab dem Mai 1966 in mehreren Provinzen politisch zuverlässige Schüler und Studenten aus den Familien der maoistisch gesinnten Kader. Die Jugendlichen wurden von den Politoffizieren in Ausbildungslagern der Armee gedrillt, an Schusswaffen unterrichtet, in Fragen der Organisation beraten und politisch „gefestigt". Sie wurden darauf eingeschworen, dass eine Handvoll revisionistischer und bürokratischer Parteifunktionäre den Vorsitzenden Mao stürzen und die Farbe Chinas ändern wolle, China solle schwarz, revisionistisch werden, statt rot zu bleiben.[183] Diesen Umsturz müssten sie abwehren.

Ende Mai 1966 versammelte die Armee rund 1000 Studenten des ersten Semesters zu einem Schulungskurs an der Shanghaier Universität Fudan. Kurz darauf berichtete die Volkszeitung über die Zusammenkunft der *Kleinen Revolutionären Generale*, wie man den Jugendlichen schmeichelte.[184]

Diese militärisch gedrillten und ausgebildeten Kinder und Jugendlichen setzten unter Anleitung der Gruppe Kulturrevolution an Schulen und Hochschulen die Große Proletarische Kulturrevolution in Gang. Bald hießen sie *Rote Garden*.

## Die Roten Garden

Die Kulturrevolution, so stand es im Rundschreiben vom Mai 1966, sollte *den reaktionären bürgerlichen Standpunkt jener parteifeindlichen, antisozialistischen sogenannten 'akademischen Autoritäten' gründlich enthüllen, an den reaktionären, bürgerlichen Ideen in der Wissenschaft, im Erziehungswesen ... gründliche Kritik üben und die Führungsmacht auf diesen Sektoren der Kultur erobern.*[185]

Rote Garden

Der Sozialismus müsse verteidigt werden, rief das Idol Mao Zedong die Jugend zu Hilfe – und sie stand zum Kampf bereit. Die Ersten waren die Schüler und Jugendlichen der beiden Pekinger Eliteuniversitäten, der Universität Peking und der Universität Tsinghua.

Eine Besonderheit der chinesischen Universitäten war es, dass an die Universitäten auch Mittelschulen (welche die Schüler nach der Grundschule und vor der Hochschule/Universität besuchten) angeschlossen waren. Die Bewegung an einer Universität mobilisierte Schüler wie Studenten zugleich.

*Rote Garde zum Schutz des Vorsitzenden Maos* hatte sich der Geheimbund einer Schülergruppe der Mittelschule der Universität Tsinghua in Peking genannt. (Das historische Vorbild für den Namen waren die russischen Roten Garden, die bewaffnete Arbeitermiliz der russischen Kommunisten zur Vorbereitung und Durchführung der Oktoberrevolution im Zarenreich 1917.)

Rotgardistin mit Armbinde und Mao-Anstecker

Diese erste chinesische Rote Garde war im Mai 1966 entstanden, unmittelbar nach dem Rundschreiben. Alle Gründungsmitglieder waren Kinder hoher Kader. Beim nächtlichen Treffen in den Ruinen des alten Pekinger Sommerpalasts schworen sie den *Eid der Roten Garde: Wir, die Rote Garde, treten für die Verteidigung der roten Staatsführung ein. Die Partei und der Vorsitzende Mao beschützen uns. Die Befreiung der ganzen Menschheit ist unsere unbedingte Pflicht. Die Mao-Zedong-Gedanken sind unsere obersten Richtlinien. Wir schwören, wir sind fest entschlossen, für den Schutz der Partei und des großen Führers Mao Zedong unsern letzten Tropfen Blut zu vergießen.*[186] Am 1. August 1966 übermittelte Mao Zedong der Gruppe Grüße und lobte den Namen *Rote Garde.*[187] Der Name wurde zum Markenzeichen für alle kulturrevolutionären maoistischen Verbände.

## Wer wird Rotgardist?

Die *Roten Garden* waren keine spontanen *Massen*, wie oft immer noch zu lesen ist – sie waren nicht einmal die Masse der Jugendlichen. Als die Bewegung im Mai/Juni 1966 begann, durften nur Jugendliche mit dem *richtigen familiären Hintergrund* eine Rote Garde bilden oder einer beitreten. Den richtigen familiären Hintergrund besaß ein Kind, wenn es von folgenden Eltern abstammte: von politischen Kadern, die schon vor 1949 der Partei beigetreten waren, von Militärangehörigen (die von Lin auf Mao eingeschworen waren), von Märtyrern der Revolution, von Arbeitern oder von armen und mittleren Bauern. Da es in den Städten Peking und Shanghai, den Zentren der Kulturrevolution, keine Bauern gab, fielen deren Kinder hier gleich einmal weg. Arbeiterfamilien gab es in Peking auch nicht allzu viele, dafür mehr in Shanghai, dem Industriezentrum. Kinder aus Märtyrerfamilien, deren Vater oder Mutter im Kampf für den Sieg des Sozialismus gefallen waren, verteilten sich gleichmäßig. Kindern von Kadern waren in Peking an den Mittelschulen und Universitäten zahlreich vertreten.

Aus den Kindern der Kader rekrutierte sich die Mehrheit der Roten Garden. Die Kinder der Kader stellten in der Regel auch die Führer der Roten Garden.

### ...und wer nicht?

Von den Roten Garden ausgeschlossen waren (anfangs) die Kinder und Enkelkinder aus „schlechten“ Familien. Seit dem Bürgerkrieg, als die

Kommunisten um die Macht gekämpft hatten, kannten die Chinesen die *böse Acht*, eine Formel für die Feinde: Großgrundbesitzer, reiche Bauern, Konterrevolutionäre, schlechte Elemente, Rechtsabweichler, Verräter, die im Verdacht standen, im Gefängnis Geheimnisse an die Guomindang verraten zu haben, Spion mit Verbindungen ins Ausland und Anhänger des kapitalistischen Weges unter den Parteifunktionären.

In der Kulturrevolution wurde die *böse Acht* um eine weitere und neunte Feindgruppe ergänzt: die des Antisozialismus verdächtigen Intellektuellen. Man nannte sie die Nr.9 und bald schon die stinkende Nr.9. *Stinkend* meinte in der Umgangssprache auch *hochmütig, arrogant.*

Die Kinder der stinkenden Nr.9 waren und blieben die ganze Kulturrevolution über ausgeschlossen und geächtet.

(Die Kinder der *bösen Acht* gründeten, als im Lauf der Zeit die Lage unübersichtlich wurde, ihrerseits Rote Garden.)

An der Pekinger Universität Tsinghua und der ihr angegliederten Mittelschule war es im Frühsommer 1966 nur etwa 300 von insgesamt 1500 Schülern und Studenten erlaubt, einer Roten Garde beizutreten. Ähnlich verhielt es sich an allen Schulen und Universitäten Pekings.[188]

Unter den Auserwählten kursierte das Sprichwort: *Ein Drache gebiert einen Drachen, ein Phönix einen Phönix, und eine Maus wird mit der Fähigkeit geboren, ein Loch in die Wand zu nagen.*[189] Die Roten Garden bestätigten sich ihre herausragende revolutionäre Abstammung, wie es der Adel und die Bourgeoisie nicht standesbewusster hätten formulieren können.

## Die Wandzeitung der Dozentin Nie Yuanzi

Am 25. Mai schrieb eine Philosophie-Dozentin der Universität Peking, Nie Yuanzi, eine Wandzeitung. Darin griff sie den Rektor und die Verwaltung der Universität mit viel falschem Pathos an: *Warum fürchtet ihr Wandzeitungen mit großen Schriftzeichen und die Abhaltung großer Anklageversammlungen so sehr? Der Gegenangriff auf die finstere Bande, die einen wütenden Angriff auf die Partei, den Sozialismus und die Lehre Mao Zedongs unternommen hat, ist ein Klassenkampf auf Leben und Tod. Die revolutionären Volksmassen müssen vollauf mobilisiert werden, um diese Bande mit Nachdruck und Empörung zu verurteilen. Die Abhaltung großer Versammlungen und das Ankleben von Wandzeitungen mit großen*

Die Wandzeitung der Dozentin Nie Yuanzi

*Schriftzeichen sind die beste Form des Massenkampfs. Ihr „führt" die Massen nicht dazu, Wandzeitungen mit großen Schriftzeichen anzukleben... Bedeutet das nicht, dass ihr die Revolution der Massen unterdrückt, ihnen verbietet, die Revolution zu machen und ihre Revolution bekämpft? Wir werden euch nie erlauben, das zu tun!*[190]

Hinter der Wandzeitung der Philosophiedozentin stand Kang Sheng, Chef des Geheimdienstes und Mitglied der Gruppe Kulturrevolution beim Zentralkomitee.[191] Fünf Tage später, am 1. Juni, wurde der Text von Nies Wandzeitung auf Anweisung von Mao Zedong über Rundfunk und Presse bekannt gemacht.

Die Nachricht über die Wandzeitung wirkte auf die Schüler und Studenten wie das Kommando, die Lehrer, Dozenten und Rektoren jetzt auf Wandzeitungen anzugreifen. Ein regelrechter Sturm auf Pinsel und Papier brach los. In der Universität Peking mit ihren 10.000 Studenten entstanden in nur einer Woche 100.000 Wandzeitungen, in denen die Lehrenden mit Namen genannt und attackiert wurden.[192] Erst wurde Peking und dann fast ganz China mit Wandzeitungen behängt.

## Wandzeitungen

Die riesigen Wandzeitungen der Roten Garden mit großen schwarzen Schriftzeichen erregten in der ganzen Welt Aufsehen. Die chinesischen Städte waren in eine einzige gigantische Ausstellung von „Kalligrafie" verwandelt.

Die Wandzeitungen klebten an jeder Mauer, an jedem Haus, an jedem freien Fleck – jeder konnte sie leicht und billig anfertigen. Mit einer Wandzeitung konnte jeder die *Massen* informieren und zum Handeln aufrufen, angebliche *Revisionisten* entlarven. Vergleichbar den sozialen Netzwerken im Internet heute, waren die Wandzeitungen ein unkontrolliertes und unkontrollierbares Kommunikationssystem.

Wandzeitung der Roten Garden

Wandzeitungen waren keine Erfindung der Rotgardisten. Schon 1958, während einer Kampagne gegen Verschwendung, hatten Kader auf Befehl der Regierung mehr als eine Viertel Million Wandzeitungen mit Geboten und Verordnungen an die Mauern Pekings geklebt.

Neu an den Wandzeitungen der Kulturrevolution war, dass sie sich nicht auf politische Parolen beschränkten, sondern die „Feinde“ des Sozialismus unter Nennung des Namens angriffen und oft sogar bis in Privatleben hinein bloßstellten.

Die Theoriezeitung der Kommunistischen Partei, Honqi, schrieb im August 1966 (Nr.11) in einem *Gruß an die revolutionäre Jugend*, die Wandzeitungen seien *Schwerter und Dolche*, die *das innerste Wesen des Feindes treffen und seinen wunden Punkt schmerzhaft berühren.*[193]

## Unterrichtsbefreiung

Im Mai 1966 endete auf Anweisung der Gruppe Kulturrevolution jeder Unterricht an Schulen und Universitäten, und im Juni wurden die Aufnahmeprüfungen für die Universitäten erst um ein halbes Jahr, dann auf unbestimmte Zeit verschoben, damit die Schüler und Studenten an der Kulturrevolution teilnehmen konnten. Schüler, Studenten, Lehrer und Dozenten versammelten sich nun täglich auf dem Schulgelände, um „Revolution“ zu machen. Anstelle von Unterricht diskutierten und lasen sie die Schriften von Mao Zedong.

Millionen von Schülern und Studenten begriffen nun, dass ihre Aufgabe in der Teilnahme an der Kulturrevolution bestand: Die Bewegung erfasste das ganze Land.

Die Schüler und Studenten wurden ermutigt, die Lehrer zu entlarven, anzuklagen. Die Lehrer wurden, wie im Klassenkampf üblich, in Kategorien eingeteilt: in gute, in annehmbare, in solche mit ernsten Fehlern und in rechte Elemente, die gegen die Partei und den Sozialismus gerichtet sind.[194] Die Lehrer der schlechten Kategorien wurden Demütigungen, Verfolgungen und brutaler Gewalt ausgesetzt. Manche der verfolgten Lehrer wandten sich sogar vergeblich an das Zentralkomitee um Hilfe und verweigerten sich anfangs noch der Einsicht, dass diese Jugendgewalt von oben angeordnet und gedeckt war.

## Rot und fachkundig

In einer berühmten Rede zum Frühjahrsfest 1964 hatte Mao erklärt: *In der Ming-Dynastie gab es nur zwei Kaiser, die ihre Sache gut machten, Taizu der Ming und Chengzu der Ming; einer war Analphabet, der andere kannte nicht genügend Zeichen. Später ... waren die Intellektuellen an der Macht, da ging es gar nicht mehr, sondern es gab im Gegenteil innere Unruhen. Der Han-Kaiser Wu und der letzte Herrscher Li hatten zu viel Kultur und ruinierten das Land. Daran sieht man, dass zu viel Lesen den Leuten unermesslichen Schaden zufügt.*[195]

Zu viel Kopflastigkeit und zu wenig Handlastigkeit erzeugten Verderben: Mao war schon früh dieser Ansicht gewesen, noch bevor die Intellektuellen ihn in der *Hundert-Blumen-Bewegung* so enttäuscht hatten.

Mao steckte für China andere und neue Bildungsziele: *Die Werktätigen müssen sich Bildung aneignen, und die Intellektuellen müssen an körperliche Arbeit gewöhnt sein. In den Reihen von Wissenschaft, Kultur, Kunst und Erziehung muss man die proletarische Ideologie aufblühen lassen und die bürgerliche Ideologie ausrotten; das ist ebenfalls ein langandauernder heftiger Klassenkampf. Durch die Kulturrevolution, durch die revolutionäre Praxis des Klassenkampfs, des Produktionskampfes und des wissenschaftlichen Experiments wollen wir eine große Armee von Intellektuellen der Arbeiterklasse, die dem Sozialismus dienen und sowohl rot als auch fachkundig sind, aufbauen.*[196]

Das ganze Land hatte Maos Haltung zur Bildung vernommen und zur Kenntnis genommen: Die Karten müssten neu gemischt und Bildung neu gedacht werden. Die Proletarier müssten künftig die sozialistische Bildungsschicht stellen, denn ihr Klassenbewusstsein imprägniere sie gegen den Revisionismus. Die Kulturrevolution müsse die bourgeoise Bildung bekämpfen und sie durch eine klassengebundene proletarische Bildung, die *rot und fachkundig* zugleich sei, ersetzen, so lautete das neue Bildungsideal. Zukünftig sollten Kinder aus Arbeiter-, Bauern- und Kaderfamilien, also mit dem richtigen Klassenhintergrund, lernen, studieren und zu *roten* wie *fachkundigen* Gebildeten heranwachsen, wobei *rot* zunächst noch wichtiger als *fachkundig* war.

Schafft Intellektuelle der Arbeiterklasse! (1965)

Die Schüler und Studenten schrieben folgerichtig im Juni 1966 an das Zentralkomitee und den Vorsitzenden Mao und forderten: niemand dürfe *entsprechend seiner Fähigkeiten* schulisch beurteilt werden, das sei bürgerlich-revisionistische Erziehungspolitik. Für die Aufnahme an einer Hochschule sollten die Zensuren keine Rolle mehr spielen. Stattdessen seien jene auszuwählen, *deren proletarischer Standpunkt fest* sei und die an der Großen Kulturrevolution aktiv teilnehmen würden.[197] Die Volkszeitung berichtete zustimmend und unterstützend über die Briefe der Jugendlichen und unterstützte das Anliegen.

## Bildungschancen

Es verbanden sich nun zwei Dinge: Mao verachtete, schmähte die traditionelle Bildung (obwohl er selbst eine klassische Bildung erworben hatte), propagierte *rot und fachkundig* – und die Unzufriedenheit der Schüler und Studenten mit dem Bildungssystem.

Seit 1949 hatten die Kommunisten erfolgreich für die Breitenbildung gesorgt. 1949 besuchten nur 20 Prozent der chinesischen Kinder eine Schule.[198] 1963 waren es bereits 85 Prozent.[199] Ab dem Alter von sieben besuchte ein Kind sechs Jahre lang eine Grundschule. Dann folgten sechs Jahre Mittelschule, die sich in drei Jahre untere und drei Jahre obere Mittelschule gliederte. Der Abschluss der oberen Mittelschule berechtigte zum Studium an einer Hochschule (Universität) – theoretisch. Praktisch war es schwer.

Der Ausbau der Hochschulen hatte nicht mit dem Ausbau der Mittelschulen Schritt gehalten. Zwischen 1957 und 1962 konnten die Hochschulen höchstens 600.000 Studenten ausbilden, kaum 20 Prozent der Mittelschulabsolventen konnten studieren.[200] Ein Platz an einer Universität war nur für wenige erreichbar und entsprechend begehrt. Wer zu den wenigen Glücklichen zählen wollte, musste eine zentrale landesweite Aufnahmeprüfung bestehen, die anspruchsvoll war und umfangreiches Wissen voraussetzte. Die an die Universitäten angegliederten oberen Mittelschulen boten einen besonders guten Unterricht, der die Schüler besser als andere Mittelschulen auf die Hochschulaufnahmeprüfung vorbereitete. Auch diese angegliederten Schulen konnte nur besuchen, wer eine schwere Aufnahmeprüfung bestanden hatte. Die anderen Schüler wurden an weniger anspruchsvolle Mittelschulen verwiesen.

Wer die schweren Prüfungen nicht bestand, hatte schlechte Karten.

1966 schlossen 8 bis 10 Millionen Jugendliche die obere Mittelschule ab. Für die allermeisten, über achtzig Prozent, begann danach das Berufsleben. Fast jeder der Mittelschüler hoffte wenn nicht auf einen Studienplatz, dann doch wenigstens auf einen Arbeitsplatz in einer Stadt.

Aber in den Städten gab es nur für höchstens 1,5–2 Millionen von ihnen einen Arbeitsplatz.[201] Die chinesische Industrie war zu unterentwickelt, zu wenig ausdifferenziert, um alle Schulabgänger entsprechend ihrer Qualifikation beschäftigen zu können.

Viele würden den Weg aufs Land und in die Dörfer antreten müssen, und eine Arbeitsstelle auf dem Land war gefürchtet.

Millionen Absolventen der Mittelschulen wurden Jahr für Jahr aufs Land geschickt, um als „gebildete Bauern“ das kulturelle Niveau der Bauernschaft zu heben, aber auch, um sie nicht zu Arbeitslosen werden zu lassen. Und um die Stadtbevölkerung und die Getreidezuteilungen an sie zu verringern.

Viele Jugendliche lockte ein Studium aber mehr als eine körperliche Arbeit in einer Fabrik oder gar auf dem Land. Aber genau die Arbeit mit der Hand drohte angesichts der anspruchsvollen Aufnahmeprüfungen an den Hochschulen vor allem den Jugendlichen mit der politisch richtigen Herkunft.

Die nach 1949 entstandenen Eliten entstammten überwiegend aus bäuerlichen Familien mit wenig Bildungshintergrund. Ihre Kinder bekamen im Vergleich mit Kindern aus dem alten Bildungsbürgertum von Hause aus weniger Bildung mit. Die Betonung des richtigen *Klassenhintergrunds* durch Mao Zedong nährte aber bei den Kindern der Arbeiter, Bauern und vor allem der Kader die Erwartung, dass sie auch in der Schule bevorzugt werden müssten. Sie wurden in der Schule zwar auch bevorzugt, aber eben nicht bei den Aufnahmeprüfungen, wo bis zum Beginn der Kulturrevolution auf fachliche Qualifikation geachtet wurde (wie es der langen Bildungstradition Chinas entsprach).

Um es am Beispiel der besonders begehrten Universität Tsinghua, der „Wiege der roten Ingenieure" zu verdeutlichen: 1952 kamen 14 Prozent der Studierenden aus Arbeiter- und Bauernfamilien, was schon viel war, weil damals nur 1 Prozent eines Jahrgangs die obere Mittelschule abschloss.[202] 1964 war der Anteil der Arbeiter- und Bauernkinder bei den neuen Studenten an der Tsinghua auf 44 Prozent gestiegen.[203] Das war ein starker Anstieg – bedeutete aber zugleich, dass immer noch über die Hälfte der Kinder aus den unerwünschten alten bourgeoisen Bildungsschichten mit dem entsprechenden Bildungsvorsprung stammten.

Die Kinder der Kader, deren schulische Leistungen in der oberen Mittelschule nicht den hohen Anforderungen an ein Studium entsprachen, hatten düstere Zukunftsaussichten. Viele hassten die Lehrer und das Noten- und Prüfungssystem. Und in dem Moment, als die Politik das alte Bildungssystem über den Haufen warf, ein neues Bildungsideal propagierte, in dem vor allem die rote Gesinnung zählte, zur Kulturrevolution aufrief und die Lehrer, Professoren und Verwaltungskader der Schulen und Universitäten zu *parteifeindlichen, antisozialistischen sogenannten 'akademischen Autoritäten* 'mit *reaktionären, bürgerlichen Ideen in der Wissenschaft undim Erziehungswesen* erklärte, entluden sich die aufgestaute Frustration bei manchen Schülern in blanke Wut und puren Hass. An Schulen und Universitäten tobte brutale, nackte Gewalt.

## Jugendgewalt

Alberto Moravia, der italienische Schriftsteller, der China 1966 bereiste, hatte sich die jugendlichen Truppen Maos genau angesehen und notiert, *dass Mao, um die Kulturevolution auszulösen, sich an den unerfahrensten, unkritischsten, gewalttätigsten Teil der chinesischen Bevölkerung gewendet hat: an diejenigen, die leichter verneinen und schneller zerstören können und die zu größerem Enthusiasmus fähig sind.*[204]

Überall auf der Welt stellt ein kleiner Teil der Jugendlichen das größte Gewaltpotential einer Gesellschaft dar. In der Kulturrevolution wurde dieser Bevölkerungsteil von der politischen Führung zur Gewalt aufgestachelt und er übte sie ungehemmt aus.

Es waren hauptsächlich die Schüler der drei letzten Jahre der Mittelschule – nicht die Grundschüler und selten die Studenten – die (zunächst) ihre Lehrer schikanierten und quälten. Die Studien- und Berufsaussichten standen schlecht, und das wussten sie.

Von der Gruppe Kulturrevolution geleitet, griffen sie die Professoren, Dozenten und Lehrer als *stinkende Nr. 9*, als *schwarze Bande* an, beschimpften sie als *Rinderdämonen und Schlangengeister*. Die Presseberichte applaudierten und erteilten Anleitungen für weitere Demütigungen und Anschuldigungen.

Gleich in den ersten Tagen der Kulturrevolution spielte sich etwa auf einem Schulhof diese Szene ab, die Ken Ling, ein Rotgardist aus Xiamen (früher Amoy) in der Provinz Anhui beschrieben hat: *Auf dem Sportplatz … sah ich einige Reihen von Lehrern, insgesamt ungefähr vierzig oder fünfzig; ihre Köpfe und Gesichter waren mit schwarzer Tinte übergossen, so dass sie tatsächlich einer „schwarzen Bande" glichen. Um den Hals hatten sie Zettel hängen, auf denen stand: „Reaktionäre akademische Autorität Sowieso", „Klassenfeind Sowieso", „Kapitalistischer Wegbereiter Sowieso", „Korrupter Rädelsführer Sowieso"; alle diese Bezeichnungen entstammten den Zeitungen. … Sie trugen alle hohe Narrenkappen aus Pappe, die mit ähnlichen Sprüchen bepinselt waren, hielten schmutzige Besen, und auf ihrem Rücken baumelten Schuhe und Putzlumpen. (…) Sie mussten um den Sportplatz gehen, auf zerbrochene Gongs oder Töpfe schlagen und rufen: „Ich bin der Verbrecher Sowieso." (…) Nachher folgten Schläge und Folterungen. Ich hatte nie vorher solche Folterungen gesehen: Kot und Ungeziefer essen, elektrischen Schocks ausgesetzt werden, auf Glasscherben knien müssen, an Armen und Beinen „wie ein Flieger" aufgehängt werden. Die meisten Schüler hatten noch irgendwie Angst vor den Lehrern. Manche mochten wohl noch nie im Leben jemanden geschlagen haben und wussten eine Zeitlang nicht, was sie tun sollten. (…) Diejenigen, die ohne zu zögern sofort die Stöcke nahmen und Folte-*

*rungen ausführten, waren die Schultyrannen, die als Kinder von Parteikadern und des Militärs zu den fünf roten Klassen gehörten, zu einer Gruppe, die außerdem Kinder von Arbeitern, von armen und mittleren Bauern und von Märtyrern der Revolution einschloss. (…) Sie waren Grobiane, prahlten mit der Position ihrer Eltern herum und suchten ständig Streit mit anderen Schülern. In der Schule waren ihre Leistungen so schlecht, dass sie nahe daran waren, von der Schule zu fliegen; und dafür hassten sie wahrscheinlich die Lehrer. (…) Doch der schwerste Schlag, den ich an diesem Tag erlebte, war der Mord an meinem hochverehrten und am meisten geliebten Lehrer …*[205]

Ähnlich brutale Szenen wie in der Stadt Xiamen, wo Ken Ling zur Schule ging, spielten sich von nun an in den Lehranstalten des ganzen Landes ab. An den Pekinger Schulen und Hochschulen kursierte bald der Spruch: *Es kostet gerade einmal 28 Yuan, eine Person zu Tode zu prügeln.*

28 Yuan kostete die Einäscherung eines Leichnams. Die Gebühren mussten die Familien des Toten entrichten.[206]

Ein Shanghaier Rotgardist erzählte, wie oft die Lehrer verprügelt wurden: *Wir verprügeln sie, wenn wir sie bei kapitalistischen Gedanken erwischen oder wenn sie darauf bestehen, dass wir lieber studieren sollten als revolutionäre Arbeit zu leisten. (…) Die Lehrer, die noch immer an Bücher glauben, sind offenkundig Gegner unseres Großen Führers, so dass wir sie als Feinde behandeln müssen.*[207]

## Techniken des Quälens

Die Kulturrevolution hat in der chinesischen Gesellschaft tiefe Wunden geschlagen, die bis heute nicht verheilt sind. Die Grausamkeiten, welche die Roten Garden in diesem nicht erklärten Bürgerkrieg verübt hatten, waren monströs und zielten auf die körperliche und seelische Vernichtung des Opfers.

Die Roten Garden wandten, angeleitet von der im Mai 1966 etablierten Gruppe Kulturrevolution, ungestraft und ungehemmt ausgeklügelte, professionelle Techniken der Demütigung und Folter an. Das erste Schlachtfeld waren die Schulen und Universitäten. Hier übten, zynisch gesprochen, die Roten Garden über die Monate Mai bis August, bis sie, nun abgestumpft und verroht, im August 1966 auf die Straßen geschickt wurden. Mit folgenden Methoden und Techniken des Quälens waren sie da bereits bestens vertraut und hatten sie täglich verübt:

Ein chinesischer Beamtengelehrter um 1870

## Schwarz und Rot

Die Lehrer und Professoren, später alle *Klassenfeinde*, wurden als *schwarze Bande* beschimpft und mit schwarzer Tinte übergossen, denn sie galten als *schwarze Elemente*, die den kapitalistischen, den bourgeoisen Weg gingen. Die Farbe Schwarz kennzeichnete die Würdenträger des alten Chinas, die Beamten der Kaiserzeit hatten sich in schwarze Gewänder gehüllt.[208]

In Schwarz schritten Reaktionäre einher.

Das Gegenteil der Farbe Schwarz war die Farbe Rot. Mao Zedong, der Oberbefehlshaber der Roten Garden, wurde als rote Sonne, die aller-allerröteste Sonne Chinas kultisch verehrt. Die Farbe Rot stand traditionell für den Kommunismus, die Zukunft, und dazu fügte es sich bestens, dass Rot ohnehin die chinesische Glücksfarbe war. *Rote Garden* bestraften die *Schwarzen Elemente*.

### Sündentafeln

Die Opfer bekamen Tafeln um den Hals gehängt, auf denen das Vergehen stand: *Revisionist* beispielsweise. Dem folgte der Personenname, durchkreuzt mit einem roten „X“. (Hinter dem Kreuz verbarg sich ein juristischer Brauch: Wer vor Gericht zum Tode verurteilt worden war, dessen Name wurde vor dem Gerichtsgebäude auf einer Anzeigetafel bekannt gegeben und mit einem roten „X“ durchkreuzt.)

Anfangs war die Sündentafel aus Pappe, später wurde auch schweres Material wie Holz verwendet. Die Tafeln hingen an einem dünnen Draht um den Hals und schnitten ins Fleisch.

Opfer bei einer Kampfsitzung. Der Schandhut hängt den Opfern vorne in der Mitte und rechts in den Rücken

## Rinderdämonen und Schlangengeister

Die Lehrer wurden als *Rinderdämonen* und *Schlangengeister* entmenschlicht. *Rinderdämonen und Schlangengeister* waren böse, unheilbringende Geister der Mythologie des alten China, die menschliche Gestalt annehmen konnten. Sobald ein „echter" Mensch aus Fleisch und Blut diese bösen Dämonen und Geister aber entlarvt hatte, wandelten sie sich wieder in ihre ursprüngliche Gestalt zurück.

Die *Rinderdämonen und Schlangengeister* unter den Lehrern wurden von den Schülern zu Arbeiten auf dem Schulgelände gezwungen. Dort reinigten sie die Toiletten, entfernten Unrat und Müll, fegten den Hof usw., um den Hals baumelte die Sündentafel. Sie wurden beleidigt, beschimpft, geschlagen.

Die *Rinderdämonen* und *Schlangengeister* wurden auch zu einer sehr chinesischen Art der Folter verurteilt, denkt man an die Wertschätzung der Musik. Sie mussten einen Sprechgesang hervorbringen, der nach tierischem Geheul klingen musste, sie mussten sich also zutiefst entmenschlichen. Das Geheul mussten die Opfer mehrmals am Tag und immer in Gruppen erzeugen. Folgendes, was sich ein Pekinger Schüler ausgedacht hatte, mussten die Unglücklichen bald in den Schulen des ganzen Landes tonlos und wie ein wundes Tier wimmern:

*Ich bin ein Rinderdämon und Schlangengeist.*
*Ich bin ein Rinderdämon und Schlangengeist.*
*Ich bin schuldig. Ich bin schuldig.*
*Ich habe Verbrechen gegen das Volk verübt.*
*Daher falle ich unter die Diktatur des Volkes.*
*Ich muss den Kopf senken und meine Schuld gestehen.*
*Ich muss gehorchen. Mir ist nicht erlaubt zu sprechen oder etwas Falsches zu tun.*
*Wenn ich spreche oder falsch handele,*
*dürft ihr mich schlagen und brechen,*
*schlagt mich und brecht mich.*[209]

Hatten die Gequälten in den Ohren der Peiniger schlecht geheult, wurden sie geschlagen oder auf andere Weise bestraft.

## Gefängnisse

Die Roten Garden legten in den Schulen und Universitäten eigene provisorische Gefängnisse an, die sie *Kuhställe* nannten, da die Insassen *Kühe,*

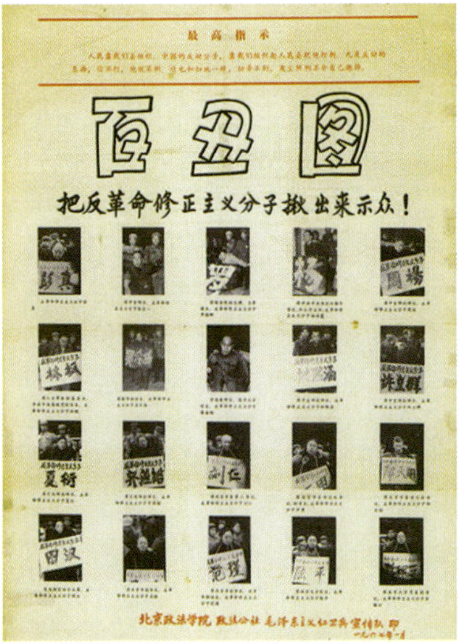

Rinderdämonen und Schlangengeister (1967)

*Rinderdämonen und Schlangengeister* waren. Die Opfer wurden nur zu Bestrafungen und Quälereien aus dem Gefängnis geholt. Ansonsten verbachten sie ihre Zeit mit dem Abfassen von Geständnissen und Selbstkritiken.

### Hohe Hüte

Wer ein *Klassenfeind* war, bekam einen hohen, spitzen, weißen Hut aufgesetzt. Auf dem Schandhut standen Beschimpfungen wie: Schwarzes Element, Lakai des Imperialismus/der Kapitalistenklasse, Reaktionäre akademische Autorität usw. Mit dem Schandhut auf dem Kopf wurde das Opfer über das Schulgelände oder ab August 1966 durch die Straßen getrieben.

Diese Art der Demütigung hatte Mao Zedong Mitte der 1920er Jahre in seiner Heimatprovinz Hunan gesehen und beschrieben. 1925/1926 war es in Hunan zu Bauernaufständen gekommen, und die Kommunistische Partei hatte Mao Zedong mit einem *Untersuchungsbericht über die Bauernbewegung in Hunan* beauftragt. Im Bericht schilderte Mao, wie die aufständischen Bauern den reichen Grundherren einen hohen Papierhut übergestülpt hatten, auf dem der Personenname und die Bezeichnung Großgrundbesitzer stand und sie damit und an einem Strick durch den Ort führten. Mao schrieb, dass diese Strafe am meisten gefürchtet war: *Wem man einmal den hohen Hut aufgesetzt hat, der hat für immer sein Gesicht verloren und traut sich nicht mehr, den Kopf zu heben.*[210]

Wie vernichtend demütigend das Tragen eines Schandhuts war, wussten die Auftraggeber der Roten Garden.

### Scheren der Haare

Vor allem den Frauen, den Lehrerinnen und Dozentinnen, wurde zuweilen das Haar zur Hälfte des Kopfes geschoren und diese Verunstaltung spöttisch *Yin-Yang-Frisur* genannt.

Angeklagter mit Schandhut

Das Schneiden und Scheren der Haare zur Demütigung ist weltweit bei Ausbrüchen von Gewalt zu beobachten.

### Gürtel

Die Kluft der Rotgardisten wurde im Lauf der Kulturrevolution um einen Ledergürtel mit Metallschnalle ergänzt. Damit trugen die Roten Garden immer ein Schlaggerät am Körper, das dem Opfer starke Schmerzen zufügte.

### Kampfsitzungen

Die Rotgardisten hielten außergerichtliche Tribunale, sogenannte Kampfsitzungen, über die angeblichen Staatsfeinde ab. Auch damit imitierten sie die Maßnahmen der Kommunistischen Partei, die auf außergerichtlichen Tribunalen die Massen, vor 1949 meist die Bauern, über ihre Unterdrücker das Urteil fällen ließen.

Bevor das Opfer einer Kampfsitzung unterzogen wurde, wurde es intern „verhört", also gefoltert. Dann erst begann die öffentliche Kampfsitzung.

Sie verlief nach dem Drei-Schritt: Kampf-Kritik-Umgestaltung. (Dieses Schema galt bei allen Säuberungen.)

Der Feind der Revolution wurde bekämpft, das heißt, als *Revisionist, Reaktionär, als Machthaber, der den kapitalistischen Weg* gegangen war, oder wie die stereotype Anklage auch immer lautete, zur Kampfsitzung geschleppt.

Auf der Sitzung wurde die Kritik vorgetragen, der Angeklagte wurde mit seinem (angeblichen) Vergehen konfrontiert und der Kritik zugeführt. Er musste eine Selbstkritik vortragen, also gestehen und bereuen. Die Selbstkritik konnte sich über Stunden oder Tage erstrecken.

Am Ende der Kampfsitzung war, so die Behauptung, die Umgestaltung vollzogen. Der Mensch war gewandelt, geläutert, sein Denken, seine Gesinnung gebessert. Er war dem Mao-Zedong-Denken und der Masse in ewig unverbrüchlicher Treue zugeführt.

Die Umgestaltung konnte sich, das gebot die Logik, nicht schon bei der ersten Kampfsitzung ereignen. Daher wurden die Kampfsitzungen wiederholt.

Die ersten Kampfsitzungen vollzogen sich im Rahmen schulinterner Versammlungen, und wer dem Mao-Zedong-Denken wieder zugeführt werden sollte, waren Lehrer und Professoren.

Das Opfer musste, mit schwarzer Farbe übergossen, den grotesken Hut auf dem Kopf, die Sündentafel mit Namen und Anklage umgehängt, an der „Masse" vorbeigehen. Dann wurde es in einen (möglichst großen) geeigneten Raum gebracht, wo die Kampfsitzung stattfand, und dort auf einen erhöhten Platz, ein Podest oder eine Bühne, gestellt. Alle Anwesenden sollten das Opfer gut sehen können, notfalls musste es auf einen Stuhl steigen. Es musste sich tief vor den Anwesenden verbeugen oder die sogenannte *Fliegerhaltung* einnehmen. Bei der *Fliegerhaltung musste sich das Opfer so weit nach vorne beugen, dass sein Körper zu zerbrechen drohte. Dann wurde es im Nacken gepackt, man verdrehte ihm die Arme auf den Rücken und riss sie hoch, so dass sich der Gequälte zwangsläufig noch weiter nach vorn beugte.*[211]

Der Versammlungsleiter eröffnete die Sitzung. Schüler, Studenten, Kollegen, Mitarbeiter usw. kamen nach vorne und erhoben einzeln Anklage, voller Zorn und Entrüstung wiederholten und bekräftigten sie die bereits vorgebrachten Anschuldigungen. Nach Ende der Anklage, die der

Betroffene in gebückter Position vernahm, durfte er sich wieder aufrichten und sich schuldig bekennen.

Er übte Selbstkritik, oft las er dazu eine vorbereitete Erklärung ab. Er gestand demütig alle „Verbrechen" und bekannte sein mangelndes sozialistisches Bewusstsein. Er bat das Proletariat um Vergebung.

Der Versammlungsleiter schloss die Sitzung mit den Worten: *Das Proletariat hatte die Pflicht, das sozialistische China von allen Überresten des imperialistischen Einflusses zu säubern und die Volksfeinde zu bestrafen.*[212]

Meist wurde noch Mao mit dem Spruch zitiert: *Wenn man giftiges Unkraut nicht jätet, können duftende Blumen nicht wachsen.*[213]

Starb das Opfer an der brutalen Folter, lehnten die Strafverfolgungsbehörden und die Funktionäre jede Verantwortung ab: das sei ein Unfall, der *auf den Übereifer der Massen* zurückgehe.[214]

## Mao schwimmt im Yangtse

Mao Zedong hatte sich, während die Kulturrevolution bereits an Schulen und Universitäten tobte, immer noch in Shanghai aufgehalten. Im Juli 1966 beschloss er, nach Peking zurückzukehren. Auf der Reise machte er in Wuhan am Yangtse Halt und vollbrachte Spektakuläres: Am 16. Juli 1966 *säumte ein Wald bunter Fahnen die Ufer des Yangtse, man hatte große Transparente mit Parolen aufgehängt, jubelnde Menschenmassen zogen umher, aus Lautsprechern ertönten die majestätischen Klänge von „Der Osten ist rot", die unseren geliebten Führer Vorsitzenden Mao Zedong preisen(...) Der Vorsitzende Mao Zedong, gesund und strahlend, stand auf dem Deck der Barkasse... Auf dem Fluss sah man rote Fahnen, die in die Höhe gehalten wurden, und riesige Spruchbänder mit Zitaten aus den Werken des Vorsitzenden Mao(...) Die Barkasse näherte sich dem großen Wuchang-Deich, Vorsitzender Mao Zedong stieg ins Wasser und schwamm los. Es war genau elf Uhr morgens. Im Sommer ist die Strömung im Yangtse schneller. Vorsitzender Mao schwamm einen Zug nach dem anderen. Er schwamm auf der Seite, dann auf dem Rücken(...) Als die Zeiger der Uhr anzeigten, dass eine Stunde und fünf Minuten vergangen waren... kletterte Vorsitzender Mao wieder an Bord; er war gesund und munter und zeigte keinerlei Anzeichen von Ermüdung.*[215]

Mao schwamm auf eigenartige Weise, wie ein Sinologe spottete: *im, noch nicht auf dem Wasser – stehend.*[216]

Mao Zedong schwimmt im Yangtse

Die chinesischen Nachrichten berichteten, Mao(73) sei in etwas über einer Stunde vierzehn Kilometer geschwommen. Eine Kamera hielt das Ereignis fest, das Bild ging um die Welt.

China staunte – und das Ausland auch!

Maos Langstreckenschwimmen in der genannten Zeit rief Verwunderung und Spott hervor. Der Präsident des Internationalen Schwimmverbandes (FINA) schrieb einen Brief an Mao Zedong und lud ihn zur Teilnahme an Schwimmwettkämpfen ein: *Wir haben gehört, dass Sie ... 9 Meilen in der brillanten Zeit von einer Stunde und fünf Minuten zurückgelegt haben... Damit hätten Sie die Möglichkeit, an... Schwimmwettkämpfen teilzunehmen, da der Rekord über zehn Meilen, der letztes Jahr ... von einem der schnellsten Schwimmer der Welt, Hermann Willemse (Deutschland), aufgestellt wurde, bei 4 Stunden und 25 Minuten liegt.*[217]

Der Präsident des Schwimmverbandes nannte noch einen italienischen Schwimmer, der inzwischen den neuen Rekord von 3 Stunden und 56 Minuten aufgestellt hatte – aber auch der sei bei weitem nicht so eindrucksvoll wie das vom Vorsitzenden Mao Zedong erzielte Ergebnis. *Vielleicht möchte Mao Zedong Rotchina gerne bei den nächsten Olympischen Spielen vertreten, bevor er dann Profi wird,* regte er an.[218]

Die von der chinesischen Nachrichtenagentur angegebene Zeit und die Strecke stimmten. Nur verhielt es sich so, dass der Yangtse bei Wuhan eine reißende Strömung hat. Mao trieb auf dem Rücken liegend mit der Strömung dahin, *während sein riesiger Bauch ihn wie ein Rettungsring über Wasser hielt.*[219]

Mao war auf diese Weise dreimal schneller als ein Olympiasieger geschwommen. In China kam es sogar zu beträchtlichen Diskussionen über die Frage, ob durch die Unterschlagung der Tatsache, dass Mao unterwegs von einer schnellen Strömung flussabwärts mitgerissen wurde, nicht die ganze Aktion ins Lächerliche gezogen worden sei.[220]

Trotz allem: Es blieb ein eindrucksvolles Bild. Im ländlich-bäuerlichen China war das Schwimmen nicht weit verbreitet. Das Schwimmen, das Bewegen im Wasser, ist in allen Kulturen mit Symbolik aufgeladen. In China haftete dem Schwimmen zum einen der „Hauch des Wunderbaren“ an, da der Mensch sich in einem Element aufhielt, das nicht das seine war – und zum anderen der „Hauch des Todes“: durch die Gefahr des Ertrinkens. Doch wer zu neuen Ufern aufbrechen wollte, musste den Fluss, das Wasser durchqueren.[221]

Im Element Wasser konnte ein Lebensmüder den Tod finden, aber der wirklich Starke, der die alte Welt zu überwinden vermochte, überwand das Element, ohne darin unterzugehen. Die Inseln der Seligen etwa, wo laut einer alten Legende das Leben leicht, ohne Mühsal und Tod ist, konnte nur finden, wer sich über das Wasser gewagt hatte.

Das Schwimmen sollte nicht bloß die Gesundheit des Vorsitzenden Mao beweisen, sondern den Anbruch eines neuen, kühnen Unternehmens bekunden, durch das eine bessere Welt heraufgeführt werden würde – es war eine kultische Handlung.[222]

## Die Arbeitsgruppen

In den Monaten nach dem Mai 1966 versuchten Liu Shaoqi und Deng Xiaoping, den Aufruhr und die Gewaltexzesse an den Schulen und Universitäten unter Kontrolle zu bekommen. Sie griffen zu dem altbewährten Mittel, Arbeitsgruppen mit pragmatisch gesinnten Kadern zu entsenden und so zu versuchen, die Unruhen und die Gewalt in den Schulen und Universitäten zu kanalisieren.

Eine Arbeitsgruppe mit über 500 Kadern ging an die Universität Tsinghua, unter ihnen befand sich Wang Guangmei, die Frau des Staatspräsidenten Liu Shaoqi.[223] Die Arbeitsgruppen organisierten ihrerseits Gruppen von Roten Garden. Die nun noch stärker in die Richtungskämpfe der Führung eingebundenen Roten Garden setzten das Treiben fort und gingen gegen die Roten Garden der Arbeitsgruppen vor. Als Ergebnis eskalierte die Gewalt an den Schulen und Universitäten, die Lage wurde immer explosiver, und keine Seite hielt sich in der Ausübung von Gewalt zurück.

Mao Zedong bezog im Juli 1966 zu den Arbeitsgruppen Stellung und erklärte: Die maoistischen Schüler, Studenten und ihre Lehrer bildeten, *Kulturrevolutionsgruppen innerhalb der Lehranstalten, welche die Große Kulturrevolution führen*, und *nur sie verstehen die schulischen Angelegenheiten, nicht die Arbeitsgruppen.*[224] Seiner Ansicht nach verübten die Arbeitsgruppen „weißen Terror" gegen die Kulturrevolution. Als „Weißen Terror" bezeichneten Kommunisten seit der Oktoberrevolution den gewaltsamen Widerstand des bürgerlichen Lagers gegen die kommunistische Bewegung.

Mao, der wenige Tage zuvor spektakulär im Yangtse geschwommen war, war zurück in Peking. Im Laufe des Augusts, nachdem Mao wieder an der Macht war, wurden die Arbeitsgruppen aufgelöst.

Hauptbahnhof Peking in den 1960er Jahren

## Staatsstreich

Staatspräsident Liu Shaoqi und Generalsekretär Deng Xiaoping versuchten von Mai bis Ende Juli 1966, der Gewalt auch noch auf andere Weise gegenzusteuern, und riefen eine Plenarsitzung der Partei, das höchste weisungsgebende Gremium, für den 21. Juli 1966 in Peking ein.

Am Abend des 17. Juli 1966 unterbrach die Volksbefreiungsarmee wegen großer Truppentransporte den zivilen Eisenbahnverkehr in Peking und verhängte rund um den Hauptbahnhof eine Ausgangssperre. Kurz vor dem 20. Juli 1966 besetzten Verbände der Armee die Gebäude der Parteizentrale und riegelten den Wohnbezirk der politischen Führungsspitze ab.

Unter dem Druck der militärischen Machtdemonstration sagte Staatspräsident Liu die Plenarsitzung ab.

Nachdem die Maoisten mit Hilfe der Armee die von Liu einberufene Sitzung blockiert hatten, riefen sie ihrerseits eine Plenarsitzung ein.

Sie fand vom 1.–12. August 1966 in Peking statt und, genau besehen, glich sie einem Staatsstreich. Laut dem Statut der Kommunistischen Partei war sie überhaupt nicht beschlussfähig, denn nicht einmal die dazu erforderliche Anzahl an Mitgliedern des Zentralkomitees konnte überhaupt

Ein leuchtendes Vorbild! Ein großartiger Beginn!

erscheinen, viele wurden bereits von Soldaten verfolgt. Wer statt der regulären Mitglieder an der Plenarsitzung teilgenommen hatte, wurde nie namentlich veröffentlicht. Die Zeitungen sprachen von *Vertretern der revolutionären Lehrer und Studenten der Pekinger Hochschulen.*

Und allein deshalb, weil diese Plenarsitzung einem Staatsstreich gleichkam, konnte das Politbüro umgestaltet werden: Liu Shaoqi wurde im Amt des Vizevorsitzenden der Partei durch Lin Biao ersetzt. Lin rückte damit zum Nachfolger von Mao auf.

Die Zahl der Mitglieder und Kandidaten des Politbüros wurde um 12 neue Mitglieder aus dem Kreis der Maoisten auf 32 Personen erhöht.

Auf dieser staatsstreichähnlichen Plenarsitzung wurde am 8. August 1966 das folgenreiche Grundsatzpapier, das wichtigste Dokument der Kulturrevolution, verabschiedet: der *Beschluss des Zentralkomitees über die Große Proletarische Kulturrevolution.*

## Beschluss des Zentralkomitees über die Grosse Proletarische Kulturrevolution

*Die Große Proletarische Kulturrevolution, die sich gegenwärtig entfaltet, ist eine große Revolution, die die Seele der Menschen berührt, sie stellt in der Entwicklung der sozialistischen Revolution unseres Landes eine neue, noch tiefer gehende und noch weiter ausgreifende Etappe dar.*

So begann der in 16 Punkte unterteilte *Beschluss.*

Den folgenden Abschnitt daraus lernten die begeisterten Roten Garden auswendig: *Obwohl die Bourgeoisie bereits gestürzt ist, versucht sie immer noch, mit Hilfe der alten Denkart, der alten Kultur, der alten Sitten und alten Gebräuche der Ausbeuterklassen, die Massen zu korrumpieren, die Herzen der Menschen zu gewinnen und mit allen Mitteln ihr Ziel einer Restauration zu erreichen. Das Proletariat muss genau das Gegenteil tun, es muss jede Provokation der Bourgeoisie auf dem Gebiet der Ideologie hartnäckig zurückschlagen und mit Hilfe einer neuen Denkart, einer neuen Kultur, neuer Sitten und neuer Gebräuche des Proletariats das geistige Antlitz der gesamten Gesellschaft ändern. Im Augenblick ist es unser Ziel, jene Machthaber niederzuwerfen, die den kapitalistischen Weg gehen, die bürgerlichen reaktionären „Autoritäten" zu kritisieren, die Ideologie der Bourgeoisie und aller Ausbeuterklassen zu kritisieren, das Erziehungswesen zu reformieren, Literatur und Kunst und alle anderen Teile des Überbaus, die nicht der ökonomischen Basis des Sozialismus entsprechen, zu reformieren, um die Konsolidierung und Entwicklung des sozialistischen Wegs zu begünstigen.*[225]

Der *Beschluss über die Große Proletarische Kulturrevolution* kündigte an:

- Jene *Machthaber* zu besiegen, die *den kapitalistischen Weg* gingen.
- Die Überreste des bourgeoisen Denkens auszulöschen, vor allem die *Vier Alten*: das alte Denken, die alte Kultur, die alten Sitten und die alten Gebräuche. Sie müssten durch die entsprechenden proletarischen Erneuerungen ersetzt werden. (Die *Vier Alten*: in China entspricht die Zahl Vier der Zahl Dreizehn in Deutschland, der Unglückszahl schlecht hin.)
- Das Erziehungswesen zu reformieren, umzuformen, sozialistisch zu gestalten.

- Die gesamte *Kultur* zu verändern, sozialistisch zu gestalten.
- Amtsinhaber, die *Rinderdämonen und Schlangengeister* oder *Machthaber* seien, bis zur endgültigen Niederlage zu bekämpfen.

Und weiter: *Wir müssen die Bewegung zum lebendigen Studieren und lebendigen Anwenden der Werke des Vorsitzenden Mao unter den breiten Massen der Arbeiter, Bauern, Soldaten, Kader und Intellektuellen entfalten und das Mao-Zedong-Denken zum Wegweiser für die Aktionen in der Kulturrevolution machen.*[226]

Und in alter maoistischer Manier wurden die *Entschlusskraft und Weisheit* der *Massen* beschworen: *Die breiten Massen der Arbeiter, Bauern und Soldaten, der revolutionären Intellektuellen und revolutionären Kader bilden die Kerntruppen dieser Großen Kulturrevolution. Eine große Anzahl revolutionärer junger Leute, die vorher völlig unbekannt waren, sind zu mutigen Bahnbrechern geworden. Sie verfügen über Entschlusskraft und Weisheit. Sie haben in der Form der Wandzeitungen und der großen Debatte die große Aussprache und große Meinungsäußerung, die große Entlarvung und die große Kritik geführt und entschlossen die offenen und versteckten Vertreter der Bourgeoisie angegriffen.*[227]

Die *Massen der Arbeiter und Bauern* spielten allerdings im Handeln der Initiatoren der Kulturrevolution nur die übliche marxistisch-rhetorische Rolle.

Mit dem *Beschluss* vom August 1966 wurde, was sich seit dem Mai 1966 bereits in den Schulen und Universitäten ereignete, offiziell zur Politik der Partei erhoben.

## 5. August 1966

Als am 5. August 1966 während der Plenartagung Vertreter der pragmatischen Gruppierung immer noch Widerstand gegen die Kulturrevolution leisteten, griff Mao Zedong zu Pinsel und Tusche und schrieb die Wandzeitung: *Das Hauptquartier beschießen – Meine erste Wandzeitung*

*Wie herrlich die erste marxistisch-leninistische Wandzeitung und der Kommentar des Kommentators der Volkszeitung geschrieben sind! Genossen, bitte lest diese Wandzeitung und diesen Kommentar nochmals. In den letzten über fünfzig Tagen aber haben führende Genossen – von der Zentrale bis hinunter zur lokalen Ebene – in genau entgegengesetzter Weise gehandelt.*

Bombardiert das kapitalistische Hauptquartier!

*Sie stehen auf dem reaktionären Standpunkt der Bourgeoisie, praktizieren eine Diktatur der Bourgeoisie und schlagen die stürmische Bewegung der Großen Kulturrevolution des Proletariats nieder. Sie haben die Tatsachen auf den Kopf gestellt, aus schwarz weiß gemacht, die Revolutionäre eingekreist, um sie zu vernichten, die Revolution erstickt und einen weißen Terror praktiziert; und sie haben all dies mit großer Selbstgefälligkeit getan, sie haben die Arroganz der Bourgeoisie gesteigert und den Kampfeswillen des Proletariats gelähmt. Wie übel sie doch sind! Wenn man dies in Zusammenhang bringt mit der Rechtsabweichung von 1962 und mit den falschen Tendenzen von 1964, die scheinbar „links" – in Wirklichkeit aber rechtsgerichtet waren, sollte das nicht jeden zur Besinnung anregen?*[228]

Mao geißelte die Politik, die Liu Shaoqi als Staatspräsident und Deng Xiaoping als Generalsekretär zu verantworten hatten, die Wirtschaftsreformen und die Umgestaltung der Volkskommunen, als *Rechtsabweichung* und *Diktatur der Bourgeoisie* gegen das Proletariat. Nun hatten sie nach Maos Ansicht mit den Arbeitsgruppen *weißen Terror* gegen die Kulturrevolution verübt, konterrevolutionären Terror. Mit dieser Wandzeitung vom 5. August 1966 rief Mao die Roten Garden dazu auf, die angeblichen

Revisionisten von der politischen Führungsspitze bis hinunter zum lokalen Kader zu bekämpfen. Der Aufruf Maos wurde mit der Parole Das *Hauptquartier beschießen* zusammengefasst und von den Roten Garden begeistert aufgenommen.

## Der Tod der Lehrerin

Am gleichen 5. August 1966 zeigten die Rote Garden wieder einmal, wie tödlich ernst sie den Auftrag des Parteivorsitzenden nahmen. An der Mittelschule für Mädchen der Pekinger Pädagogischen Hochschule, einer altehrwürdigen Schule, die zur Hälfte von Kindern der politischen Prominenz besucht wurde, töteten die Schülerinnen ihre Rektorin Bian Zhongyun.

Die Schule lag in der Nähe von Zhongnanhai, einem Teil der früheren Kaiserresidenz, der Verbotenen Stadt, wo seit 1949 Mao Zedong und andere ranghohe Mitglieder der Kommunistischen Partei residierten. Die Tochter von Mao Zedong und Jiang Qing, Li Na, hatte vor der Kulturrevolution diese Schule besucht, während der Kulturrevolution waren es die Töchter von Liu Shaoqi und Deng Xiaoping.

Eine Schülerin der Schule war Song Binbin, die Tochter des Generals Song Renqiong, der zu den Gründern der Kommunistischen Partei und der Volksrepublik China zählte. Song Binbin führte die Roten Garden der Schule. Im Juni schrieb sie eine Wandzeitung und griff die Rektorin Bian Zhongyun an.

Bian Zhongyun

Der prominente familiäre Hintergrund, der „rote Adel" von Song Binbin, bewirkte, dass jede ihrer Handlungen als richtungsweisend galt. Seit Song Binbins Wandzeitung wurde Bian Zhongyun von den Roten Garden jeder politischen Richtung schikaniert, verfolgt und überfallen.

Bian Zhongyun war bereits 1941 in die Partei eingetreten und eine überzeugte Kommunistin gewesen. Eines der „Verbrechen", dessen man sie beschuldigte, war, sie habe die

Klassenlinie der Partei nicht befolgt. Vor Jahren hatte die Schule eine Tochter von Liu Shaoqi wegen zu schlechter Ergebnisse bei der Aufnahmeprüfung abgelehnt und damit *fachkundig* vor *rot* gesetzt. Über die Ablehnung hatte jedoch eine übergeordnete Stelle und nicht Bian entschieden.[229]

Am Nachmittag des 5. August 1966 trieben mehrere Schülerinnen Bian und vier andere Lehrer wieder einmal lange über den Schulhof. Sie kippten ihnen schwarze Tinte über den Kopf, um sie als *schwarze Bande* zu markieren, übergossen sie mit heißem Wasser und prügelten sie mit Tischbeinen, aus denen Nägel ragten. Bian prügelten sie in die Toilette, die sie reinigen sollte. Bian lehnte sich entkräftet gegen die Wand und glitt langsam zu Boden. Wieder wurde auf sie eingeprügelt, doch sie erhob sich nicht mehr. Daraufhin packten die Mädchen sie in eine Schubkarre, schoben sie in die pralle Sonne und ließen sie dort stundenlang, mit Schaum vor dem Mund, liegen. Als die Mädchen Bian schließlich doch ins nahegelegene Krankenhaus brachten, verstarb sie dort an den schweren Verletzungen.[230]

Bian Zhongyun war eines der bekannten Todesopfer der Roten Garden. Wer von den Mädchen sie ermordet hat, wurde bis heute von keinem Gericht untersucht, der Mord an ihr blieb ungesühnt. In dem ergreifenden Dokumentarfilm „Auch wenn ich nicht mehr bin“ des chinesischen Regisseurs Hu Jie erzählt ihr Ehemann die tragische Geschichte vom Mord an seiner Frau.[231]

## Empfang der Roten Garden

Der politische Wind im Land drehte im August 1966, für jeden erkennbar, auf noch größere Stärke auf. Mao und der Kreis um die Gruppe Kulturrevolution zeigten ihre Entschlossenheit, die Kulturrevolution anzufeuern: Zehntausende Rotgardisten aus dem ganzen Land wurden mit Hilfe von Politkommissaren der Volksbefreiungsarmee in Bussen, Zügen und auf Lastwagen nach Peking gebracht. Chen Boda, Mitglied der Gruppe Kulturrevolution, rief sie zur Entfesselung eines *erbarmungslosen revolutionären Sturms* auf.[232] Am 18. August 1966 versammelten sich über eine Million Rotgardisten auf dem Pekinger Tiananmen-Platz, dem Platz des Himmlischen Friedens. Verteidigungsminister Lin Biao sprach zu den *kleinen revolutionären Generälen* und bezeichnete Mao als ihren *Generalissimus*.

Dieser ersten Massenkundgebung der Roten Garden in Peking folgten bis zum November 1966 sieben weitere große Treffen in Peking mit insgesamt über zehn Millionen Rotgardisten. Bei fast jeder Versammlung saß

Massenkundgebung Roter Garden auf dem Platz des Himmlischen Friedens in Peking

Mao Zedong schweigend auf der Tribüne am Tor des Himmlischen Friedens. Die Reden hielten Rotgardisten, Verteidigungsminister Lin Biao, Premierminister Zhou Enlai, der Vorsitzende der Gruppe Kulturrevolution, Chen Boda, und seine Stellvertreterin Jiang Qing, Maos Ehefrau.

*Maos Unterstützung schwächte in der Tat die Arroganz der Bourgeoisie und stärkte den Kampfgeist des Proletariats. Die neue Organisation der Roten Garden nahm an Größe und Einfluss schlagartig zu. Die Roten Garden wurden Bahnbrecher der Revolution und gaben der Geschichte den Anstoß*, berichtete ein begeisterter Zeitzeuge.[233]

Ein Bild, das um die Welt ging, entstand bei der ersten Versammlung am 18. August 1966. Die Schülerin Song Binbin, die Anführerin der Roten

Song Binbin legt Mao Zedong die Armbinde an

Garde an jener Mädchen-Mittelschule, deren Rektorin zwei Wochen zuvor zu Tode gefoltert worden war, stieg auf die Tribüne und legte Mao Zedong eine Armbinde um, das Kennzeichen der Roten Garden.

Der Vorsitzende der Partei fragte sie nach ihrem Namen. Sie antwortete: *Song Binbin*. Der Vorsitzende erkundigte sich nach den Schriftzeichen von Binbin und sie antwortete: *Wie höflich und zurückhaltend*. Der Vorsitzende erwiderte: *Das ist nicht gut. Besser wäre Song, die zu den Waffen greift!*

Song Binbin änderte daraufhin ihren Namen in *Song Yaowu, die zu den Waffen greift*. Am 21. August 1966 erschien ein Artikel von Song Binbin in der Volkszeitung, in dem sie den kurzen Wortwechsel geschildert hat.

Song Yaowu – die Rotgardisten verstanden den Namen als Aufforderung. Dass Revolutionäre nicht höflich und zurückhaltend sein sollten, wussten sie aus dem kleinen roten Buch mit den *Worten des Vorsitzenden Mao*, das sie immer bei sich führten: *Eine Revolution ist kein Gastmahl, kein Aufsatzschreiben, kein Bildermalen oder Deckchensticken; sie kann nicht so fein, so gemächlich und zartfühlend, so maßvoll, gesittet, höflich, zurückhaltend und großherzig durchgeführt werden. Die Revolution ist ein Aufstand, ein Gewaltakt, durch den eine Klasse eine andere Klasse stürzt.*[234]

Verwandelt die Gedanken Maos in eine scharfe Waffe der Massen!

Dass Song Binbin Mao Zedong die Armbinde anlegen durfte, war ein Zeichen von höchster Bedeutung: Mao übernahm die Rolle des *Oberbefehlshabers* der Rotgardisten, er legitimierte die Jugendlichen als seine Garden, als seine Truppen, und mit ihm als Kommandeur hatten sie, wie sie nun laut verkündeten, *nichts zu befürchten.*[235]

Ab August 1966 bekamen die Roten Garden freie Fahrt in allen Eisenbahnzügen, um zum revolutionären Erfahrungsaustausch durch das Land zu reisen. Die Volksbefreiungsarmee unterstützte die Reisetätigkeit logistisch, zahlte Bargeld aus, sorgte für Unterkunft und Verpflegung der reisenden Rotgardisten.

Mao hatte beschlossen, nun im ganzen Land ein Chaos zu entfachen, aus dem die „Neue Gesellschaft" mit dem „neuen Menschen" entstehen sollte. Die Roten Garden sollten die Schulen und Universitäten verlassen und zum Sturm auf die Straße antreten. Mao sprach den *Massen* zeit seines Lebens eine *Schöpferkraft* zu und den richtigen revolutionären Instinkt. Die Kinder der Kader, die mit den kommunistischen Heldengeschichten aufgewachsen waren, folgten ihm und entfesselten im Namen der politischen Führung Terror gegen alle angeblichen Staatsfeinde.

## Uniforme Bewegung

Als der *Oberbefehlshaber* der Roten Garden seine *kleinen revolutionären Generäle* versammelte, trug Mao Zedong die Uniform der Volksbefreiungsarmee. Die Roten Garden sehnten sich zwar danach, dieselbe Uniform zu erhalten, doch der Staat gab sie ihnen nicht aus.[236] Trotzdem wirkten sie uniformiert. Woher rührte der Eindruck?

China war arm, und entsprechend rationiert waren die Textilien. Allein die Knappheit sorgte für Uniformität: Jedes Kleidungsstück glich dem anderen: pflegeleicht, schmutzunempfindlich, robust und haltbar, blau, schwarz und grau. Frauen wie Männer trugen weite Bundfaltenhosen, Röcke galten in der Kulturrevolution als bourgeois. Jeder schonte Bluse, Hemd oder Pullover durch eine Überjacke als Wäscheschutz.

Für die etwas wohlhabenderen Männer gab es den praktischen, zu jeder Zeit und jedem Anlass tragbaren Sun-Yatsen-Anzug. Mao Zedong hatte ihn bei der Proklamation der Volksrepublik getragen, er trug ihn auch, als er dem amerikanischen Präsidenten Richard Nixon die Hand schüttelte. Der Sun-Yatsen-Anzug galt als das maoistische Kleidungsstück überhaupt, er wurde der „Mao-Anzug".

In den 1930er Jahren war der Sun-Yatsen-Anzug zur Einheitskluft der Kommunisten geworden, der Schnitt der Jacke glich der Uniformjacke der Armee. Er blieb auch später der Anzug der Partei und der Kader, er stand für den Kampf und den Sieg, und mit ihm war ein Mann immer ideologisch korrekt gekleidet.

Frauen trugen den Sun Yatsen-Anzug nicht. Ihre Überjacken besaßen eine andere Kragenform und Taschen, aber infolge der Knappheit der Textilien unterschied sich auch ihre Kleidung kaum von der Männerbekleidung. Die Frauenkleidung war schmutzunempfindlich und haltbar, in blau, grau und schwarz gehalten, die Frauenhosen waren ähnlich weit geschnitten wie die Männerhosen.

In den 1950er Jahren wurde in der Armee als zweite Uniform der Feldanzug (junbianfu) eingeführt. 1965 schaffte der Verteidigungsminister Lin Biao die Rangzeichen ab und bestimmte den Feldanzug zur einzigen Uniform der Volksbefreiungsarmee. Der Feldanzug war aus grünem Baumwollstoff mit rotem Kragenspiegel genäht, dazu gehörte eine Ballonmütze mit rotem Stern. Ganz auf den Hinweis auf den Dienstrang des Trägers verzichtete er nicht. Der Feldanzug der hohen Dienstgrade besaß Brust- und Seitentaschen, der Anzug der unteren Dienstgrade nur Brusttaschen. Die Taschen waren nicht außen aufgesetzt, wie bei der alten Uniform und beim Sun-Yatsen-Anzug, sondern der Griff ging nach innen.

Mao trug beim Treffen mit den Roten Garden den Feldanzug der Armee. Da die Mehrheit der Roten Garden aus Kader- und Militärfamilien stammte, liehen sich Jungen wie Mädchen die alten Armee-Uniformen der Eltern und trugen sie als Zeichen, dass sie die Erben und neuen Helden der Revolution waren. Wessen Eltern keine alten Uniformen besaßen, änderte seine Kleidung, so dass sie dem Feldanzug ähnelte.

Als Kennzeichen der Rotgardisten diente eine rote Armbinde. Manche bestanden aus Baumwollstoff, andere aus Seide oder Satin. Die Schriftzeichen, die angaben, welcher Gruppe der Rotgardist angehörte, waren meist in gelber Farbe aufgetragen. Die Kinder von Armeekadern bevorzugten die Farbe schwarz für die Aufschrift. Manche Mädchen stickten die Zeichen mühevoll.

An die Ballonmütze steckten die Rotgardisten sich Buttons mit dem Bild Mao Zedongs.[237]

## Der Kult um Mao Zedong

Nun trieb der Kult um Mao Zedong erst recht seltsame Blüten. Mao war schon immer der „Politstar" der Volksrepublik. Lin Biao hat den Kult um Mao in den 1960er Jahren grandios gesteigert und Mao zum *Großen Lehrer, großen Führer, großen Oberkommandierenden und großen Steuermann* verklärt.

Die parteiamtliche Volkszeitung schrieb den Chinesen ein neues Ritual vor: *Bitte morgens um Anweisungen, prüfe am Mittag, ob Dein Handeln mit den Lehren des Vorsitzenden Mao im Einklang steht, und erstatte am Abend Meldung.* Die Anweisungen standen im *Kostbaren Roten Buch.*

Jeder Leitungskader schwenkte das Kostbare Rote Buch und grüßte damit die revolutionären Massen, undenkbar für ihn, wie ein Zeitzeuge schrieb, *sich etwa ohne die Mao-Bibel in der* Öffentlichkeit zu zeigen; das Kostbare Rote Buch war sein politisches Make-up.[238]

Lin Biao im Feldanzug, Mao Zedong im Sun Yatsen-Anzug, der durch ihn zum Mao-Anzug wurde

Lang lebe der Vorsitzende Mao!

Ein Lied, das Mao Zedong als Sonne und Retter pries, wurde zur Hymne der Roten Garden und für kurze Zeit zur Nationalhymne: *Der Osten ist rot, die Sonne geht auf: China hat einen Mao Zedong hervorgebracht. Er strebt nach dem Glück des Volkes, er ist der Retter des Volkes.*

Die Melodie war eine nordchinesische Volksweise. Den Text hatte der Bauer Li Youyuan geschrieben, der seine Freude und Dankbarkeit darüber ausdrücken wollte, dass ihm die Kommunistische Partei ein Stück Land zugeteilt hatte.[239]

Mao war nun die rote Sonne, die röteste aller roten Sonnen, die „aller-aller-allerröteste Sonne“. Er leuchtete und strahlte, so dass jeder mit „rotem Herzen“ der „roten Linie“ folgen konnte. Mao war der gegenwärtige Lenin, der größte Führer und das größte Genie der Welt.[240]

Die Zeitungen berichteten, dass Tote wieder auferstanden, nachdem Ärzte über dem Leichnam Worte des Großen Steuermanns zitiert hatten. Blinde gewannen das Augenlicht zurück und Stumme konnten wieder sprechen.[241]

Lin Biao, der den schwülstigen, gottgleichen Kult ins Leben gerufen hatte, wurde landauf landab als der treueste Gefährte, der Waffenbruder des Großen Vorsitzenden, Großen Lehrers, Großen Oberkommandierenden und Großen Steuermannes gefeiert.

Mao Zedong selbst hat sich übrigens immer wieder kritisch zum Kult um seine Person geäußert, den Lin Biao befeuert hat. So schrieb er etwa schon 1966 in einem Brief an seine Frau Jiang Qing über die von Lin zusammengestellten *Worte des Vorsitzenden Mao Zedong: Von einigen seiner (Lin Biao, C.H.) Vorstellungen fühle ich mich zutiefst beunruhigt. Ich habe niemals geglaubt, dass diesen paar Büchlein von mir eine derart große magische Kraft innewohnt. Nachdem die nun von ihm so aufgeblasen worden sind, lässt man sie auch im ganzen Land aufblasen. Das ist genauso wie bei der alten Wáng, die Melonen verkauft, sie verkauft selbst und preist sie selbst an.*[242]

Doch Mao unterband den Kult nicht, sondern ließ ihn geschehen.

## Das Programm der Roten Garden

Die Jugend, die mit den Geschichten vom heroischen Kampf für die Revolution, für den Sozialismus groß geworden war, deren Berufsaussichten schlecht standen, zog bei der Kulturrevolution begeistert mit. Die *kleinen Generäle* zählten 1967 zwischen 12 und 18 Millionen Mitglieder.[243]

Als die Roten Garden sich am 18. August 1966 zum ersten Mal in Peking versammelten, erteilte Verteidigungsminister Lin Biao ihnen Anweisungen. Die Roten Garden von Peking übernahmen Lins Weisungen als Programm:

1. Jeder Bürger soll manuelle Arbeit verrichten.
2. In allen Kinos, Theatern, Buchhandlungen, Omnibussen usw. müssen Bilder Mao Zedongs aufgehängt werden.
3. Überall müssen Zitate Mao Zedongs an Stelle der bisherigen Neonreklamen angebracht werden.
4. Die alten Gewohnheiten müssen verschwinden.
5. Die Handelsunternehmungen müssen reorganisiert werden, um den Arbeitern, Bauern und Soldaten zu dienen.
6. Eine eventuelle Opposition muss rücksichtslos beseitigt werden.
7. Luxusrestaurants und Taxis haben zu verschwinden.
8. Die privaten finanziellen Gewinne sowie die Mieten müssen dem Staat abgegeben werden.

9. Die Politik hat vor allem den Vorrang.
10. Slogans müssen einen kommunistischen Charakter aufweisen.
11. Die revisionistischen Titel haben zu verschwinden.
12. In allen Straßen sollen Lautsprecher aufgestellt werden, um der Bevölkerung Verhaltensmaßregeln zu vermitteln.
13. Die Lehre Mao Zedongs muss schon im Kindergarten vermittelt werden.
14. Die Intellektuellen sollen in Dörfern arbeiten.
15. Die Bankzinsen müssen abgeschafft werden.
16. Die Mahlzeiten sollen gemeinsam eingenommen werden, und es soll zu den Sitten der ersten Volkskommunen im Jahr 1958 zurückgekehrt werden.
17. Auf Parfums, Schmuckstücke, Kosmetik und nicht-proletarische Kleidungsstücke und Schuhe muss verzichtet werden.
18. Die Erste Klasse bei den Eisenbahnen und luxuriöse Autos müssen verschwinden.
19. Die Verbreitung von Fotografien von so genannten hübschen Mädchen soll eingestellt werden.
20. Die Namen von Straßen und Monumenten müssen geändert werden.
21. Die alte Malerei, die nicht politische Themen zum Gegenstand hat, muss verschwinden.
22. Es kann nicht geduldet werden, dass Bilder verbreitet werden, die nicht dem Denken Mao Zedongs entsprechen.
23. Bücher, die nicht das Denken Mao Zedongs wiedergeben, müssen verbrannt werden.[244]

Die Pekinger Roten Garden – und ein ähnliches Programm gaben sich alle Rote Garden im Land – stellten sich die Aufgabe: Zum einen, den Kult um den Parteivorsitzenden noch zu intensivieren und die Bevölkerung mit dem Mao-Zedong-Denken zu belehren.

Dann: die Wirtschaft wieder am egalitären Ideal von 1958 auszurichten und keinerlei Privatwirtschaft zuzulassen.

Schließlich: alles, was an die „kapitalistisch-bourgeoise" Vergangenheit Chinas und an bürgerlichen „Luxus" erinnerte, zu zerstören.

Und grundsätzlich: jede Opposition, alles, was nicht im Einklang mit den Mao-Zedong-Gedanken stand, zu vernichten.

Die Rote Garde zieht durchs Land

## Heitere Ferienstimmung

Das ganze Chaos der Kulturrevolution konnten Forscher erst ab dem Jahr 2000 belegen, und damit änderte sich auch das Bild des Gründers der Volksrepublik China. Mao Zedong wurde vom Sockel der hehren Kultfigur herabgestoßen.

Doch über dem Bild der entfesselten Jugendgewalt darf nicht vergessen werden, dass die Roten Garden immer eine Minderheit der Jugendlichen waren. Eine Gruppe für „rotes Lernen“ in Peking klagte im Februar 1967: *Nach den Untersuchungen, die wir angestellt haben, war die Zahl derer, die sich als Aktivisten an der Bewegung der Oberschüler beteiligten, so klein, dass es eine Schande ist. An jeder Schule war es im Durchschnitt nur ein Fünftel bis ein Viertel der Schüler, ein geradezu unerträgliches Phänomen.*[245]

Für ausländische Beobachter schien 1966 eine *heitere Ferienstimmung über großen Teilen der chinesischen Jugend* zu liegen. Alles war erlaubt, es war ein Herbst der Freiheiten, der Demonstrationen, der Songs, der Versammlungen, der Wandzeitungen, in denen jeder nach Belieben seine Meinung kundtun konnte. Manche Jugendliche langweilten sich und kamen nur noch hin und wieder in die Schulen.[246]

Das Erlebnis eines aufgesprengten Universums wirkte nachhaltig und vermittelte eine ausgelassene, gehobene Lebensstimmung.[247] Manche der „heiter gestimmten" Jugendlichen zogen durchs Land, entweder mit der Eisenbahn oder, den Langen Marsch nachahmend, zu Fuß. Zwar waren rote Fahnen, Armbinden und Mao-Plaketten immer dabei, aber sie reisten zu den Sehenswürdigkeiten des Landes.

Andere blieben lieber zu Hause und *sind zu nichts mehr zu gebrauchen. Sie sitzen zu Hause und pflegen der Ruhe, sie gehen den Vergnügungen nach oder besuchen alte Freunde in der Umgebung. Viele frönen dem Brettspiel,* klagte 1967 eine Schülerzeitung.[248]

## Mao hat uns Macht verliehen

Zwei Parolen der Roten Garden hießen: *Wir können uns zum Himmel aufschwingen und die Erde durchbohren, weil der Vorsitzende Mao, der Große Führer, uns beschützt.*

Und: *Der Vorsitzende Mao hat uns Macht verliehen.*

Nach dem Empfang der Roten Garden durch Mao Zedong auf dem Platz des Himmlischen Friedens in Peking im August 1966 trat die „revolu-

Straßenszene, ein Rotgardist gibt Anweisungen

tionäre Tätigkeit" in den öffentlichen Raum. Legitimiert von der obersten Staatsführung, zogen die Roten Garden durch die Straßen, um ein großes *Chaos im Reiche*, das dann zu *großer Ordnung im Reiche* führen sollte, hervorzurufen, wie es Mao in einem Brief an seine Ehefrau Jiang Qing geschrieben hatte.[249] Sicherheitskräfte und die Armee durften sie nicht behindern, die oberste Führung hatte ihnen freie Hand gegeben. Keine Polizei, kein Militär, keine sonstige Ordnungsmacht war befugt, das Treiben der Roten Garden zu verbieten. Zusätzlich geschützt waren die Rotgardisten auch durch die Festlegung im Rahmen des „Beschlusses" vom August 1966, dass bei Problemen im Verlauf der Bewegung der Schüler- und Studentenschaft, solange sie nicht konterrevolutionär waren, überhaupt keine Maßnahmen ergriffen werden sollten.[250]

## Zerstörung der Vier Alten

Die Schüler und Studenten begannen mit der *Zerstörung des Alten*. Das forderte der *Beschluss*, und Lin Biao hatte es ihnen bei dem ersten großen Empfang erneut aufgetragen.

Da man alte Denkstrukturen, um die es ja in der Kulturrevolution eigentlich gehen sollte, bekanntlich nicht einfach zerschlagen kann, nahmen die Jugendlichen ihren Auftrag allzu wörtlich und zerstörten das augenfällig historisch Alte.

Sie stürmten Museen und Bibliotheken, die Orte der Konservierung der Vergangenheit.

Im November 1966 fuhren Studenten der Pädagogischen Hochschule Peking in die Stadt Qufu in Shandang, den Geburtsort des Konfuzius, und zerstörten dort Tausende von Monumenten, Steinstelen und Grabsteinen. Hai Ruis Grab in Hainan wurde geschändet, seine Gebeine wurden verbrannt.[251]

Chinas Städte, die ohnehin schon durch die Kriege vor 1949 und später durch die Übernahme des sowjetischen Kolossalstils in den 1950er Jahren viel von ihrem besonderen chinesischen Charme eingebüßt hatten, schlugen die Rotgardisten vollends mit Hämmern und Meißeln hässlich.

Sie zertrümmerten die Überbleibsel des Alten: die ornamentalen Türklopfer aus Messing an privaten Haustüren, die kunstvoll gestalteten hölzernen Aushängeschilder der Läden, die drachenförmigen Simse von Tempeln und alten Häuser, die Schnitzereien an den Torpfosten.

Das zerstörte Grabmal des Konfuzius

Die buddhistischen und daoistischen Tempel wurden zerstört, die Schriften und die Holzfiguren verbrannt, die glasierten Dachziegel heruntergeworfen. Das Inventar der christlichen Kirchen wurde vernichtet.

In allen Städten wurden die alten Straßennamen geändert. Statt „Fürstlicher Hausbrunnen" hieß es nun „Anti-Revisionismus-Straße". Oder: „Der-Osten-ist-rot-Boulevard", „Anti-Revisionisten-Straße", „Revolutionsboulevard", „Erster Oktober", „Anti-Imperialisten-Straße". Die Roten Garden in Shanghai beratschlagten, ob die Ampelführung geändert werden müsste und Rot für freie Fahrt und Grün für Halt gelten sollte. Da sie sich nicht einigen konnten, wurden die Ampeln erst mal abgeschaltet.

Hatten zuvor die Ladengeschäfte klangvolle, zum Kaufen verlockende Namen, etwa „Schön und Üppig" für einen Stoffladen, „Glück und Langlebigkeit" für ein Hutgeschäft oder „Köstliches Aroma" für ein Restaurant, hießen sie nun meist: „Der Osten ist rot". Die Roten Garden entfernten die in den Schaufenstern ausgestellten Waren und ersetzten sie durch Mao-Büsten und Mao-Porträts. Die meisten Läden hatten nun ähnliche revolutionäre Namen, und in den Schaufenstern standen Mao-Porträts.

Beschädigter Figurenfries im früheren Gartenhaus eines kaiserlichen Beamten in Suzhou

Blumen- und andere „Luxus"-Läden mussten schließen, die Restaurants die Speisekarte bis auf einfache Gerichte zusammenstreichen.

## Auf den Strassen

Während die Ladenzeilen gleichförmig wurden, wurde das Straßenbild der großen Städte laut und turbulent. Aus Lautsprechern plärrten Revolutionslieder, die Roten Garden zogen mit großen Mao-Porträts durch die Straßen, schlugen auf Trommeln und Gongs und riefen Parolen wie *Schützt den Vorsitzenden Mao* und *Wir werden den Vorsitzenden Mao mit unserem Leben beschützen.*

Rotgardisten standen in Gruppen zusammen, forderten die Passanten auf, auch Parolen zu rufen und belehrten sie: Sinn und Zweck der Revolution sei die Befreiung des Menschen von feudalistischen Überbleibseln und die erneute Befreiung des Proletariats.

Sie musterten genau die Kleidung und Aufmachung der Fußgänger. Frauen und Männern in modischen Röhrenhosen, die nicht den weiten chinesischen Bundfaltenhosen entsprachen, wurden die Hosenbeine aufgeschlitzt. Frauen in Absatzschuhen wurden die Absätze abgeschlagen. Männern mit geölten Haaren und „Elvis-Presley-Frisuren" wurden angehalten und zum Friseur geschickt, oder die Roten Garden griffen selbst zur Schere. Bei Mädchen mit langen Zöpfen und Frauen mit Dauerwellen wurden die gleichen Maßnahmen ergriffen. Als „revolutionär" galt allein eine Bubikopffrisur.

Die meisten Fahrradfahrer hatten rote Kärtchen mit Mao-Zitaten am Lenker befestigt. Wer das vergessen hatte, wurde angehalten und verwarnt.

*Kapitalisten* und *Ausbeuter* wurden auf den Straßen verprügelt. Waren Polizisten unterwegs, sahen sie tatenlos zu.[252]

## Hausdurchsuchungen

Die Roten Garden drangen in die Wohnungen der *Feinde Mao Zedongs* ein – der (angeblichen) Kapitalisten, der Reaktionäre, der Spione, der ehemaligen Großgrundbesitzer, der Intellektuellen – und durchsuchten sie. Keine Polizei, keine Ordnungsmacht hielt sie zurück oder nahm eine Anzeige der Überfallenen entgegen. Sie durchwühlten die Wohnungen nach *bourgeoisen* Gegenständen, die sie beschlagnahmten und wegschafften. Wie bei jedem Einbruch waren neben dem materiellen Verlust die psychischen Folgen für die Überfallenen verheerend: *Der Zweck ... bestand darin, die Opfer in finanzielle Not zu stürzen und sie innerlich zu zerstören. Vor allem vielen alten Menschen blieb nur noch die Flucht in den Tod, nachdem sie alles verloren hatten, was einst für sie Bedeutung gehabt hatte. (...) Innerhalb weniger Monate wurden mehrere Millionen Familien Opfer von Hausdurchsuchungen, die prominenteren sogar mehrfach. Unerwarteter Weise kamen schließlich auch die Häuser der Rotgardisten, die damals bei uns eingedrungen waren, an die Reihe, wobei sich noch brutalere Szenen als bei uns abspielten. Zu jeder Tag- und Nachtzeit hörte man, wie der Mob Türen einschlug und manchmal den gesamten Hausrat demolierte,* berichtete ein Zeitzeuge.[253]

Alte Möbel wurden zertrümmert, Sofas galten als *bourgeois*, altes Porzellan und alte Gläser wurden zerschlagen, Schmuck, Armbanduhren, Ferngläser, Tafelsilber fortgeschleppt, Seidenstoffe, festliche Kleidung, Kalligraphie-Rollen, Mah-Jongg-Steine, Musikinstrumente, Schallplatten und vor allem Bücher zusammengetragen und auf die Straße geworfen. *Freudenfeuer wurden entzündet, um solchen reaktionären Plunder zu verbrennen, während Becken und Trommeln jubelnd dazu lärmten*, schrieb ein Teilnehmer.[254]

Die Feuer loderten auf der Straße und die Literatur Chinas verbrannte zusammen mit der übrigen Weltliteratur.

Ein gigantischer Raub- und Zerstörungszug tobte durch das Land. Die wertvollen Antiquitäten, sofern sie identifiziert und nicht gleich zu Bruch

Bücherverbrennung während der Kulturrevolution

zerschlagen wurden, wurden Mittelsmännern der Gruppe Kulturrevolution überreicht.

## Die Macht der Armbinde

Die ersten Roten Garden waren auf Initiative der Volksbefreiungsarmee und der Gruppe Kulturrevolution von den Kindern der Kader, die zum Kreis um Mao gehörten, gegründet worden. Aber auch die Kader, die zum Kreis um Liu Shaoqi und Deng Xiaoping gehörten, hatten Kinder, die angesichts der maoistischen Garden an den Schulen und Universitäten begannen, die Reihen zu schließen und eigene Rote Garden zu bilden. Als die Arbeitsgruppen von Lin an die Schulen und Universitäten kamen, gründeten sich noch mehr dieser „antimaoistischen" Roten Garden.

Mit der Verlagerung der Kulturrevolution aus den Bildungseinrichtungen auf die Straße kamen immer weitere Gruppen dazu: *Aber schon im August waren die Roten Garden eine völlig andere Organisation geworden – oder vielmehr eine Reihe von Organisationen. Studenten, junge Männer in unserem Büro, junge Fabrikarbeiter und andere stellten Abteilungen der*

*Roten Garden auf. Tatsächlich konnte jede Gruppe von jungen Leuten eine Abteilung bilden, sich selbst Armbinden schreiben und Khaki-Militärjacken und Lederkoppel tragen. In Peking kristallisierten sich schließlich nicht weniger als drei Gruppen heraus, die jeweils eine eigene Zentrale hatten. (...) Zu jedem zentralen Hauptquartier gehörten Zehntausende von Mitgliedern nicht nur in Peking, sondern auch in Zweitorganisationen in andern Städten,* berichtete ein Teilnehmer der Bewegung.[255]

Als die ersten Klagen wegen der Taten der Roten Garden eingingen, erschien am 23. August 1966 ein Leitartikel in der amtlichen Volkszeitung, mit der Überschrift: *Recht so!* Er sprach die Roten Garden von jeder Schuld frei und unterstützte ihren Kampf gegen die *Vier Alten.*[256]

Die Straflosigkeit lockte jugendliche Kleinkriminelle: *Die Situation wurde immer undurchsichtiger. Hier waren Kräfte freigesetzt worden, die jetzt ständig schwieriger zu beherrschen waren. Manchmal legten ganze Banden jugendlicher Ganoven rote Armbinden an und nahmen das Gesetz selbst in die Hände.*[257]

China durchlebte eine Welle der Gewalt. Außenminister Chen Yi benannte in einer „Selbstkritik-Rede" vom 24. Januar 1967 die Zahl der von Juni bis November 1966 von den Rotgardisten getöteten mit mehr als 400000 Menschen.[258]

## Die Zerschlagung des Parteiapparats

Die Macht gehörte den Rotgardisten, und sie waren sich dessen bewusst: *Wir und nur wir sind die neuen Herren unter diesem Himmel.* Und: *Der Himmel ist der Himmel der Roten Garden. Die Erde ist die Erde der Roten Garden.*[259]

Im Spätherbst 1966 zündete der Sprengsatz, den Lin Biao den Roten Garden von Peking ins Programm diktiert hatte und den landesweit alle Roten Garden übernommen hatten: *Die Mahlzeiten sollen gemeinsam angelegt werden, und es soll zu den Sitten der ersten Volkskommunen im Jahr 1958 zurückgekehrt werden.*

Die Roten Garden forderten erneut Volksküchen und die Abschaffung jeglicher Privatwirtschaft bis hinunter zum ärmsten Bauern, der an der Straßenecke eine Handvoll Gemüse aus dem Schubkarren verkaufte.

Damit war klar gesagt, wer nach den Lehrern und Professoren als nächster Feind bekämpft würde: jene Politiker, welche die gigantischen Volkskommunen in kleinere Einheiten zerlegt und erneut etwas Privatwirtschaft erlaubt hatten. Was in den folgenden Monaten losbrach, war in dieser Form in der Geschichte bisher einmalig: der (Mit-)Gründer der Kommunistischen Partei befahl seinen Truppen den Kampf gegen die eigene Partei. Mao Zedong und seine Gefolgsleute bliesen zum Sturm auf die eigene Machtbasis.

Am 5. August 1966 hatte Mao Zedong mit seiner Wandzeitung zur Verfolgung der kapitalistischen Elemente in der Partei aufgerufen. Von nun an verfolgten die Rotgardisten die Kader, die Funktionäre der Kommunistischen Partei.

Zuerst griffen die Rotgardisten die Kader der unteren und mittleren Ränge an. Danach wandten sie sich gegen die Führungsschicht, die teilweise noch bis zum August 1966 im Amt gewesen war. Minister, erste Parteisekretäre, Mitglieder des Politbüros, der Generalsekretär der Kommunistischen Partei, Deng Xiaoping, und schließlich selbst der formal immer noch amtierende Staatspräsident des Landes, Liu Shaoqi und seine Frau Wang Guangmei, wurden drangsaliert und verfolgt.

Die Roten Garden beschimpften sie als *Revisionisten und Machthaber innerhalb der Partei, die den kapitalistischen Weg gehen*, drangen in die Wohnungen ein, prügelten, quälten, zerrten sie auf öffentliche Kampfsitzungen mit bis zu Tausenden von Zuschauern. Der Gouverneur von Heilongjiang wurde mehr als 2000 Mal auf einer Kampfsitzung vorgeführt.[260]

Und wie bei derartigen Hexenjagden üblich, vergrößerte sich der Kreis der Beschuldigten ständig, und der Vorwand zur Anklage wurde immer fadenscheiniger. Selbst die ehemaligen Weggefährten Mao Zedongs und Teilnehmer des Langes Marsches wurden von den Roten Garden erniedrigt, gequält, gefoltert.

Bald waren Partei- und Regierungsorganisation zertrümmert. Nur noch rund 30 Prozent der Mitglieder des Politbüros, rund 30 Prozent der Mitglieder des Zentralkomitees sowie 20 Prozent der Provinz-Sekretäre verblieben noch in ihren alten Funktionen, die anderen 70 bis 80 Prozent waren von den Roten Garden verhaftet und entmachtet worden oder waren vor ihnen geflohen und verbargen sich an einem sicheren Ort.[261]

1967/68 wurden auf dem Land die sogenannten *Kaderschulen des 7. Mai* errichtet, Arbeitslager für Landwirtschaft, in die Hunderttausende von Parteikadern geschickt wurden. Tagsüber arbeiteten sie in der Landwirtschaft, am Abend wurden politische Schulungen und Gruppendiskussionen durchgeführt. Auch Deng Xiaoping und seine Familie wurden in eine *Kaderschule des 7. Mai* überstellt.

*Mehr als eine Million Menschen wurde zu Tode gefoltert, erschossen oder in den Selbstmord getrieben in diesen Jahren eines „vollkommenen Chaos unter dem Himmel", und hundert Millionen hatten in der einen oder anderen Weise darunter zu leiden*, so lautete die bittere Bilanz der Kulturrevolution.[262]

Nachfolgend sind einige wenige der prominentesten Opfer genannt.

## Peng Zhen und Peng Dehuai

Als erstes Mitglied des Politbüros wurde im Dezember 1966 Peng Zhen, der frühere und bereits entmachtete Oberbürgermeister von Peking, durch Gruppen von Roten Garden verhaftet und auf Kampfsitzungen öffentlich gedemütigt. Nachdem mit Peng Zhen das erste ehemalige Mitglied des Politbüros gleichsam zur Stecke gebracht worden war, schickte Jiang Qing, die Ehefrau Mao Zedongs, die Pekinger Roten Garden nach Sichuan zu Peng Dehuai, dem Mitgründer der Roten Armee und ehemaligem Verteidigungsminister, der Mao 1958 ins Gewissen reden wollte, die Politik der *Drei Roten Banner* als gescheitert abzubrechen.

Peng Dehuai wird von den Roten Garden gefoltert

Die Rotgardisten drangen in Pengs Haus ein und verschleppten ihn nach Peking in ein Staatsgefängnis. Peng wurde über hundert Mal geschlagen und gefoltert. Seine Folterer brachen ihm die Rippen und verletzten seine Lungen. Wiederholt brachten die Rotgardisten Peng zu Kampfsitzungen. 1973 wurde er in ein Gefängniskrankenhaus eingeliefert. Er starb im November 1974.[263]

## Deng Xiaoping

Bis zum August 1966 war Deng Xiaoping, Kommunist der ersten Stunde und Teilnehmer am Langen Marsch, Generalsekretär der Kommunistischen Partei. Nominell gehörte er auch nach dem Staatsstreich im August 1966 immer noch der Parteiführung an.

Deng Xiaoping wurde von Roten Garden überfallen und verhaftet. Allerdings war er ihnen nicht ganz so schonungslos wie Peng Dehuai ausgesetzt. Zwar musste auch er Misshandlungen erdulden und wurde auf Kampfsitzungen zur Selbstkritik gezwungen, doch schützte ihn Mao Zedong in gewisser Weise, wie seine Tochter Deng Rong später berichtet hat.[264] Deng kam in Haft, aber im Rahmen verhältnismäßig privilegierter Haftbedingungen. Im Oktober 1969 wurden er, seine Frau und seine Schwiegermutter für dreieinhalb Jahre in ein Arbeits- und Umerziehungslager in der Provinz Jiangxi eingewiesen.

Dengs Kinder hatten unter den Roten Garden sehr zu leiden, ohne dass der Vater sie schützen konnte. Der älteste Sohn Deng Pufang war Student an der Universität Peking. Im August 1968 machten die Roten Garden

Deng Xiaoping

Nieder mit Liu Shaoqi! Nieder mit Deng Xiaoping!

wieder einmal Jagd auf ihn. In großer Not sprang er aus dem Fenster eines oberen Stockwerks und verletzte sich die Wirbelsäule. Er blieb querschnittsgelähmt und war seither auf den Rollstuhl angewiesen. Deng Pufang gründete nach Maos Tod den ersten chinesischen Behindertenverband.

## Liu Shaoqi

Liu Shaoqi, der sich 1962 auf der Konferenz der 7000 Kader eindeutig zur Schuld der Partei an der Hungerkatastrophe bekannt und einen Kurswechsel eingeleitet hatte, war der nominelle Staatspräsident Chinas und bis zum August 1966 die Nummer Zwei in der Hierarchie und designierter Nachfolger Mao Zedongs. Liu und seine Frau lebten nach wie vor im Regierungsviertel Zhongnanhai hinter Mauern, abgeschirmt vom Treiben auf der Straße.

Obwohl Liu de facto entmachtet war, wurde er in der Kulturrevolution besonders gequält. Ab dem Frühjahr 1967 verunglimpfte ihn die Presse als den *chinesischen Chruschtschow* und *obersten Machthaber, der den kapitalistischen Weg geht.* Damit war die Antwort auf die rätselhafte Frage verraten, wer eigentlich der ominöse *chinesische Chruschtschow* überhaupt sein sollte.

Liu Shaoqi und seine Frau Wang Guangmei mit ihren Kindern

Im Frühjahr 1967 tauchte wie aus dem Nichts eine Anklageschrift auf, die plötzlich im Besitz der Roten Garden war und aus der die Volkszeitung Renmin Ribao im April 1967 zitierte: Liu habe ständig eine Politik des *Nur nicht zu viel Sozialismus!* verfolgt und in der Volkswirtschaft wieder teilweise den Kapitalismus zugelassen. Liu habe die These verfochten, in China *sterbe der Klassenkampf aus.*

Die vorgebrachten Anschuldigungen gingen ins Detail und weit in die Vergangenheit zurück. Schon in der Zeit vor der Gründung der Volksrepublik habe Liu schwere Fehler begangen, als er den von der Guomindang verhafteten Genossen geraten habe, *Geständnisse* abzulegen, um frei zu kommen und weiter für die Partei arbeiten zu können. Die Freigekommenen seien aber *Verräter* und trotzdem habe Liu ihnen später Posten übertragen und es ihnen ermöglicht, den *Verrat an der Partei* zu verschweigen.[265]

Liu Shaoqis angebliche Vergehen konnte bald jeder auf Wandzeitungen in den Pekinger Straßen nachlesen, und die Medien wiederholten sie unermüdlich. Liu wurde zum *Abtrünnigen, heimlichen Verräter und Schuft* erklärt und das ganze Jahr 1967 hindurch von den Roten Garden gedemütigt, gefoltert und auf Kampfsitzungen geschleppt.

Der revisionistische Verräter Liu Shaoqi muss aus der Partei vertrieben werden

Liu erkrankte schwer. Die Roten Garden stellten ihn unter Hausarrest, eine medizinische Versorgung wurde ihm verweigert. Im Oktober 1968 wurde Liu in Abwesenheit auf einer Sitzung des Zentralkomitees vom Amt des Staatspräsidenten enthoben und aus der Partei ausgeschlossen. Auf der gleichen Sitzung wurde dargelegt, es gehe um den Kampf zweier Linien, der kapitalistisch-revisionistischen und der marxistisch-sozialistischen Linie. Die Kulturevolution habe einen entscheidenden Sieg über den Revisionismus errungen, den Liu vertreten habe.

Mitte Oktober 1969 brachte man den Schwerkranken Liu in ein Geheimgefängnis in Kaifeng. In der Zelle diente ihm eine schmutzige Bahre auf dem Boden als Bett.

Im November 1969 starb Liu Shaoqi. Seine Angehörigen erfuhren das genaue Todesdatum erst Jahre danach. Auf dem Totenschein trug der begutachtende Arzt „beschäftigungslos" und als Todesursache „Krankheit" ein.

## Wang Guangmei

Liu Shaoqis Frau Wang Guangmei hatte einer Arbeitsgruppe angehört, die Staatspräsident Liu Shaoqi an die Universität Tsinghua entsandt hatte. Durch eine List wurde sie im April 1967 in eine Falle gelockt und auf Kampfsitzungen an der Universität Tsinghua schwer gedemütigt.

### Der Kampf zweier Linien

Mao und sein Kreis haben die politischen Säuberungen der Kulturrevolution als *Kampf zweier Linien* ausgegeben. Im Mai 1967 erklärte Mao Zedong vor einer albanischen Militärdelegation: *Tatsächlich existiert in der Kommunistischen Partei nach wie vor der Kampf der zwei Klassen und der Kampf zwischen zwei Linien ...* .[266]

Die Deutung, bei der Kulturrevolution habe es sich um einen Machtkampf, nämlich den Kampf der Linie Maos gegen die Linie Lius gehandelt, geht auf diese Selbstdarstellung der Initiatoren der Kulturrevolution zurück. Es war die Selbststilisierung der Kulturrevolution als Kampf zwischen Gut und Böse, Sozialismus und Revisionismus. Der Kampf zwischen Mao und Liu um die künftige Linie Chinas war aber bereits im August 1966, mit der Entmachtung Lius (und von Deng Xiaoping) entschieden.

An der Tsinghua bestand eine einflussreiche Rote Garde, die sich „Jinggangshan“ nannte (nach dem Jinggang-Gebirge im Grenzgebiet zwischen den Provinzen Jiangxi und Hunan, wohin die Kommunisten nach dem Massaker von Shanghai 1927 geflohen waren und die Rote Armee gegründet hatten). Ihr Anführer, der Student Kuai Dafu, war ein sehr bekannter Rotgardist. Er stand im engen Kontakt mit Jiang Qing, Kang Sheng und der Gruppe Kulturrevolution, die ihm direkt Aufträge erteilten.

Als die Arbeitsgruppe von Wang Guangmei damals im Frühsommer 1966 an die Universität Tsinghua gekommen war, hatte Wang Guangmei den Anführer Kuai Dafu einem „verschärften Verhör“ unterziehen, also foltern lassen, um ihn zur Zusammenarbeit zu zwingen. An der Tsinghua wussten alle Studenten und die Schüler der angeschlossenen Mittelschule über die Tortur von Kuai Dafu Bescheid. (Ende Juli 1966 wurden die Arbeitsgruppen aufgelöst.)

Als im Dezember 1966 die Säuberung der hohen Kader begann, gelang es Kuai Dafu, Wang Guangmei in seine Gewalt zu bringen. Über Kuai Dafu und die Kampfsitzung gegen Wang Guangmei hat ein anderer bekannter Rotgardist, Ken Ling aus Xiamen (Amoy)in der Provinz Anhui, berichtet. Ken Ling war mit einer Delegation seiner Gruppe zum revolutionären Erfahrungsaustausch an die Tsinghua gereist.

Kuai Dafu erzählte Ken Ling in einem vertraulichen Gespräch, dass er auf Anweisung von Wang Guangmei gefoltert worden war. Außerdem zeigte er Ken Ling, was er besaß: Dokumente über Wang Guangmei, Kopien von Dokumenten, die Wang Guangmei gehörten, und sogar ihr Tagebuch. Außerdem besaß Kuai Dafu viele Abzüge von Fotografien aus dem privaten Familienalbum von Wang, angefangen von Kinderbildern bis zu Fotos aus der neuesten Zeit, und dazu Fotos der Familie ihres Ehemanns Liu Shaoqi.[267]

Die Gruppe Jinggangshan hatte Wang Guangmei, die extrem vorsichtig geworden war und kaum noch ihre sichere Wohnung im abgeschirmten Regierungsviertel Zhongnanhai verließ, eine Falle gestellt und sie gefangengenommen. Die Jinggangshan-Rotgardisten waren mit drei Lastwagen und einem Jeep zu der Schule der Stieftochter von Wang Guangmei gefahren und hatten die Stieftochter in ein Krankenhaus der Universität Peking verschleppt. Dort wurde sie gezwungen, eine Verletzung vorzutäuschen und Wang anzurufen.

Wang Guangmei schickte misstrauisch einen Vertrauten vor. Auch ihn nahmen die Roten Garden in der Klinik gefangen und zwangen ihn, Wang anzurufen und die Verletzung des Mädchens zu bestätigen. Liu Shaoqi und Wang Guangmei eilten daraufhin beide ins Krankenhaus. Liu wurde zu der Tochter ins Krankenzimmer geschickt und konnte anschließend mit der Tochter nach Hause zurückkehren. Wang wurde von den Roten Garden an die Tsinghua verschleppt.[268]

Dort war schon alles vorbereitet, eine Bühne hergerichtet, und 10000 Rotgardisten warteten auf die Vorführung.

Ken Ling wurde Zeuge. Kuai Dafu eröffnete die Versammlung: *Bringt das kapitalistische Element Wang Guangmei vor die Augen des Volkes.*[269] Das *stinkende Weib von Chinas Chruschtschow*, wie Wang tituliert wurde, wurde von vier Rotgardistinnen auf die Bühne geschleift. *Von Zeit zu Zeit zerrten die Rotgardistinnen sie am Haar, damit sie nicht in die Menge blickte.*[270]

Kuai Dafu klagte sie an, wie Ken Ling berichtet hatte: *Als einer, der unter der Verfolgung persönlich gelitten hatte, forderte er, dass „dieses Konto beglichen werden müsse!"(...) Sein Wutschrei regte alle dazu an, als ob sie Wang bei lebendigem Leib verschlingen wollten, zu brüllen: „Blutschuld muss mit Blutschuld bezahlt werden!" (...) Während die aufgebrachte Masse schrie: „Milde, wenn du bekennst – Härte, wenn du leugnest!", senkte Wang schließlich den Kopf, bekannte ihre Verbrechen und entschuldigte sich bei Kuai mit kaum hörbarer Stimme."*[271]

Das Verhör zog sich über Stunden hin, Wang wurde gezwungen, um sie zusätzlich zu demütigen, einen seidenen Qipao zu tragen, ein Kleid im chinesischen Stil, wie sie es auf einer Staatsreise mit ihrem Mann getragen hatte. Das Kleid zeigte angeblich ihre kapitalistische Dekadenz und Abneigung gegen revolutionäre und proletarische Schlichtheit.

Während der Kampfsitzung, die sich über Tage erstreckte, wurde Jiang Qing im Stundentakt telefonisch detailliert über alles, was in der Halle der Universität gegen Wang Guangmei vorging, unterrichtet.[272]

Die Delegation von Ken Ling saß in einer Pause mit Leuten der Jinggangshan-Garde zusammen. *Wir acht horchten ganz genau hin, was die Jinggangshan-Rotgardisten sagten. Sie vermuteten, dass Wang, die „zäh und geschmeidig wie Pferdehaut" war, hinter der Bühne ganz mächtige Helfer habe – wahrscheinlich neben Liu Shaoqi noch andere. Einer der Rotgardis-*

*ten wandte ein: Egal wie stark sie wäre, „wir" hätten jedenfalls die Unterstützung der Zentralorgane und wären sicherlich in der Lage, sie zu stürzen. In der Tat würde die heutige Versammlung voll gedeckt durch die Gruppe Kulturrevolution des ZK.*[273]

An der Universität Tsinghua beschimpften die Kinder der Kader, die zur pragmatischen Richtung zählten, die Jinggangshan-Gruppe als die *Hunde Jiang Qings.*[274]

Wang Guangmei wurde nach dieser Demütigung in ein Gefängnis geworfen. Erst 1978 wurde sie entlassen und rehabilitiert.

## Die Hand hinter der Hand. Die Zentrale Sonderfallkommission

Die Roten Garden beschuldigten, überfielen, raubten, demütigten und folterten. Auf genaue und scharfe Beobachter wirkten die Aufzüge und Aktionen gesteuert und planvoll.

*Der Aufmarsch schien mir gut organisiert und sorgfältig gelenkt zu sein, keineswegs eine spontane Demonstration. Dahinter steht die lenkende Hand der Obrigkeit,* notierte eine aufmerksame Zeitzeugin.[275]

So war es auch: Die Rotgardisten handelten im Auftrag und unter dem Schutz der Gruppe Kulturrevolution beim Zentralkomitee. Deren Vorsitz hatte Maos Privatsekretär Chen Boda inne, seine Stellvertreter waren Maos Ehefrau Jiang Qing – in gewisser Weise also ein Küchenkabinett – und Kang Sheng, als Sicherheitschef Chinas der Herr über Polizei und Geheimdienste.

Die Gruppe Kulturrevolution war eine Abteilung innerhalb des Zentralkomitees und als solche in der Öffentlichkeit bekannt. Streng geheim war dagegen die Existenz einer anderen Gruppe: die Zentrale Sonderfallkommission (manchmal auch Gruppe Falluntersuchung übersetzt). Diese Geheimorganisation war die Hand hinter der Gruppe Kulturrevolution. Sie arbeitete still und effektiv im Verborgenen, und bis heute weiß man nur wenig über sie.

Im Mai 1966 wurde die Zentrale Sonderfallkommission aus Anlass der parteiinternen Vorermittlungen gegen prominente Politiker wie Peng Zhen, Liu Shaoqi, Wang Guangmei, Deng Xiaoping und viele andere (wie Luo Ruiqing, Lu Dingyi und Yang Shangkun) gegründet. Die Zentrale Sonderfallkommission unterstand direkt dem Ständigen Ausschuss des

Politbüros, also in letzter Instanz Mao. Den Vorsitz hatte Zhou Enlai inne. Chen Boda, Jiang Qing und Kang Sheng gehörten neben weiteren Mitgliedern der Gruppe Kulturrevolution zur Zentralen Sonderfallkommission.

Sie war eine Art geheime Staatspolizei, ermittelte gegen Missliebige, untersuchte deren politische Gesinnung und Einstellung zum ultralinken Richtungswechsel. Sie klassifizierte und entschied über das weitere Schicksal: Gehörte der „Fall" zur Gruppe der neun schwarzen Klassen, war er ein „Rechtsabweichler" und vom „Typ Chruschtschows"? Betrieb er Spionage für die Guomindang und Taiwan?

Fast neunzig Mitglieder des Zentralkomitees wurden überprüft. Lautete das Ergebnis auf „schuldig", wurde das Opfer entweder durch Kader der Zentralen Sonderfallkommission oder durch Rote Garden, die auf das Opfer angesetzt wurden, vielfältiger seelischer und körperlicher Gewalt ausgesetzt. Prominente Opfer kamen in Hochsicherheitsgefängnisse und wurden bei sorgfältig vorbereiteten Anlässen den Rotgardisten „ausgeliehen" und für Kampfsitzungen übergeben.

Kang Sheng, die böse graue Eminenz der Kulturrevolution, und Jiang Qing beteiligten sich aktiv an einzelnen Operationen. Besonders Jiang Qing war für ihren Verfolgungseifer bekannt. Sie schickte die Rotgardisten zu Verfolgungen, wie Ende Dezember 1966 zu Peng Dehuai, der von den Rotgardisten gefoltert und ins Gefängnis verschleppt wurde. Ebenfalls im Dezember 1966 wies sie Rotgardisten der Universität Tsinghua an, den altgedienten Marschall und Helden der Revolution, He Long, zu foltern und zu verhaften. Auch er zählte zu den Todesopfern.[276]

Auch die Jagd auf Liu Shaoqi und seine Frau ging auf Jiang Qings Befehl zurück.[277] Jiang Qing und Kang Sheng standen mit vielen ausgewählten Rotgardisten der ersten Stunde an der Universität Peking und der Universität Tsinghua (wie Kuai Dafu) ständig im Kontakt. An den Schulen und Universitäten arbeiteten zahllose Lehrer und Dozenten Kang Sheng zu und lieferten ihm die richtigen Parolen, die passenden Stichworte und hervorragendes Propagandamaterial. Ihre Studenten standen ihm ebenfalls zur Verfügung.[278]

Rotgardisten konnten auf den Polizeiwachen problemlos die Personalakten und die Adressen der *Klassenfeinde* einsehen, der oberste Geheimdienstchef Kang Sheng hatte die Polizei entsprechend angewiesen.

In der Zentralen Sonderfallkommission arbeiteten Tausende von

Kadern, zeitweilig auch fast achthundert Offiziere der Volksbefreiungsarmee.

Der Fall Liu Shaoqi beschäftigte die Kommission am meisten. Seit Anfang 1967 wurden Informationen über Lius „finstere, schwarze Vergangenheit“ an studentische Rotgardisten in Peking und Tianjin gestreut. Im März 1967 gab Mao Kang Sheng freie Hand, Liu Shaoqi gezielt ins Visier zu nehmen. Die Anklageschrift gegen Liu, die plötzlich aufgetaucht war und von der Volkszeitung veröffentlicht wurde, hatte diese Geheimgruppe zusammengestellt. Die Rotgardisten zeigten sich als willige Vollstrecker – die gesteuerte Kampagne begann.

Lius Frau Wang Guangmei nahm sich die Zentrale Sonderfallkommission ab Ende 1966 vor, auch in ihrem Fall spielte sie den Rotgardisten „Beweismaterial“ zu. Durch sie und vornehmlich Jiang Qing erhielt Kuai Dafu die Unterlagen über Wang, die er dem befreundeten Rotgardisten gezeigt hatte.

Auch die Verfolgung des Revolutionsgenerals Zhu De geht auf die Machenschaften der Sonderfallkommission zurück. Unter Folter behauptete ein Mitarbeiter eines angesehenen Wirtschaftsinstituts, dass eine „Schattenpartei“ der Kommunistischen Partei mit besten Beziehungen zur Guomindang und Taiwan existieren würde, deren Vorsitz Zhu De innehabe.

Ähnliche, vermutlich nie existierende Organisationen spielten eine häufige Rolle bei Anklagen. Eine andere dieser angeblichen Verschwörungsgruppen, die es vermutlich nie gegeben hatte, wurde *Gruppe 16. Mai* genannt.

Im Dezember 1978, zwei Jahre nach Maos Tod, wurde die Gruppe aufgelöst.

## Die Modellstücke

Der Begriff *Kulturrevolution* kann die falsche Vorstellung wecken, 1966 sei es um Kunst gegangen, die revolutioniert werden sollte, vielleicht ähnlich wie im ausgehenden 19. Jahrhundert der impressionistische Malstil die Darstellung des Lichts revolutioniert hat. Schaut man an, was in China während der Kulturrevolution geschehen ist, verliert man fast aus den Augen, dass tatsächlich inmitten des Chaos und der Gewalt auch eine Neugestaltung der Bühnenkunst stattgefunden hat. Dabei von Revolution zu sprechen, wäre aber weit überzogen. Es war eine Reform, die darin bestand, die Bühnenkunst im Sinne des bereits bekannten Sozialistischen Realismus umzugestalten.

Der Sozialistische Realismus, die proletarische Variante des Bürgerlichen Realismus, stellte den Proletarier, den Bauern, den kommunistischen Soldaten in den Mittelpunkt der Kunst, idealisierte ihn, erhob ihn zum Protagonisten, zum Helden. Die Heldenrollen, die in der bürgerlichen Kunst überwiegend der Adel und das Bürgertum verkörperten, wurden im Sozialistischen Realismus von Arbeitern und Bauern besetzt. Sie wurden in idealisierender Weise als edle, starke Helden dargestellt.

China besitzt eine ganz eigenständige Bühnenkultur.

Was auf chinesischen Bühnen aufgeführt wurde, waren von den allerersten Anfängen an Darbietungen, die mehrere Künste vereinten. Auf der Bühne wurde gesungen, gesprochen, getanzt und Akrobatik präsentiert, die Darsteller waren Sänger, Sprecher, Tänzer, Pantomimen und Akrobaten in einer Person. Diese traditionelle chinesische Bühnenkunst wurde auch als Musiktheater oder chinesische Oper bezeichnet.

(Eine chinesische Oper darf nie mit der Art Oper verwechselt werden, wie man sie im Westen kennt. Ebenso wurde das westliche Theater, das Sprechtheater, erst im 20. Jahrhundert auf chinesischen Bühnen eingeführt.)

Darsteller einer Pekingoper

Eine der jüngsten Formen des kulturell so einmaligen chinesischen Musiktheaters war die Pekingoper, die aus dem 18. Jahrhundert stammte. Trotz des Namens war sie nie regional auf Peking beschränkt, sondern überall im Land verbreitet und für das Volk die beliebteste Bühnenkunst überhaupt.

Die Pekingoper kam weitgehend ohne Requisiten und ohne Bühnenbild aus, Schminke, Kostüme und Kopfschmuck genügten. Die Handlungen der Stücke entlehnten sich aus Sagen, aus Erzählungen und dem allseits bekannten Geschichtenreservoir, das jedem Zuschauer bereits vertraut war. Die Darsteller waren Typen und keine Individuen.

Vier Typen bestimmten die Handlung:

Zum einen der Typus des männlichen positiven zivilen Helden der Oberschicht. Er konnte jung oder alt sein, oft war er Kaiser, Beamter oder auch Gelehrter.

Einen zweiten Typus verkörperten soldatische Helden von Rang, Generäle etwa, aber auch eine mythologische Figur wie der Affenkönig der Volkssage konnte die Rolle ausfüllen.

Der dritte männliche Typus war die Rolle des einfachen Dieners und Spaßmachers aus der Unterschicht – komisch, clownesk, positiv-listig, heimtückisch-verschlagen oder tölpelhaft.

Für die Frauenrollen gab es drei Untertypen. Ein Typus war die erwachsene, zivile Frau, ein anderer die kampfkunsterprobte Frau. Der weitere Typus war das junge Mädchen, oft eine Zofe.

Auf der chinesischen Bühne sangen, sprachen, tanzten Kaiser, Beamte, Minister oder Gelehrte in den tragenden Rollen, das Volk trat als Diener oder dummer August auf.

Die Bühne wurde also beherrscht von Figuren hohen Standes, das einfache Volk blieb auf dienende Rollen beschränkt. Zeitgenössische Themen kamen in der Oper kaum vor.

Schon kurz nach der Ausrufung der Volksrepublik China 1949 wurde deshalb das *Komitee zur Reform der Oper* gegründet. Statt hochgestellter Herrschaften sollten Arbeiter, Bauern und Soldaten die Bühne beherrschen, der edle General etwa sollte durch den aufopferungsvollen Soldaten ersetzt werden.

Als die Kulturrevolution 1966 begann, trieb die Gruppe Kulturrevolution, allen voran Jiang Qing, die vor ihrer Eheschließung mit Mao Zedong

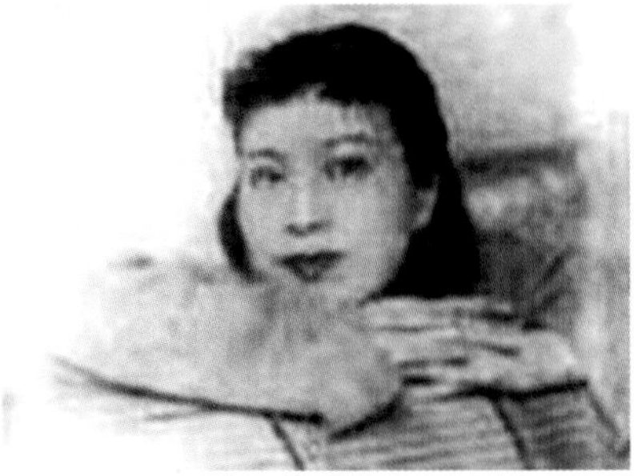

Jiang Qing in den 1930er Jahren als Schauspielerin

Schauspielerin gewesen war, die Reform der Oper vehement voran.

Jiang Qing wählte aus dem vorhandenen Bühnenrepertoire Stücke aus, die ihr für eine grundlegende Umarbeitung und Modernisierung besonders geeignet erschienen. Diese Stücke ließ sie durch die besten und erfahrensten Regisseure, Autoren und Schauspieler neu bearbeiten, umschreiben, ergänzen.

Acht dieser Neubearbeitungen erschienen Jiang Qing so vollkommen, dass sie sie zu mustergültigen Modellen, Vorbildern für alle zukünftige Kunst, erklärte, zu Modellstücken. Anfangs waren das fünf Opern, zwei Ballette und eine Sinfonie. Gegen Ende der Kulturrevolution traten zehn weitere Stücke hinzu, so dass sich das gesamte Programm auf 18 Modellstücke vergrößerte.

Die fünf ursprünglichen Modellopern hießen: *Die Legende der roten Laterne, Mit taktischem Geschick den Tigerberg erobert, Shajiabang, Attacke auf das Regiment vom weißen Tiger* und *Am Hafen.*

Die *Legende der Roten Laterne* war die Geschichte des Eisenbahnarbeiters Li Yuhe und seiner Familie, die aus der Tochter und der Großmutter bestand. Die Handlung spielt im Jahr 1939 im von den Japanern besetzten China. Der Stellwärter Lin Yuhe setzt seine rote Laterne als Signal für die Kommunisten ein. Die japanische Gendarmerie verhaftet und verhört ihn. Lin Yuhe schweigt und opfert sein Leben für die Revolution, doch zuvor gibt er die rote Laterne an seine Tochter Li Timei, ein Mädchen mit eisernem Willen weiter, die seine konspirative revolutionäre Arbeit fortsetzt.

Die Modelloper *Mit taktischem Geschick den Tigerberg erobert* brachte den bekanntesten Helden des modernen chinesischen Theaters hervor, Yang Zirong. Yang Zirong ist ein talentierter, tapferer Soldat der Roten Armee, der eine üble Bande von Verbrechern mit guten Beziehungen zur Guomindang bekämpft. Er ist ein Meister der Tarnung und verleitet die Banditen dazu, ihm zu vertrauen. Nachdem dies gelungen ist, zerschlagen er und seine Kameraden die Bande.

Yang Zirong wurde zur Ikone der Kulturrevolution und *Mit taktischem*

Der Held des „Tigerbergs“ Yang Zirong

*Geschick den Tigerberg erobert* das Modell einer Modelloper.

*Shajiabang* spielt ebenfalls vor 1949. Schwester Aqin arbeitet im Untergrund für die Kommunisten, im Zivilleben ist sie die Besitzerin eines Teeladens in der Stadt Shajiabang, die von den Japanern besetzt und von chinesischen Marionettentruppen kontrolliert wird. Schwester Aqin versteckt 18 verwundete Soldaten der Roten Armee. Wie Yang Zirong ist auch sie tapfer, mutig und gewitzt. Sie überlistet die chinesischen Marionetten der Japaner, die ihre Untergrundarbeit unterbinden wollen.

Die Modelloper *Attacke auf das Regiment vom weißen Tiger* spielt zur Zeit des Koreakriegs. Es geht um das chinesische Freiwilligenregiment, das in Korea kämpfte. Ein tapferer chinesischer Soldat namens Yan Weicai führt zusammen mit einem nordkoreanischen Verbindungsoffizier einen gemeinsamen Aufklärungstrupp mitten hinein in das feindliche Gebiet. Erfolgreich überlisten sie den Kommandoposten des südkoreanischen Weißen Tiger Regiments und schlagen die feindlichen Truppen zurück.

*Im Hafen* war die vielleicht am wenigsten erfolgreiche Modelloper. Im Hafen von Shanghai arbeitet der Proletarier Han Xiaoqiang. Der Klassenfeind Qian Shouwei verübt Sabotage an einer Schiffsladung Weizen, die ein armes Land erhalten soll, indem er einige Säcke mit Fremdkörpern verunreinigt. Der verschlagene Klassenfeind arrangiert es so, dass der Verdacht auf den Proletarier Han fällt. Der Parteisekretär untersucht den Fall und findet mit Hilfe der anderen Hafenarbeiter die verunreinigten Säcke und den wahren Schuldigen. Der Klassenfeind wird entlarvt, und Han hat gelernt, noch wachsamer zu werden.

Zu den fünf Modellopern kamen zwei Ballette hinzu, die ebenfalls zu Modellen für die neue Kunst erklärt wurden. Es waren die Ballette *Das weißhaarige Mädchen* und *Das rote Frauenbatallion*.

Szene aus dem Ballett „Das weißhaarige Mädchen“

Ein Musikstück wurde ebenfalls als modellhaft erklärt, die Sinfonie *Shajiabang*, die nach der gleichnamigen Modelloper komponiert worden war.

Ganz neu bei allen Modellstücken war, dass der westliche Musikstil aufgenommen wurde und zum chinesischen Stil hinzutrat. Es entstand eine neuartige Verbindung von chinesischer und westlicher Musik. Motive aus der chinesischen Volksmusik und der westlichen Musik verbanden sich, westliche Instrumente wie das Klavier ergänzten die traditionellen chinesischen Instrumente.

Die Handlung der Modellstücke kann man so zusammenfassen: Die Helden, gute Proletarier, Arbeiter, Bauern oder Soldaten, schöpften aus den Worten Maos und lernten, ihm in jeder Krise zu vertrauen und schließlich mit ihm Himmel und Erde, Wind und Wetter, Kapitalisten und Konterrevolutionäre zu besiegen. Über allem schwebte das Bild Maos, die *rote Sonne*, die Chinas Rettung war.[279] Waren in den alten Opern Gefühle, Liebe und Verrat die zentralen Themen, war das Thema der Modellstücke die Haltung des modernen Menschen zur Revolution und zu Mao Zedong.

Die Helden der Modellstücke durchlebten weder Entwicklung, noch Zweifel, noch Fragen. Wie mythologische Helden sprangen sie als reife, starke Personen in die Situation hinein, handelten mit zweifelsfreier Gewissheit und errangen den Sieg. Ideologisch gefestigt, seelisch und körperlich stabil, nahmen sie jede Herausforderung an und standen am Ende als strahlende Helden auf der Bühne, mit unerschütterlichem Vertrauen in die kommunistischen Ideale und den Vorsitzenden Mao Zedong.

Die Nebenfiguren lernten von den strahlenden Helden, zwischen richtig und falsch zu unterscheiden, wurden durch die Hauptperson geläutert, gewandelt und dienten den Zuschauern zur Identifikation.

Die Kampfkunst war bereits ein beliebter Bestandteil der alten chinesischen Oper gewesen. Auch in den Modellopern spielte die Kampfkunst eine große Rolle und trug sehr zur Beliebtheit bei. Die neuen Operntexte sprachen vom bewaffneten Kampf, von disziplinierten Kämpfern, edlen weitsichtigen Kommandanten, von der Armee als der Schule des Volkes.

Die Position des Helden wurde mit einer Theorie untermauert: dem Prinzip der drei Hervorhebungen, das von den Kulturrevolutionären als bedeutender Beitrag zur sozialistischen Kunsttheorie gefeiert wurde. Die Theorie lautete: Hebe in einer Geschichte unter allen Figuren die positiven Figuren hervor, unter den positiven Figuren hebe die heldenhaften Figuren hervor und unter den heldenhaften Figuren dann wiederum die heldenhaften Hauptfiguren. Kurz gesagt: Präsentiere unter vielen Helden einen besonderen Helden.

Außerdem wurde eine weitere Theorie aufgestellt: das Prinzip der Beziehungen zwischen den heldenhaften Figuren und den negativen Figuren. Die negativen Helden sind jeweils als Kontrastfiguren zu den positiven Helden zu entwerfen. Dieser Kontrast lässt die heroischen Charaktere noch heroischer hervortreten.

Im Mai 1968 hatte der Komponist von *Shajiabang* und *Mit taktischem Geschick den Tigerberg erobert* diese Prinzipien erstmals formuliert.[280]

1974 ergänzte man die Kunsttheorie um die Einsicht, dass die negativen Helden, die Schlechten, nicht durch ihre immense Schlechtigkeit interessant werden durften, und die Helden, die Guten, wiederum nicht so edel, lauter und im Verhalten vorhersagbar sein durften, dass sie dem Publikum zu eindimensional und langweilig erschienen – und die Schlechten dafür umso interessanter.

Ab 1970 wurden die Modellstücke verfilmt. Diese Filme waren äußerst professionell gemacht und boten die perfekte Version einer Aufführung.

Sie machten die Modellstücke im ganzen Land bekannt. Acht Filme für achthundert Millionen Menschen, spotteten die Zeitgenossen über das Kinoprogramm.

Die Filme wie auch die Modellaufführungen waren ästhetisch und künstlerisch von Spitzenqualität. Die besten Regisseure, Drehbuchschreiber und Schauspieler des Landes wurden für die Arbeit engagiert und konnten lange, jahrelang an den Werken arbeiten.

Auch die Theater-, Orchester- und Filmschaffenden waren den Säuberungen ausgesetzt. Inmitten dieser Hexenjagd wurde aber der Kulturbetrieb, dennoch finanziell gut ausgestattet, weiter vorangetrieben und erarbeitete die Modellstücke einer künstlerischen Zukunft Chinas, wie sie sich Jiang Qing ausgemalt hatte.

## Der Januarsturm – Shanghai 1967

Im September 1966 schrieb die parteiamtliche Volkszeitung noch: *Weder Schülern noch Studenten ist es gestattet, als Rotgardisten in die Fabriken und Dörfer zu gehen, um die Revolution anzufachen und die dortigen Organe in die Hand zu nehmen.*[281] Zhou Enlai hatte wenig später ergänzt: *Fabriken und landwirtschaftliche Betriebe müssen weiterarbeiten. Es geht auf keinen Fall an, dass sie Ferien machen, wie es an den Schulen geschieht.*[282] Noch schien die Führung geschlossen darin einig zu sein, dass die Produktion ungestört weiterlaufen sollte.

Aber entgegen dem Anschein traf die Gruppe Kulturrevolution bereits die Vorarbeiten, um die Roten Garden auch die Betriebe, Fabriken und ländlichen Volkskommunen übernehmen zu lassen. Als prestige- und symbolträchtigen Anfang hatte sie sich Shanghai vorgenommen, die proletarische Hauptstadt, das größte Industriezentrum Chinas.

Zwischen August und Dezember 1966 reisten zwei Mitglieder der Gruppe Kulturrevolution, Zhang Chunqiao und Yao Wenyuan, aus Peking wiederholt nach Shanghai. Ihr Ziel war, den linken Flügel der Arbeiterschaft für die Kulturrevolution zu gewinnen.[283] Zhang Chunqiao hatte bis Mai 1966 die Propagandaabteilung der Partei in Shanghai geleitet und kannte die Verhältnisse der Stadt gut, der Journalist Yao Wenyuan hatte im November 1965 Wu Han in dem Artikel über *Hai Rui wird seines Amtes enthoben* angegriffen.

Auch die mit Jiang Qing und Kang Sheng eng vertrauten prominenten

Pekinger Rotgardisten Nie Yuanzi von der Universität Peking und Kuai Dafu von der Universität Tsinghua fuhren im Herbst 1966 von Peking nach Shanghai.[284]

Nie Yuanzi und Kuai Dafu besuchten die Universität Fudan (ebenfalls eine Eliteuniversität) und instruierten die Studenten. Sie gingen außerdem zur Baumwollspinnerei Nr.17 in Shanghai, wo Wang Hongwen „revolutionär tätig“ war. Wang Hongwen, der stets als junger Arbeiter bezeichnet wurde, war zugleich Mitarbeiter des Geheimdienstes von Kang Sheng. (Nach Maos Tod 1976 wurden Wang Hongwen, Zhang Chunqiao, Yao Wenyuan und Jiang Qing als *Viererbande*, als die vier radikalen Einpeitscher der Gewalt, vor Gericht gestellt und verurteilt.)

Mit Pekinger Unterstützung begannen die Shanghaier Lehrlinge und jungen Arbeiter, Gruppen zu bilden und nannten sich *Revolutionäre Re-bellengruppen*. Im November gründete sich unter der Leitung von Wang Hongwen das *Revolutionäre Rebellenkommando der Shanghaier Arbeiter*, das die *Revolutionären Rebellengruppen* führte.

Dass die jungen Lehrlinge und Arbeiter sich Rebellen nannten, ging auf einen berühmten Satz Mao Zedongs zurück, den er in Yan´an anlässlich von

Im Gedenken an die Pariser Commune: die Kommune von Shanghai

Stalins sechzigstem Geburtstag geäußert hatte: *Die Gesetze des Marxismus sind verwickelt und komplex, aber letztlich laufen sie auf eines hinaus: Rebellion ist gerechtfertigt.*[285] Im Juni 1966 erinnerte die Volkszeitung ihre Leser an den Ausspruch, und die Rotgardisten griffen ihn begeistert auf. *Rebellion ist gerechtfertigt* wurde zur wichtigsten Parole der Kulturrevolution.[286]

Und am 26. Dezember 1966, dem 74. Geburtstag Mao Zedongs, verkündete die Gruppe Kulturrevolution, *eine neue Hochflut der Kulturrevolution in den Betrieben von Industrie und Bergbau* einzuleiten.[287] Sie rief die Garden nun offiziell dazu auf, in die Fabriken, Betriebe und aufs Land zu gehen.

Mit Rat und Tat der Pekinger Rotgardisten wurde nun in Shanghai die Kulturrevolution vorangetrieben. Überall sah man Wandzeitungen, auf denen die Stadtverwaltung und Parteiführung von Shanghai, die mehrheitlich der pragmatischen Fraktion angehörten, beschuldigt und angegriffen wurden.

In der Arbeiterstadt Shanghai begannen die Kämpfe: Schüler und Studenten gegen die Lehrer und Dozenten, Lehrlinge und junge Arbeiter der unteren Lohngruppen gegen die besser gestellten Kollegen. Beide Seiten boten Hundertausende von Anhängern und Gefolgsleuten auf und taktierten sehr geschickt.

Shanghai war das industrielle Herz Chinas und besaß den entsprechenden alten und leistungsstarken Arbeiteradel. Er zählte traditionell zu den Spitzenverdienern und zog aus der pragmatischen und leistungsbezogenen Wirtschaftspolitik Gewinn. Entsprechend schlagkräftig wehrten sich die Arbeiter gegen die gewaltsame Übernahme der Betriebe durch Revolutionäre Rebellen und Rotgardisten.

Die Verwaltung der Stadt und der bedrohten Betriebe wehrte sich aber zusätzlich noch, indem sie, wie die Revolutionären Rebellen schimpften, den *schwarzen Wind des konterrevolutionären Ökonomismus* wehen ließ.

Die Betriebskader der Shanghaier Betriebe schöpften alle Möglichkeiten aus, den *schwarzen Wind* besonders kräftig wehen zu lassen. Sie zahlten den Arbeitern Sonderzulagen aus den Sparfonds und Rücklagen und verteilten zusätzlich Lebensmittel, Kleidungsstücke und Schuhe. Die Kader sicherten sich durch die materiellen Anreize den unbedingten Rückhalt durch die Arbeiter – und die maoistischen Agitatoren liefen ins Leere. Der warme Geldregen führte zu dem Schauspiel, dass während der Kulturrevolution in Shanghai auf den Haupt- und Geschäftsstraßen die Rotgardisten und Revolutionären Rebellen lärmend mit Trommeln und Gongs demonstrierten und den bescheidenen proletarischen Helden hochleben ließen, während die Arbeiterfamilien shoppen gingen.[288]

In engem Kontakt zum Rathaus und Parteibüro schlossen sich die Shanghaier Arbeiter, um gegen die Garden und Rebellen vorzugehen, nun ebenfalls zu Verbänden zum Schutz der sozialistischen Errungenschaften zusammen und nannten sich Arbeiterscharlachgarden – Scharlach ist eine tiefrote Farbe.[289]

Nun pendelten nicht nur Rote Garden und Revolutionäre Rebellen zwischen Peking und Shanghai, um sich Hilfe und Rat zu organisieren, sondern auch die Arbeiterscharlachgarden bestiegen den Zug in Richtung Peking, um sich über die Störung der Produktion zu beschweren.[290]

Der maoistischen Linken gelang in Shanghai trotzdem zunächst ein im ganzen Land beachteter Erfolg. Sie brachten Zeitungsverlage sowie den Radiosender unter ihre Kontrolle, stürmten das Rathaus und vertrieben die Stadt- und die Parteileitung, angefangen vom Oberbürgermeister und dem Ersten Sekretär des Shanghaier Parteikomitees bis zu den untergeordneten Kadern.

Die radikalen Maoisten – Jiang Qing trat zunehmend als ihre Sprecherin hervor – feierten den Erfolg, ganz China sollte „shanghaiisiert" werden.[291]

Doch bald machten die Arbeiterscharlachgarden mobil, und zwar mit der alten Arbeiterwaffe Streik. Sie legten die Strom- und die Wasserversorgung lahm und den Verkehr still. Die Verschiffung von Gütern im Hafen brach zusammen, Züge fuhren nur noch unregelmäßig oder gar nicht, in der Stadt drängten sich immer mehr Menschen von außerhalb, die Nahrungsversorgung wurde so angespannt, dass die Läden laufend die Öffnungszeiten kürzen mussten.[292]

Dass sich die proletarischen Arbeiterscharlachgarden spontan erhoben hatten, ging der Führung in Peking allerdings zu weit. Zhang Chunqiao und Yao Wenyuan, die kulturrevolutionären Einpeitscher, reisten wieder nach Shanghai, um die Streiks zu beenden. Sie riefen die Volksbefreiungsarmee zur Hilfe, das heißt, sie setzten Soldaten gegen streikende Arbeiter ein.

Soldaten bewachten schon bald die Flugplätze, Banken, Güterbahnhöfe und Docks. Als Ersatz für die streikenden Arbeiter übernahmen Rotgardisten deren Aufgaben, so gut es ging. Doch andere Rotgardisten solidarisierten sich mit den streikenden Arbeitern und führten Ende Januar

Herzlich Willkommen – die Geburt der Shanghaier Kommune! (1967)

eine Kampfsitzung gegen Zhang Chunqiao und Yao Wenyuan durch.

Nun riefen Mao Zedong und die Gruppe Kulturrevolution erst recht nach der Armee, und nur mit Hilfe des Militärs erreichten sie, dass Anfang Februar die Verhältnisse in Shanghai wieder so waren, wie von den Führern der Kulturrevolution gewünscht. Am 5. Februar verkündete Zhang die Bildung der Volkskommune Shanghai und erklärte Shanghai zu einer autonomen, sich selbst verwaltenden Einheit – im Sinne der Pariser Commune von 1871 und der chinesischen Volkskommunen von 1958.

Die Volkskommune von Shanghai wurde jedoch schon Monate später durch Befehl von ganz oben, von Mao persönlich, durch ein Revolutionskomitee abgelöst.[293]

## Überall ist Shanghai

Das Beispiel Shanghai hat Schule gemacht – in jeder Hinsicht. Die Gruppe Kulturrevolution hatte dazu aufgerufen, die Kulturevolution in alle Provinzen, in alle Fabriken, Betriebe, Bergwerke und ländliche Volkskommunen zu tragen. Deren Kader sollten zusammen mit den regionalen Parteileitungen entmachtet und ersetzt werden, denn noch lange waren im großen China (einem Land ungefähr von der Größe Europas) nicht alle auf die maoistische Linie eingeschwenkt. Viele Provinzen verfolgten weiterhin den pragmatischen Kurs.

Die Revolutionären Rebellen und Roten Garden stürzten sich begeistert in die Aufgabe. Die Stadt Xiamen (Amoy) etwa, wo der bekannte Rotgardist Ken Ling mit seinen Leuten die entsprechende Vorarbeit geleistet hatte, wurde für kurze Zeit zu einer Volkskommune erklärt und alle 147 Fabriken der Stadt dem Kommando des 16jährigen Schuljungen Ken Ling unterstellt. Ken Ling registrierte ratlos: *Das schwierigste Problem, dem die*

*Kommune von Amoy nach der Machtergreifung gegenüberstand, war der Produktionsrückgang in über 90 Prozent der Fabriken von Amoy.*[294] Das Proletariat verbündete sich offensichtlich nicht mit den Roten Garden.

Und wie in Shanghai und Amoy/Xiamen wehrten sich überall in den Provinzen Teile der Partei und der Bevölkerung gegen die Rebellen und Garden und stellten ähnliche Verbände wie die Shanghaier Arbeiterscharlachgarden auf.

Im Dezember 1966 schon hatte Chen Boda, Vorsitzender der Gruppe Kulturrevolution, geschimpft, dass Provinzsekretäre Arbeiter und Bauern mobilisiert hätten, *um die Studenten zu bekämpfen.*[295]

Die politische Lage im Land war verworren, wurde immer verworrener, und je weiter von Peking entfernt, desto unübersichtlicher.

## Rivalisierende Gruppen

In vielen Provinzen gingen die Führungskader im Interesse von *revolutionärer Ruhe und Ordnung* im Land dazu über, eigene *Rote Garden* sowie *Rote Wehren*, ähnlich den Shanghaier Scharlachgarden, zu organisieren.

Immer mehr ideologisch unterschiedliche Rote Garden bestimmten das Leben der Jugendlichen, immer mehr ideologisch unterschiedliche *Revolutionäre Arbeiterwehren* das Leben der Erwachsenen.

Den Gruppen war gemeinsam: Alle beriefen sich auf das Mao-Zedong-Denken, alle bezeichneten sich selbst als revolutionär und die anderen als reaktionär, alle schwenkten das *Kleine Rote Buch.* Dass sie sich untereinander erbittert bekämpften, war eine zwingende Folge. Vor allem Rotgardisten verstrickten sich in Rivalitäten mit verfeindeten Gruppen von Rotgardisten.

Wie brutal und demütigend die Rivalitäten ausgetragen wurden, schilderte der Rotgardist Ken Ling. Seine Gruppe Rotgardisten kämpfte mit einer anderen Gruppe Rotgardisten: *Dann umzingelten wir über fünfzig Leute die übrigen gefangenen Führer, ließen sie sich niederknien, wie Hunde bellen und „Papa" rufen.*[296] Nach dem gemeinsamen Mittagessen ging es weiter zu einer Aktion: *Zusammen mit meinen engsten Kampfgenossen, den übrigen sieben Mitgliedern der Kampfgruppe 8.8., führte ich ungefähr 2000 Schüler und Studenten der Universität Amoy (Xiamen, C.H.), der Achten Oberschule und anderer Oberschulen zu einem Überfall auf das Oberkommando der Roten Garden von Amoy und den Kulturpalast der Jugend.*

Dort trafen sie auf verfeindete Rotgardistinnen: *Mit dem Gesicht nach unten zerrte man sie an den Beinen heraus, ungeachtet der Tatsache, dass sie dabei mit Brust, Kopf und Armen aufschlugen und sich dabei verletzten. ... Schreie und Heulen erfüllten die Korridore. Dieses Vorgehen nannten wir „Ratten schleifen".*[297]

Die feindlichen Rotgardistinnen wurden vergewaltigt, berichtete Ken Ling. *Boss, der keinem Mädchen aus unseren eigenen Reihen je zu nahe trat, ließ nie auch nur ein hübsches gefangenes Mädchen ungeschoren davonkommen. Ein irritierter Genosse tadelte ihn einmal mit den Worten: „Wie kannst du revolutionäres Sperma in einen konterrevolutionären Schoss ejakulieren?" „Warum nicht?", fragte Boss sachlich. „Eine Blutmischung führt zu den intelligentesten Ergebnissen."*[298]

Untereinander verfuhren die Rotgardisten brutal. Wer Rotgardist war, verübte Gewalt und war ein Täter, aber zugleich ein Opfer der Gewalt anderer Rotgardisten.

In Guangdong, so berichtete die deutsche Zeitschrift *Der Spiegel* 1967, *stürmten ... zehntausend Rotgardisten mit Äxten, Messern, Steinen und Pfeilen auf andere Rotgardisten los: Sie beschuldigten einander, die Weisheiten des Oberrevolutionärs Mao falsch ausgelegt zu haben. Auf der Walstatt der Schlacht um Worte blieben – so meldeten Wandzeitungen der Gardisten – fünfhundert Tote. Sie hingen an Bäumen und Laternenpfählen. Sie lagen an Flussufern und Rinnsalen – mit abgehackten Händen und Füßen, abgeschnittenen Nasen, Ohren und Lippen. Mit Fabrikloren aus einem nahen Stahlwerk wurden Tote und Verwundete vom Kampfplatz gefahren.*[299]

Die Wunden und die Scham über die Vorgänge von damals sitzen bis heute unter Chinesen sehr tief.

## Chaos und Ordnung

*In der Tiefe der Seele* hatte die Kulturrevolution den Menschen berühren sollen – um den neuen Menschen, den freien, von Liebe zum Kollektiv erfüllten Kommunisten zu schaffen.

Stattdessen hatte die Führung eine immer mehr ausufernde kollektive Jugendgewalt ins Leben gerufen. *Gewalt in Gruppen gehorcht anderen Regeln als die Herausforderung eines Einzelnen,* bemerkte ein Historiker zum Phänomen der enthemmten Gewalt.[300] Die Roten Garden und Revolutionären Rebellen durchlebten eben gerade nicht, jeder für sich, die Revolutionserfahrung der älteren Generation, sondern erlebten das kollektive Machtgefühl straflos agierender Banden.

Am Ende hatten die Roten Garden den Partei- und Verwaltungsapparat fast vollständig zerschlagen. Das *große Chaos im Reiche*, von dem sich Mao Zedong in einem Brief vom Juli 1966 an Jiang Qing die Entlarvung aller *Rinderdämonen und Schlangengeister* erwartet hatte, hatte sich ausgebreitet. Auf das *Chaos* sollte die *große Ordnung im Reiche* folgen, so hatte Mao es sich vorgestellt.[301]

Doch die große Ordnung kam nicht. Den Roten Garden gelang nicht einmal der Zusammenschluss zu einer Dachorganisation. Stattdessen zerfleischten sie sich untereinander. Das willentlich gestiftete Chaos wurde ausgedehnter und immer größer, ohne dass ein Ende absehbar war. Gleichzeitig wuchs der Widerstand großer Teile der Bevölkerung und der Armee gegen das Treiben der Jugend.

Die *Ordnung* wurde schließlich unter Anwendung blutiger Gewalt wiederhergestellt, und zwar nicht mehr von der politischen Führung, sondern vom Militär. Die Macht im Staate verschob sich von der Politik auf die Armee. Und damit begann der gewalttätigste, der blutigste Teil der Kulturrevolution.

## Die politische Macht kommt aus den Gewehrläufen. Intervention durch die Armee

*Jeder Kommunist muss diese Wahrheit begreifen: „Die politische Macht kommt aus den Gewehrläufen. Unser Prinzip lautet: Die Partei kommandiert die Gewehre, und niemals darf zugelassen werden, dass die Gewehre die Partei kommandieren.*[302]

Dass die Partei das Militär kontrollierte und nie umgekehrt, war ein zentraler Grundsatz der Kommunistischen Partei. Nun führte die Kulturrevolution aber einen Zustand herbei, in dem der Machterhalt der Partei vom Eingreifen der Armee abhing.

Die Handlungen der Roten Garden riefen im ganzen Land Widerstand in der Bevölkerung hervor.

Bereits im September 1966 kommentierte Mao Zedong zur Lage in den Provinzstädten: überall wenden sich organisierte Arbeiter und Bauern gegen die Studenten; das ist vollkommen verkehrt, so kann es nicht weitergehen.

Versucht es mit der Weisung der Zentrale, dass sie das nicht tun sollen, bringt noch einmal Leitartikel, in denen ihr den Arbeitern und Bauern sagt, sie sollen sich nicht in die Schüler- und Studentenbewegung einmischen.[303]

Das war ein Freibrief für die Roten Garden, und Mao hatte noch geglaubt, den Widerstand der Bevölkerung mit Propaganda brechen zu können.

Die Garden- und Rebellengruppen erregten aber weiterhin und trotz Propaganda starke Abwehr. In Städten wie Shanghai, Tianjin und Wuhan gingen die Arbeiter gegen die maoistischen Verbände vor, auf dem Land wehrten sich die Bauern zunehmend.[304]

Auf den Straßen tobte die Gewalt: ausgeübt von den Roten Garden und gegen die Roten Garden. In dieser Situation hatte Mao Zedong im Januar 1967 zum ersten Mal entschieden, Lin Biao, den Oberbefehlshaber der Volksbefreiungsarmee, zu beauftragen, zugunsten der Garden zu intervenieren:

*Genosse Lin Biao! Die Befreiungsarmee muss ausgeschickt werden, um die breiten Massen der Linken zu unterstützen.*

*Mao Zedong*[305]

Immer siegreich der revolutionären Linie des Vorsitzenden Mao folgen!

## Loyalität in der Armee

Fraglich war aber, ob der Verteidigungsminister Lin Biao überhaupt noch für die Loyalität aller Truppenteile und Regionalkommandanten garantieren konnte. Die Politik hatte die Armee längst gespalten.

Die alten Marschälle der Volksbefreiungsarmee verurteilten die ultralinke Politik scharf. Einer von ihnen, Ye Jiangying, schleuderte im Februar 1967 dem Vorsitzenden der Gruppe Kulturrevolution, Chen Boda, die Worte ins Gesicht: die *Partei ins Chaos zu stürzen, die Regierung ins Chaos zu stürzen,* aber *das ist Ihnen noch nicht genug. Sie wollen unbedingt auch die Armee ins Chaos stürzen. Was fällt Ihnen ein, so etwas zu tun?*[306] Chen Boda blieb ihm die Antwort schuldig.

Nachdem Mao Zedong die Volksbefreiungsarmee aufgefordert hatte, zugunsten der *breiten Massen der Linken* einzugreifen, befolgte die Armee nur in wenigen Landesteilen den Befehl. Die meisten Armeeführer hielten sich bedeckt und beobachteten vorläufig das Geschehen weiter.

Neben den Beobachtern standen andere Militärbefehlshaber in den Provinzen schon seit Beginn der Kulturrevolution den maoistischen Gruppen ablehnend gegenüber. Sie benutzten die Aufforderung Maos, um mit Gewalt und unterschiedslos gegen die in sich zerstrittene militante Linke insgesamt vorzugehen.

Wie viele Rotgardisten und Rebellen von ihnen getötet und verletzt wurden, ist nicht bekannt. Doch waren nach Augenzeugenberichten die Flüsse *mit Toten verstopft, und an den Küsten Hongkongs wurden zahlreiche Leichen angespült.*[307] Ein sehr großer Teil der Todesopfer der Kulturrevolution geht auf das Eingreifen dieser Militärs zurück.

Auch der Oberbefehlshaber der Volksbefreiungsarmee von Wuhan hatte seine Methode gewählt und sich eigene Massenverbände geschaffen – ein Höhepunkt der offenen Auflehnung und zugleich eine Warnung an die Pekinger Zentrale: Das Proletariat und das Militär hatten sich für revolutionäre Ruhe und Ordnung im Land gegen die Roten Garden zusammengeschlossen.

## Wuhan

In der großen Hafenstadt Wuhan am Yangtse, Hauptstadt der Provinz Hubei und ein wichtiges Industriezentrum, waren die Streitkräfte der Provinz Hubei und der Provinz Henan stationiert. General Chen Zaidao führte das Oberste Wehrbereichskommando.

Im Mai 1966 hatten sich auch in Wuhan Rote Garden gegründet. Und später, im Herbst 1966 schlossen sich Lehrlinge und junge Arbeiter nach dem Shanghaier Beispiel zu *Arbeiterhauptquartieren* zusammen. Diese Gruppen spalteten sich in über fünfzig Organisationen und trugen blutige politische Richtungskämpfe aus.

Allerdings gelang es ihnen im Januar 1967 auch, sich zu einer Gruppe mit annähernd einer halben Million Mitgliedern zusammenzuschließen: den *Drei Stahlwerken von Wuhan*. Die *Stahlwerke* besetzten Betriebe, griffen die lokalen Behörden an und probten die Machtübernahme.

Dagegen regte sich Widerstand aus den Reihen der Arbeiter und aus den Reihen der Armee.[308] Der Oberbefehlshaber von Hubei und Henan, General Chen Zaidao, ließ seine Truppen im Interesse der *revolutionären Ruhe und Ordnung* gegen die *Stahlwerke* aufmarschieren. Was nichts weniger bedeutete, als: Ein General der Volksbefreiungsarmee behinderte die „revolutionäre Tätigkeit".

Und keineswegs stand der Wuhaner General dabei allein. Andere Regionalkommandanten im Umland setzten ihre Truppen ebenfalls gegen die Roten Garden und Arbeiterrebellen ein.[309]

Für Peking signalisierte der Widerstand in den Provinzen auf alarmierende Weise: Die Loyalität von Teilen der Volksbefreiungsarmee zum politischen Kurs der Kulturrevolution und zum Obersten Befehlshaber Lin Biao war nicht länger gegeben.

Nachdem sogar die Gruppe Kulturrevolution nun doch etwas alarmiert war und die Roten Garden vor Angriffen auf die Truppenteile der Volksbefreiungsarmee in Wuhan gewarnt hatte, ließ General Chen im Februar und März 1967 2000–3000 der Rotgardisten durch Soldaten verhaften.[310] Weiter ließen Chen und sein Führungsstab ganze Bataillone gegen Rebellenorganisationen aufmarschieren, die sich innerhalb der Armee gebildet hatten. Chen argumentierte „revolutionär": Gardenorganisationen dürften niemals die Aktivitäten der regionalen Kommandeure der Volksbefreiungsarmee behindern.[311]

Nicht nur das Militär ging gegen die Jugendlichen vor. Unter dem Schutz des Oberkommandos der Armee in Wuhan leisteten viele Gruppen Widerstand gegen die *Stahlwerke*. Und diese vielen kleineren Gruppen schlossen sich zu einer großen militanten Organisation zusammen, der *Eine Million Helden* mit über einer Million Mitgliedern.

General Chen Zaidao

Die Lage eskalierte und ging in einen bürgerkriegsähnlichen Zustand über. Über Wochen lieferten sich „Helden" und „Stahlwerke" Straßenkämpfe und Gefechte, bei denen Tausende Rotgardisten verletzt und mehr als hundert getötet wurden.[312]

Die Situation in der Stadt geriet so außer Kontrolle, dass Mitglieder der Regierung aus Peking nach Wuhan reisten, um die Lage zu klären und zu schlichten. Zwei aus der Delegation, Wang Li, oberster Propagandachef der Partei, und Xie Fuzhi, Minister für innere Sicherheit, erklärten die *Stahlwerke* zur „wahren Linken". Wütende Soldaten und Mitglieder der *Helden* setzten die beiden daraufhin gefangen.[313]

Erst als die Führung in Peking interveniert und Fallschirmjäger und Kriegsschiffe nach Wuhan entsandt hatte, kamen die beiden Minister wieder frei.

Chen Zaidao wurde nach Peking beordert und aus dem Amt entlassen. Reguläre Truppenteile wurden nach Wuhan gesandt und die Regionaltruppen von Wuhan gewaltsam entwaffnet. Die verhafteten Offiziere und Soldaten kamen in Arbeitslager auf dem Land. Die Organisation *Eine Million Helden* wurde verboten und zerschlagen.

## Bewaffnet die Linke!

Die Roten Garden versuchten verzweifelt, die Macht des Militärs zu brechen. Jiang Qing als Sprecherin der Gruppe Kulturrevolution stellte sich im Juli 1967 auf die Seite „ihrer" Truppen und leitete deren Versorgung mit Waffen ein: *Bewaffnet die Linke! Gebt Waffen an die Linke aus!*[314] – die Gewalt nahm noch mehr zu.

Die Roten Garden im ganzen Land besaßen nun leichtes Kriegsgerät wie Handfeuerwaffen und Maschinengewehre und griffen Einrichtungen und Posten der Armee an.

Jiang Qing spricht zu den Roten Garden

Und sie überfielen, da sie jetzt das Recht auf Waffen besaßen, Waffen- und Munitionsdepots der Volksbefreiungsarmee. Der sechzehnjährige Rotgardist Ken Ling brach mit seiner Gruppe zu den Munitionsdepots von Xiamen auf: *Wir machten uns daran, Dutzende von Gewehrkisten zu öffnen, die hier seit Beginn der Kulturrevolution eingelagert waren, und reichten die Gewehre von Hand zu Hand aus dem Tunnel hinaus.*[315]

Das Waffenarsenal der Gruppe erweiterte sich noch beträchtlich durch Waffen Marke Eigenbau: *Jeder von uns wurde Munitionsfachmann. Wir waren sogar in der Lage, Panzerabwehrminen und kleinere, schlagkräftigere Handgranaten herzustellen. Ich hatte mir sechs solcher kleinen Granaten zu meinem eigenen Schutz verfertigt.*[316]

Auf Wandzeitungen beschimpften in Peking im Sommer 1967 die Roten Garden Premierminister Zhou Enlai, weil er sich dafür ausgesprochen hatte, die Armee gegen die Gewalt der Roten Garden einzusetzen. Sie belagerten sein Büro.

Mit Handfeuerwaffen und Maschinengewehren stürmten Rote Garden Mitte August 1967 in Peking mehrere Ministerien und besetzten das Außenministerium. Nun betrieben sie „Außenpolitik". Ende August 1967 wurden sie von Pekinger Militäreinheiten mit Waffengewalt aus dem Außenministerium vertrieben.

Von Roten Garden wurde das Gebäude der Britischen Botschaft aus Protest gegen die britische Herrschaft über Hongkong gestürmt, das Botschaftspersonal verprügelt, Akten vernichtet, das Mobiliar demoliert und der Dienstwagen des Botschafters in Brand gesteckt.

China steuerte auf den Rand des Bürgerkriegs zu.

In der für den Machterhalt äußerst heiklen Situation räumte die politische Führung der Volksbefreiungsarmee noch mehr Machtbefugnisse ein, um sie geschlossen auf ihre Seite zu bringen. In einem historisch nie zuvor dagewesenen Ausmaß wurde das Militär direkt an der Regierungsführung beteiligt.

## Revolutionskomitees

Die meisten früheren Kader der Partei waren aus dem Amt verjagt worden. Der Parteiapparat und die Verwaltungsstrukturen in den Provinzen waren weitgehend zusammengebrochen. Chaos breitete sich aus.

Anfang 1967 hatte sich in Shanghai die Shanghaier Volkskommune gebildet, die der Vorsitzende der Gruppe Kulturrevolution und Cheftheoretiker der Partei, Chen Boda, zum Modell für ganz China erklärt hatte.

In Heilongjiang, der nordöstlichen Provinz, die an die Sowjetunion grenzte, waren die maoistischen Kräfte auch in der Armee stark, und die Kulturrevolution verlief sehr radikal und gewalttätig. Fabriken und Betriebe standen still.

Nachdem die Garden und Rebellen dort die Macht an sich gerissen hatten, schufen sie Ende Januar 1967 ein noch anderes Modell, das sich Revolutionskomitee nannte: Volksbefreiungsarmee, Partei und maoistische Verbände regierten und verwalteten mit je einem Drittel Mitgliedern in sämtlichen Verwaltungs- und Parteiorganisationen gemeinsam die Provinz.

Das Verwaltungs- und Organisationsmodell *Revolutionskomitee* war eine Alternative zur Shanghaier Volkskommune. Für die Parteiführung in Peking wie für die Armee bedeutete es die bessere Lösung. Anders als in der Kommune waren hier die Kader von Partei und Militär garantiert zu je einem Drittel vertreten, während beim Modell der Kommune die Selbstverwaltung vorherrschte und damit die künftige Rolle von Partei und Armee noch unklar war.

In der angespannten Situation, in der die Führung stand und auf die Hilfe der Armee angewiesen war, erklärte die Zentrale in Peking daher im

März 1967 allein das Revolutionskomitee zum verbindlichen Verwaltungs- und Organisationsmodell für alle Provinzen: Überall sollten nun die Vertreter der Partei, der Armee und der revolutionären Massenorganisationen gemeinsam Revolutionskomitees bilden und so das Land regieren und verwalten.

Die Revolutionskomitees waren als Organisationseinheiten für alle Bereiche gedacht, angefangen von der Regierung bis hin zu sämtlichen untergeordneten Behörden.

Die maoistische Linke, so forderte die Führung, sollte die Aufgabe übernehmen, im ganzen Land die Revolutionskomitees zu errichten. Besonders betonte die Führung dabei die *Mitwirkung der Vertreter der Volksbefreiungsarmee und der Volksmilizen.*[317]

Die Maoisten bemühten sich um den Aufbau der Komitees, aber der Widerstand und die Vorbehalte der regionalen Armeeführer gegen die Zusammenarbeit mit ihnen waren zu groß.

Daher dauerte es – um der weiteren Entwicklung vorzugreifen – noch bis zur grundsätzlichen politischen Kehrwende im September 1968, bis in allen Provinzen Revolutionskomitees entstanden waren. Da aber konnte

Aufmarsch anlässlich der Einrichtung eines Revolutionskomitees durch den linken Flügel der Volksbefreiungsarmee 1968

von einer ausgewogenen „Dreierverbindung“ zwischen „revolutionären Massen“, Parteikadern und Militärs keine Rede mehr sein.

Auf den höheren Führungsebenen der Revolutionskomitees stellten Offiziere der Volksbefreiungsarmee die überwiegende Mehrheit und beschränkten sich nicht auf ein Drittel. In den Provinzregierungen und den obersten Behörden hatten sogar ausschließlich Militärs den Vorsitz inne.

Das bedeutete: Das Militär stellte ab September 1968 das politische Führungspersonal.

## Verhaftungen von Mitgliedern der Gruppe Kulturrevolution

Angesichts der Gewalt des Militärs der Provinzen gegen die Roten Garden hatte die Gruppe Kulturrevolution wiederholt die Säuberung der Volksbefreiungsarmee verlangt.

Im August 1967 rief Wang Li, ein enger Mitarbeiter von Jiang Qing und Mitglied der Gruppe Kulturrevolution, in der Theoriezeitung der Kommunistischen Partei, Hongqi, die Roten Garden noch einmal zur Säuberung der Armee auf. Das war aber auch der letzte Vorstoß in diese Richtung. Kurz darauf verhaftete eine Militärpatrouille Wang Li in Peking.[318]

Das Militär verhaftete Ende August 1967 noch weitere Mitglieder der Gruppe Kulturrevolution, enge Mitarbeiter von Jiang Qing, und beschuldigte sie, Premierminister Zhou Enlai und die Volksbefreiungsarmee angegriffen zu haben.

Jiang Qing, die Wortführerin, sowie die noch verbliebenen Mitglieder der Gruppe Kulturrevolution sahen sich zu einer radikalen Kehrtwende gezwungen. Jiang Qing rief im September 1967 die Rotgardisten zur *großen Harmonie* und *großen Allianz aller Kräfte* auf. Sie verurteilte jetzt offiziell den bewaffneten Kampf und bezeichnete die von ihr und ihren Mitarbeitern selbst vorgebrachte Forderung, die Armee von reaktionären revisionistischen Elementen zu säubern, als *reaktionäres Schlagwort*, das die *Ehre der Armee* verletze.[319] Die militanten *kleinen revolutionären Generäle* vollzogen den Kurswechsel aber nicht mit, sondern führten den Kampf fort – ein klares Signal an Jiang Qing und die Gruppe Kulturrevolution, dass die Garden ihrer Kontrolle entglitten waren.

## Der Kurswechsel. Schulen und Hochschulen

Die politische Führung versuchte, die Roten Garden wieder unter Kontrolle zu bekommen. Am 5. September 1967 erteilte Mao Zedong folgende Weisung: *Von jetzt an werden einige einfache Kriterien festgesetzt: Wer jemanden angreift, der trägt die volle Verantwortung; wer jemanden in Gewahrsam nimmt, der trägt die Hauptverantwortung. ... Wer von jetzt an nochmals die Produktion anhält, begeht ein Verbrechen. In den Fabriken wird während der Produktionszeit keine Revolution gemacht. Wenn jemand während der Produktionszeit Leute zum bewaffneten Kampf abzieht, so bekommt er den Schandhut aufgesetzt.... In ein, zwei Monaten müssen die Massen dazu mobilisiert werden, schlechte Menschen anzuzeigen, die staatliches und privates Vermögen geraubt haben, die Mord und Brandstiftung verübt haben.*[320]

Mao versuchte, die Macht der Roten Garden und ihre Gewalt zu beenden – China drohte ein Bürgerkrieg.

Die politische Führung hatte schon mehrmals verlangt, dass die Roten Garden unverzüglich in die Schulen und Universitäten zurückkehren sollten: Revolution ohne Unterricht an den Schulen sei falsch.[321] Die Aufrufe waren wirkungslos verhallt.

Im Herbst 1967 wurden die Schüler und Studenten erneut dazu aufgefordert. Diesmal kehrten die Schüler an die Schulen zurück – aber auch nur, weil das Militär eingriff. In fast allen Städten begannen Einheiten der Armee, den Schülern *bei der Rückkehr in die Schulen behilflich zu sein*, wie der chinesische Rundfunk meldete.[322]

Vorerst nahmen die Grund- und jene Mittelschulen, die nicht an eine Universität angeschlossen waren, den Unterricht wieder auf, soweit sich die erforderlichen Lehrer überhaupt noch finden ließen.

Die Schulen standen von nun an unter Aufsicht des Militärs. Soldaten kamen an die Schulen, die Schüler absolvierten eine militärische Grundausbildung. Der Lehrstoff wurde von Politik dominiert statt von Fachinhalten. Im Unterricht wurden die gesammelten Werke Mao Zedongs und die Dokumente über die Kulturrevolution gelesen, die Lehrbücher und das Bildungssystem kritisiert.[323]

Die Studenten leisteten landesweit weiterhin Widerstand und hielten die zu Festungen ausgebauten Universitäten (und damit die angeschlossenen Mittelschulen) weiter besetzt. Sie forderten inzwischen eine *völlige Neuverteilung der Macht* in einem weitgehend herrschaftsfreien Rätesystem.[324] In Kanton erschienen im April 1968 Flugblätter der Roten Garden, die den Sturz Mao Zedongs und Zhou Enlais forderten.

Die Volksbefreiungsarmee setzte den Feldzug gegen die Roten Garden fort. Sie hatte sich inzwischen sogar nach dem Beispiel der *Scharlachroten Arbeiterwehren* in Shanghai und der *Eine Million Helden* in Wuhan, die am härtesten gegen die Roten Garden vorgegangen waren, eigene ähnliche Massenorganisationen geschaffen, die *Roten Arbeiterwehren*. Diese erhielten gemeinsam mit Abteilungen der Armee die Kontrolle über die Hochschulen zugewiesen.

Das Zentralkomitee der Kommunistischen Partei, das Oberkommando der Volksbefreiungsarmee und die Gruppe Kulturrevolution gemeinsam befahlen den studentischen Roten Garden, alle Kampfhandlungen unverzüglich einzustellen, alle Verteidigungsanlagen abzubauen und alle Waffen abzuliefern.

An der Universität Tsinghua, die von den Garden zu einer gewaltigen Befestigung ausgebaut worden war, tobten trotzdem weiterhin mörderische Gefechte verfeindeter Gruppen. Ein komplettes Gebäude wurde in Brand gesteckt.

In den Volksmilizen gründet unser Sieg!

Mao Zedongs persönliche Sondereinheit, die Einheit 8341, bereitete im Juli 1968 zusammen mit der Garnison von Peking den Einmarsch an die Universität vor.[325] Es wurden *Arbeiterpropagandatrupps zur Verbreitung der Mao-Zedong-Ideen* an Hochschulen und Universitäten geschickt, insgesamt rund 30000 Arbeiter aus den Fabriken Pekings. Die *Arbeiterpropagandatruppen* rekrutierten sich aus den *Roten Arbeiterwehren* und waren trainierte Milizen.

An der Universität Tsinghua wurde der *Arbeiterpropagandatrupp* von der Garde Jinggangshan des Rotgardisten Kuai Dafu mit Steinen beworfen und mit Waffen beschossen. Fünf Arbeiter wurden getötet, über 700 verletzt.[326]

Die *kleinen revolutionären Generäle* hatten die Abteilungen ihrer Oberbefehlshaber angegriffen.

Mao Zedong, Zhou Enlai, Lin Biao, Jiang Qing, Chen Boda, Kang Sheng und andere bestellten am Tag nach dem Desaster an der Tsinghua, am 28. Juli 1968, die fünf wichtigsten Führer der Roten Garden der Hauptstadt zu einem Gespräch ein: Nie Yuanzi (Universität Peking), Kuai Dafu (Universität Tsinghua), Han Aijing (Pekinger Institut für Raum- und Luftfahrt), Tan Houlan (Pädagogische Universität Peking) und Wang Dabin (Pekinger Institut für Geologie).

Mao Zedong wies sie scharf zurecht: *Die Arbeiter sind mit leeren Händen gekommen, ihr habt es ihnen verwehrt, ihr habt Arbeiter totgeschlagen oder sie schwer verwundet.*[327] Und: *Wenn irgendjemand noch weiter Widerstand leistet, gegen die Befreiungsarmee losschlägt, Sabotage gegen den Verkehr ausübt, Menschen umbringt oder Feuer legt, dann begeht er damit strafbare Handlungen. Wenn eine Minderheit auf solche Ermahnungen nicht hört und unwillig ist, sich zu ändern, dann sind das Banditen, dann ist das die Guomindang, wir werden sie einkreisen, und wenn sie fortfahren, hartnäckigen Widerstand zu leisten, müssen sie vernichtet werden.* Und dann: *Klartext: Wenn sie unwillig sind, sich zu ändern, werden wir sie gefangen nehmen – und das gilt für die leichten Fälle; in schweren Fällen gibt es einen Einkreisungs- und Ausrottungsfeldzug.*[328] Die Roten Garden begriffen, dass damit ihr Ende eingeläutet war.

An Universitäten und Hochschulen begann im Herbst 1970, nach vierjähriger Unterbrechung, der Unterricht wieder.

# Maos Mangos

Am 5. August 1968, auf den Tag genau zwei Jahre nach dem Tod der Lehrerin Bian Zhongyun und Maos berühmter Wandzeitung, ließ Mao dem *Arbeiterpropagandatrupp* auf dem Gelände der Tsinghua einen Korb Mangos überreichen, den der pakistanische Außenminister ihm geschenkt hatte. Der *Arbeiterpropagandatrupp* nahm die exotischen und unbekannten Früchte begeistert entgegen und verstand sofort die klare Botschaft: Mao beschenkte die Arbeiter, die in seinem Auftrag die Studenten kampfunfähig gemacht hatten. Die Jugendlichen hatten die Macht verloren, die Arbeiter- und Bauernklasse übernahm wieder *die Führung in allem.*

Zeitungen und Propaganda verbreiteten die Botschaft von dem *kostbaren Geschenk* im ganzen Land. Mao hatte die kostbaren Mangos nicht selbst gegessen, sondern den Arbeitern gegeben – was zeigte, wie wichtig ihm die Arbeiterklasse war.[329]

Da die Mangos von Mao stammten, wurde keine der Früchte gegessen, sondern ehrfürchtig konserviert. Die Mangos wurden zum Kult.

Der Vorsitzende Mao schenkt dem Arbeiterpropagandatrupp eine Mango

Mangos wurden auf Porzellan gemalt, in Wachs nachgebildet, in einem Schrein bei Aufmärschen mitgetragen. Bei den Feierlichkeiten zum Nationalfeiertag am 1. Oktober 1968 marschierte eine Sektion von Arbeiterdelegationen aus ganz China hinter einem Spruchband mit der Aufschrift *Die Arbeiterklasse muss bei allem die Führung innehaben.* Die Sektion führte einen Motivwagen mit riesigen Mangos aus Pappmaschee mit. In der von allen verstandenen politischen Symbolik verkündete diese Inszenierung das Ende der Zeit der Roten Garden und die Rückkehr zur Diktatur der Kommunistischen Partei im Namen der Arbeiterklasse.[330]

## Für immer die Lehranstalten leiten

Yao Wenyuan, der als Journalist für den Artikel über das *schwarze Element* Wu Han und dessen Pekingoper *Hai Rui wird seines Amtes enthoben* verantwortlich gezeichnet hatte, verkündete der Öffentlichkeit auch diesen politischen Umbruch. Er schrieb am 26. August 1968 den Leitartikel der Volkszeitung: *Die Arbeiterklasse muss bei allem die Führung innehaben.*

Die gebildete Jugend muss aufs Land, um von den armen und mittleren Bauern erzogen zu werden. Plakat von 1968

Yao schrieb: *Die Arbeiterpropagandatrupps sollen lange Zeit in den Lehranstalten verbleiben, sie sollen sich in allen Aufgaben in den Lehranstalten im Rahmen von „Kampf-Kritik-Umgestaltung" beteiligen und für immer die Lehranstalten leiten.* Die Schüler, Studenten und insbesondere die Rotgardisten hatten sofort verstanden, was der Leitartikel bedeutete, als er am 26. August 1968 im Rundfunk verlesen wurde.

Nach dem Gespräch der Führer der Roten Garden mit den Initiatoren der Kulturrevolution hatten sich die Roten Garden noch für kurze Zeit in der Illusion wiegen können, sie müssten lediglich die Gewaltanwendung unter Kontrolle bekommen. Jetzt war unverkennbar, dass die Kehrtwende in der Kulturrevolution vollzogen war und die Garden der Macht des Militärs unterstellt waren – die Mangofrucht symbolisierte die neue Situation.[331]

Drei der Anführer der Roten Garden, Kuai Dafu, Han Aijing und Wang Dabin, wurden zur Zwangsarbeit verurteilt.[332]

## Hinunter in die Dörfer und hinauf auf die Berge

Das Ende der Roten Garden war eingeläutet.

Um das Aufflackern erneuter Kämpfe zu verhindern, griff die politische Führung auf das Mittel zurück, die Jugendlichen auf das Land, in die Dörfer zu schicken. Am 22. Dezember 1968 verkündete die Volkszeitung den Erlass: *Es ist sehr notwendig, dass Jugendliche, die eine Schulbildung haben, aufs Land gehen und eine Umerziehung durch die armen Bauern und unteren Mittelbauern erhalten. Die Kader und anderen Menschen in den Städten sollten dahingehend überzeugt werden, dass sie ihre Kinder, die eine Mittel-, Ober- oder Hochschule absolviert haben, aufs Land schicken. Lasst uns sie mobilisieren. Die Genossen überall auf dem Land sollten solche Jugendlichen willkommen heißen.*[333]

Um die Verbände der Jugendlichen zu zersprengen, wurden zwischen Ende Dezember 1968 und April 1970 5 Millionen Jugendliche, zwischen Mai 1970 und Dezember 1973 weitere 3 Millionen „Jugendliche mit Schulbildung" auf die Dörfer umgesiedelt.[334] Betrachtet man den gesamten Zeitraum zwischen 1967 und 1979, wurden über 16 Millionen Jugendliche aufs Land verschickt, also circa zehn Prozent der städtischen Bevölkerung. In Shanghai betrug der Anteil der aufs Land verschickten Jugendlichen sogar fast 18 Prozent der städtischen Bevölkerung.[335]

(Verschickt wurde nicht nur, wer aktiv in den Roten Garden gewirkt hatten, sondern auch die Kinder der Verfolgten, wie die Kinder der „stinkenden Nummer Neun", die Opfer ihrer in den Roten Garden organisierten Generationsgenossen gewesen waren. Die Landverschickung von Jugendlichen war schon vor der Kulturrevolution gängige Praxis gewesen, aus bereits erwähnten Gründen wie der Bekämpfung von Jugendarbeitslosigkeit. Während der Kulturrevolution kam zu dieser gewöhnlichen Verschickung die Landverschickung als Strafe in besonders unwirtliche Landesteile dazu.)

Schon die Gründer der Kommunistischen Partei Chinas waren fest davon überzeugt gewesen, dass nur auf dem Land und mit den Bauern revolutionäres Bewusstsein zu erlernen sei. Die Kommunisten, die für die Partei den Sieg errungen hatten, hatten ihre politischen Erfolge vom Land aus und mit Hilfe der Bauern erzielt. Dieser Hintergrund lieferte auch jetzt der Führung das Argument, die Verschickung aufs Land als *Umerziehung durch die armen Bauern und unteren Mittelbauern*, die den Jugendlichen neue Erfahrungen vermittelten, zu begründen. Die „gebildeten Jugendlichen" wurden aufs Land geschickt, um die schwere körperliche Arbeit der Bauern kennenzulernen und eine realistische Sicht auf die Welt entwickeln.

Die Führung wahrte das Gesicht, die Roten Garden waren nicht ihrer Kontrolle entglitten, der Geist der Revolution wurde weiter gepflegt.

Der überwiegende Teil der besonders radikalen Jugendlichen aus den großen Städten Peking, Shanghai, Tianjin, Hangzhou, Nanjing, Wuhan, Chengdu und Chongqing wurde in abgelegene und arme Landesteile wie die innere Mongolei, nach Xinjiang, Yunnan und Heilongjiang verschickt. Sie haben das bittere, harte, mühselige Leben auf dem Land, das sich vom Leben in der Stadt durch einen weit niedrigeren Lebensstandard unterschied, als Strafe empfunden und begriffen sich als verlorene Generation.

Der Name Rote Garde verschwand übrigens nicht sofort nach der Auflösung aus dem öffentlichen Bewusstsein, sondern bestand bis zum Ende der Ära Mao Zedongs als Bezeichnung für eine Abteilung des Kommunistischen Jugendverbands.[336]

## Macht für die Armee

Im April 1969 berief die Kommunistische Partei den 9. Parteitag ein. Ein neues Zentralkomitee wurde gewählt. Es bestand aus 170 Vollmitgliedern (beim 8. Parteitag 1956 waren 97 gewählt worden) und 109 Kandidaten (1956 waren es 73). Die Roten Garden waren politisch bedeutungslos geworden und mit keinem Mitglied vertreten. Mao Zedong als Vorsitzender stand unangefochten an der Spitze.

Auffällig war: Stammten beim alten Zentralkomitee von 1956 noch knapp 75 Prozent der Mitglieder aus dem Zivilbereich und nur gut 25 Prozent aus dem Militärapparat, hatte sich dieses Verhältnis beim 9. Parteitag 1969 stark zu Gunsten des Militärs verschoben: Zivilisten und Militärs stellten jeweils circa die Hälfte der Mitglieder des Zentralkomitees, wobei die Zivilisten knapp über, die Militärs knapp unter 50 Prozent lagen.[337] Das Militär stellte fast die Hälfte der Mitglieder des neuen Zentralkomitees der Kommunistischen Partei.

Auf dem 9. Parteitag gab sich die Kommunistische Partei auch eine neue Satzung. Darin wurden die Gedanken Mao Zedongs neben dem Marxismus-Leninismus als eine theoretische Grundlage aufgezählt. Mao wurde namentlich als lebenslanger Vorsitzender der Partei in die Satzung eingetragen. Und ebenso wie Mao wurde der Verteidigungsminister Lin Biao, Oberbefehlshaber der Volksbefreiungsarmee mit Namen als stellvertretender Vorsitzender und Nachfolger von Mao Zedong in die Satzung der Partei eingeschrieben.

Mao Zedong und sein engster Waffenbruder Lin Biao (1969)

Lin Biao, der oberste Militär, war Vizevorsitzender des Zentralkomitees, amtierender Vorsitzender der Militärkommission des Zentralkomitees, Vizepremier und Verteidigungsminister. Eine außerordentliche Machtfülle.

Die Machtfülle Lin Biaos spiegelte sich im Land.

Grob lassen sich die im Politbüro vertretenen Positionen unterteilen: in die Vertreter der Gruppe Kulturrevolution, in die Militärs um Lin Biao und das Zentralkommando in Peking, in die Regionalkommandanten, die ihre Entscheidungsfreiheiten bewahren wollten, und schließlich in die Gruppe der zivilen Staatsverwaltung um Zhou Enlai.

Die Roten Garden hatten die Parteistrukturen zerschlagen. Der notwendige Wiederaufbau hatte die Partei verändert: in den Parteisekretariaten stellten Militärs nun 62 Prozent der Mitglieder.

Die Leitung der neu aufgebauten Parteiorganisationen lag überwiegend in den Händen der Volksbefreiungsarmee. Ob in den Städten, Landkreisen oder in den kreisfreien Städten, überall das gleiche Bild: überall saßen Offiziere oder Politkommissare der Armee in den führenden Positionen. Selbst in Fabriken, Werften, Schifffahrtsgesellschaften, Kaufhäusern und an Schulen dienten Soldaten oder Reservisten als Parteisekretäre.[338] Die Positionen der von den Roten Garden vertriebenen angeblich *revisionistischen Machthaber* hatten nicht *Kulturrevolutionäre*, sondern die Volksbefreiungsarmee besetzt. In allen 29 Provinzen Chinas hatten Angehörige der Armee die Leitung der höchsten Partei- und Verwaltungsstellen inne.

Lin Biao stand auf dem Höhepunkt seiner Macht. Das neue Parteistatut hielt fest: *Genosse Lin Biao hat ständig das große Rote Banner der Gedanken Mao Zedongs hochgehalten. Er hat außerordentlich loyal und fest entschlossen die proletarische revolutionäre Linie des Genossen Mao Zedong durchgeführt und verteidigt. Genosse Lin Biao ist Genosse Mao Zedongs engster Waffengefährte und Nachfolger.*[339]

Soweit die offizielle Verlautbarung. Aber was die Öffentlichkeit nicht zu lesen bekam, war fast noch wichtiger: Den auf dem Parteitag von Lin Biao verlesenen politischen Bericht hatten in einer ersten Fassung Lin Biao und Chen Boda erstellt. Deren Fassung wurde aber nicht zum Vortrag auf dem Parteitag zugelassen. Mao Zedong hat Lins Rede persönlich überarbeitet, korrigiert und abgeändert. Der Bericht, den Lin Biao auf dem Parteitag dann tatsächlich vorgetragen hat und der auf dem Parteitag diskutiert, ergänzt und verabschiedet wurde, stammte von Mao Zedong und nicht von Lin Biao (und Chen Boda, dem Vorsitzenden der Gruppe Kulturrevolution). Aus dem ursprünglichen Entwurf wurden nur kleine Auszüge bekannt, was aber schon ausreichte, um zu verdeutlichen: *Aber seine Aussagen machten alle, die ihn lasen, auf die Tatsache aufmerksam, dass es tiefgreifende Meinungsverschiedenheiten zwischen Chen Boda und Lin Biao auf der einen Seite und der Mehrheit des Zentralkomitees unter Mao Zedong und Zhou Enlai auf der anderen gab.*[340]

Meinungsverschiedenheiten also zwischen den *engsten Waffengefährten*. Und Oberbefehlshaber Lin Biao war der Nachfolger und die Partei auf dem besten Weg, zu einer Massenorganisation der Volksbefreiungsarmee zu werden, die immer mehr politischen Einfluss gewonnen hatte.

## Politische Ambitionen

Die Radiostationen verkündeten ab dem Herbst 1968, dass man die Rotgardisten *nur daran* messen könne, *wie sie sich heute zum Zentrum der Revolution* verhalten würden. Das *Zentrum dieses Zentrums* sei die Volksbefreiungsarmee.[341] Die Armee präsentierte sich als das Herz des revolutionären China.

Lin Biao hatte den Roten Garden im August 1966 als Programmpunkt die Forderung nach der Rückkehr zur alten Volkskommune von 1958 und die Abschaffung des wenigen erlaubten Privatbesitzes diktiert.

Diese politische Linie verfolgte Lin Biao weiter. In einer Rede zum Nationalfeiertag am 1. Oktober 1969 sprach Lin Biao davon, *mehr, schneller, besser, wirtschaftlicher* zu sein und benutzte damit die bekannten Adjektive der *Drei Roten Banner*. In anderen Reden forderte er einen Sprung. Lin sah in der Politik eines Entwicklungssprungs, wie sie während der *Drei Roten Banner* versucht worden war, weiterhin den richtigen Weg für China und arbeitete daran, den neuen Großen Sprung in die Wege zu leiten.

Sein außenpolitisches Konzept war bestimmt vom Gedanken der sozialistischen Weltrevolution. Der US-Imperialismus sei der Todfeind Chinas. Die Sowjetunion, die den Kurs der friedlichen Koexistenz eingeleitet habe, sei auf dem *Weg einer gemeinsamen sowjetisch-amerikanischen Weltherrschaft*, ihr Ziel sei es, gemeinsam mit den USA das sozialistische China einzukreisen.[342] Lin Biao, der Chef einer Armee ohne Rangabzeichen, sah das international isolierte China von beiden Supermächten bedroht und gleichzeitig als Hoffnung und Leuchtfeuer der kommenden Weltrevolution.

## Lernen von der Armee

Die Politik eines Entwicklungssprungs beruhte auf der Bereitschaft und Fähigkeit zur Mobilisierung der Massen. Lin Biao und das militärische Zentralkommando hatten darin bereits auf zivilem Gebiet beste Erfahrungen gesammelt. Sie hatten nach 1962 erfolgreich den Kult um Mao Zedong befeuert und das Lernen vom Mustersoldaten Lei Feng in die Wege geleitet: die Armee als Schule der Nation.

Nachdem der Versuch gescheitert war, China durch die Roten Garden von allen bourgeois-pragmatischen Elementen zu säubern, versuchten Lin und das Zentralkommando die revolutionäre Umgestaltung zum Kommunismus von der erprobten Warte aus. Erneut starteten sie eine Kampagne: Das ganze Volk lernt von der Volksbefreiungsarmee. Zum Prototyp des „Neuen Menschen" erkoren sie (wie mit Lei Feng) erneut den Soldaten.[343]

Die realen Soldaten der Volksbefreiungsarmee wurden ohnehin, was auf die enge Verbundenheit von Kommunistischer Partei und Roter Armee vor 1949 zurückgeht, nicht nur an der Waffe, sondern auch in Politik und in einem strengen ethischen Verhaltenskodex ausgebildet. Der ideale Soldat war die Verkörperung aller staatstragenden Ideale. Diszipliniert, erfüllt von der Pflicht im Dienste des Landes, gesund mit gestähltem Körper, politisch auf der richtigen Seite, ernst und energisch.[344]

Lin Biao und seine engsten Mitarbeiter begannen, die Prinzipien und Wertvorstellungen der Volksbefreiungsarmee dem Zivilleben als Ideal vorzugeben. In Sendungen des Radios bekamen die Chinesen zu hören: Sie sollen wie Soldaten werden, die Volksbefreiungsarmee sei Vorbild für das ganze Volk, jeder solle nach den im Militär geläufigen Prinzipien leben, Behörden, Fabriken, Schulen und landwirtschaftliche Produktionseinheiten sollen wie militärische Einrichtungen arbeiten.[345]

Im Radio verkündete der Sprecher einer Luftwaffendivision, die Lin Biao nahe stand: China solle ein starker Staat mit einer umfassend kollektivierten Wirtschaft werden, in dem *700 Millionen Menschen, 700 Millionen Soldaten und 10000 Meilen Flüsse und Berge ein einziges Militärlager von 10000 Meilen* bilden – Lin Biaos Version des Neuen Menschen in einem neuen China.[346]

Lin Biao und Mao Zedong

Lang lebe die glorreiche Volksbefreiungsarmee!

Lerne von der harten Arbeit und vom einfachen Leben der Volksbefreiungsarmee!

## Fragen der Machbarkeit

Das Zentralkommando um Lin Biao plante, erneut die Politik der *Drei Roten Banner* zu versuchen, um China zum weltweiten kommunistischen Musterstaat zu machen. Eine Zusammenarbeit mit der Gruppe Kulturrevolution und ihrer Anhängerschaft kam für das Militär nur punktuell, mit Chen Boda etwa, in Frage. Die Gruppe Kulturrevolution und die Roten Garden hatten das Land in die Nähe eines bürgerkriegsähnlichen Zustands geführt – der Alptraum für jede Armee.

Auf der anderen Seite drohte für die Zivilisten in der Partei die Armee und ihr gewaltiger Machtzuwachs ein Alptraum zu werden. Die politische Führung hatte die Armee gebraucht, um die inneren Unruhen zu bekämpfen. Die Armee, die in der Staatstheorie als dienender Faktor vorgesehen war – *Die Partei befiehlt über die Gewehre* – war dadurch in eine Position aufgerückt, in der sie über mehr Ansehen und politische Macht als je zuvor verfügte und in welcher der Oberbefehlshaber nun seinerseits politisch aktiv wurde.

Und obwohl es das gemeinsame Ziel der zivilen wie der militärischen Führung war, China zum kommunistischen Idealstaat aufzubauen – das gleiche Ziel bedeutete nicht, es auch auf die gleiche Art und Weise und mit derselben Strategie zu verfolgen.

Lin Biao als Militär setzte auf die Karte des Militär-Staats.

Bei den Zivilisten im Zentralkomitee regten sich Argwohn und Misstrauen.

Noch war der Primat der Partei über das Gewehr nicht wirklich entscheidend gefährdet. Der Zivilist Mao Zedong stand unangefochten an der Spitze des Staates, Zhou Enlai war umgeben von einem Kreis von zivilen Verwaltungskadern.

Doch die unterschwelligen verdeckten Differenzen und Spannungen entluden sich in dem Moment zum Konflikt, als Lin Biao und sein Stab begannen, das politische Programm in die Tat umzusetzen.

In der Provinz Jiangxi, deren Führung eng mit Lin zusammenarbeitete, wurde die Bevölkerung im November 1969 zu einem Massenarbeitseinsatz mobilisiert. Fast alle erwachsenen Bewohner der Hauptstadt mussten für den Wasserschutz arbeiten, „freiwillig“, unbezahlt, „zum Ruhme des sozialistischen Vaterlandes“. Im Winter 1970 wurden auch in anderen Provinzen die *Massen* für Großprojekte mobilisiert.[347] Auf dem Land begannen Umstrukturierungen in Richtung Rückkehr zum Typ der Volkskommune von 1958.

Aber überall, wo Lins Anhänger stark genug waren, diese Politik zu praktizieren, regte sich in der Bevölkerung der Widerstand. Die Städter reagierten mit passiver, verzögernder, schludriger Arbeitsleistung, die Bauern verzögerten die Ernte und erfüllten die Abgabequoten nicht.

Lin Biaos politische Ambitionen riefen auch bei den regionalen Militärkommandanten besorgte Reaktionen hervor. Sie sahen im Verhalten der Bevölkerung erste Warnungen und fürchteten erneut chaotische Zustände auf sich zukommen – was sie unbedingt verhindern wollten. Immer deutlicher lehnten sie die Maßnahmen der Pekinger Militärzentrale ab.

Dann wurden Ereignisse in Gang gesetzt, die sich bis heute der genauen Erkenntnis entziehen, die Archive, die Auskunft geben könnten, sind verschlossen.

Erst wurde der Vorsitzende der Gruppe Kulturrevolution Chen Boda gestürzt, nachdem er ein weiteres Privileg für Lin Biao gefordert hatte, dann kam Lin Biao unter bis heute ungeklärten Umständen ums Leben.

## „Links“ und „Rechts“

Chen Boda, der Vorsitzende der Gruppe Kulturrevolution, wurde gestürzt. Die Anklage gegen ihn lautete, er sei ein „Pseudomarxist“, nach außen links, aber im Innersten rechts, also wie ein Radieschen nur außen rot, aber innen weiß. (Näheres über den Sturz Chens ist nicht bekannt.)

Jetzt brachen die Gegensätze innerhalb der zivilen und der militärischen Führung offen aus. Die Kontrahenten waren Lin Biao und die Pekinger Militärzentrale auf der einen, Zhou Enlai und die zivilen Partei- und Verwaltungskader auf der anderen Seite, sowie als dritte Kraft die antikulturevolutionären regionalen Militärkommandanten.

Die regionalen Militärkommandanten, welche die Roten Garden und die Gruppe Kulturrevolution als Störer der staatsnotwendigen Ordnung betrachteten, griffen sie nun als *zwar links in der Form, aber rechts in der Substanz* an.[348]

Nach den Winkelzügen des obersten politischen Führungspersonals musste inzwischen jeder normale Chinese ziemlich verwirrt über die Austauschbarkeit von *links* und *rechts* sein, er hatte aber auch inzwischen schnell die Methode gelernt, die inhaltsleere politische Verortung *links* oder *rechts* als rhetorische Waffe zu gebrauchen.

Die regionalen Militärkommandanten, die infolge des Machtgewinns mittlerweile die Provinzen auch politisch verwalteten, forderten, dass die Landwirtschaft gegen *Eingriffe von rechts und links* abgesichert werden müsse.[349]

Mao Zedong unternahm Reisen in die verschiedenen Provinzen, sprach mit den regionalen Befehlshabern und ließ sich über die Lage berichten. Im Februar 1971 kritisierte ein General und Mitglied des Politbüros stellvertretend für viele Provinzführer Lins politisches Programm offen: *Es gibt Leute, die die Privatgrundstücke und die Nebenerwerbstätigkeiten der Bauern als Schwänze des Kapitalismus verurteilen, obwohl diese ausdrücklich von der Politik der Partei zugelassen sind. Diese Art des Denkens ist zwar in ihrer Form links, aber in ihrer Substanz rechts. Solche Leute meinen, je linker sie sind, desto besser. Sie merken nicht, dass sie sich der Wirklichkeit entfremden.*[350]

Die Mehrheit des Politbüros stimmte dieser Sicht zu. Ende Februar/Anfang März 1971 verabschiedete das Politbüro gegen Lin Biaos Widerstand eine Resolution zur Wirtschaftspolitik, welche die 1962 festgelegten

Richtlinien bestätigte: Das kleine Privatland der Bauern und ihr Recht auf den privaten Nebenerwerb durften nicht angetastet werden. Arbeitskräfte durften nur unter strengen Auflagen aus der Produktion abgezogen und anderweitig eingesetzt werden. Die bestehenden bäuerlichen Produktionsgruppen und ihre Besitzverhältnisse durften nicht verändert werden.[351]

## Der Sturz Lin Biaos

Die Resolution war eine klare Absage an Lin Biao und seinen Versuch, zur Kollektivwirtschaft von 1958 zurückzukehren und jede noch so bescheidene Privatwirtschaft zu verbieten. Lin Biao nahm ab da an keiner Sitzung des Politbüros mehr teil und zog sich in seine Villa in Beidaihe in der Provinz Hebei, dem Badeort der Politprominenz, zurück.

Im April 1971 wurden Lin Biaos politische Ambitionen noch weiter ausgebremst. Sowohl Kader der Staatsverwaltung, die Zhou Enlai nahestanden, als auch die regionalen Militärkommandanten, die gegen die Aktivitäten der Roten Garden eingeschritten waren, verurteilten auf einer gemeinsamen Konferenz Lin Biao als *Ehrgeizling* und *linksextremistischen Abenteurer*.[352]

Lin Biao, seine Frau und Kinder in einer Aufnahme aus den 1940ern

Angesichts dieses Votums kritisierte im Sommer 1971 auch die Gruppe Kulturrevolution Lin. Mao schloss sich im August 1971 der Opposition gegen Lin an.

Ab da war der Sturz Lin Biaos nur noch eine Frage der Zeit.

Der Sturz erfolgte bald, und die Umstände sind bis heute unklar und Gegenstand vieler und wilder Spekulationen. Mit Sicherheit kann man sagen, dass Lin Biao, seine Frau und sein Sohn am 13. September 1971 ums Leben gekommen sind, aber das auch nur deshalb, weil es nach diesem Datum kein Lebenszeichen mehr von ihnen gegeben hat.

Die offizielle Version der Partei, die auf dem X. Parteitag 1973 ausgegeben wurde, lautete: Lin Biao sei ein bourgeoiser Karrieremacher, Verschwörer, konterrevolutionärer Betrüger, Renegat und Verräter gewesen. Am 12. September 1971 habe er versucht, den Sonderzug, mit dem Mao von Shanghai nach Peking zurückgefahren war, durch ein Flugzeug bombardieren zu lassen und den Vorsitzenden zu töten. Nachdem der Mordanschlag verhindert und das Komplott aufgedeckt worden sei, habe er am Nachmittag des 12. September 1971 Geheimdokumente und größere Mengen an Devisen an sich genommen und in Begleitung seiner Frau und seines Sohnes ein Flugzeug der Luftwaffe vom Typ „Trident“ bestiegen. Die Maschine habe Kurs auf die Sowjetunion genommen, sei aber wegen Treibstoffmangels über der Mongolei abgestürzt. Dabei seien alle Insassen ums Leben gekommen.

Bei der Durchsuchung der Villa von Lin sei ein Dokument aufgetaucht: ein Plan zur Ermordung von Mao Zedong. Der Plan trage den Namen: Projekt 571. (Im Chinesischen klingt 571 wie „bewaffneter Aufstand“.)

Die innerste Führungsspitze gab die Nachricht über Lin Biaos angeblichen Verrat, die Attentatspläne und die versuchte Flucht in die Sowjetunion erst relativ spät bekannt. Die hohen Funktionäre erfuhren ab Mitte/Ende September 1971 vom Tod des *engsten Waffengefährten*, die Bevölkerung wurde erst 1972 nach und nach informiert. Die Geschichte von Lin Biao war einfach atemberaubend und warf Fragen auf, damals wie heute. Innerhalb eines Jahres war Lin vom Ultralinken zum Ultrarechten und zum Verräter erklärt worden.

Zunächst einmal ist festzuhalten: Alle regierungsamtlichen Darstellungen wurden erst nach dem Verschwinden, dem mutmaßlichen Tod von Lin Biao, veröffentlicht. Allein schon deshalb sind sie mit höchster Vorsicht zu betrachten. Eine Angabe wie die, ein exzellenter Guerillakämpfer wie Lin

Lins Tod

Seither wurde viel darüber gerätselt, wie und aus welchen Motiven Lin Biao ums Leben gekommen war. Die zuletzt veröffentlichte Version über das Ende von Lin Biao hat 2013 der ehemalige Journalist der Zeitung der Volksbefreiungsarmee, Liu Jiaju, nach jahrelanger Recherche in dem chinesischen Politmagazin „Yanhuang Chunqiu" veröffentlicht

Liu Jiaju behauptete: Lin Biaos Sohn wollte Mao Zedong stürzen. Als sich dann abzeichnete, dass Lins Stern im Sinken war, habe der ehrgeizige Sohn Lins allein das Mordkomplett 571 ausgearbeitet. Und zwar ohne Wissen des Vaters. Dann, als Mao von den Attentatsplänen erfahren hatte, habe er seinen Vater gezwungen, in das Flugzeug zu steigen und ins rettende Ausland zu fliehen. Lin Biao selbst aber habe nie einen Anschlag auf Mao Zedong geplant, sei also nie ein Verräter gewesen.[353]

Eine fast gleichlautende Version wurde bereits in den 1980er Jahren veröffentlicht, der Verfasser wählte das Pseudonym Yao Ming-le.

Biao habe schriftliche Aufzeichnungen über ein Mordkomplott hinterlassen, darf stark bezweifelt werden. Und warum hätte Lin Biao ausgerechnet in die Sowjetunion fliehen wollen?

Das alles machte nur dann Sinn, wenn es die These untermauern sollte, dass Lin Biao ein undurchsichtiger Verräter, ein Betrüger, ein Schwindler gewesen sei.

Aber die regierungsamtlichen Verlautbarungen klangen schon damals in vielen Ohren recht fadenscheinig. Vielleicht wurden Lin Biao, seine Frau und sein Sohn auch schlicht und traurig von einem Sonderkommando ermordet? Oder war Lin den ehrgeizigen Plänen seines Sohnes zum Opfer gefallen, der Lins Kurs unbedingt weiter verfolgt sehen wollte und Mao nach dem Leben trachtete, nachdem der Vater ins politische Abseits gestellt worden war?

Die Partei und insbesondere die Kulturrevolutionäre innerhalb der Partei standen vor dem gewaltigen Problem, dass der Schöpfer des Kults um Mao, einer der Initiatoren und Führer der Kulturrevolution, der im Statut der Partei verankerte Nachfolger Mao Zedongs ein *Verräter und Spion* gewesen sein sollte. Wie konnte man ihn „entlarven", ohne dabei die eigene Glaubwürdigkeit zu verlieren?

## Aussenpolitische Isolation

Es war vermutlich neben den innenpolitischen Ambitionen Lins auch seine Haltung zur Außenpolitik, die Lin, unter welchen Umständen und aus welchen Motiven auch sonst noch, das Leben gekostet hatten. Blicken wir zurück:

Auf dem 9. Parteitag 1969, der ihn im Parteistatut als Nachfolger Maos eingeschrieben hat, hatte Lin Biao außer dem stark von Mao redigierten politischen Bericht auch eine selbstverfasste Rede gehalten. Es ging um Außenpolitik.

Lin nannte es die *Ehre Chinas*, dass beide Supermächte versuchten, China international zu isolieren. Er behauptete, dass China jederzeit auf einen Angriff des *US-Imperialismus* wie des *Sowjetischen Revisionismus* vorbereitet sein und sich sowohl für einen konventionellen wie einen nuklearen Krieg rüsten müsse. Dass die Supermächte China außenpolitisch isolierten, sei gut und fördere die Entschlossenheit des Volkes, sich auf die eigene Kraft zu stützen und für den Reichtum und die Macht des Landes zu arbeiten. Denn weder der Imperialismus noch der Revisionismus, sondern allein das

Völker aller Welt vereinigt euch und bekämpft den amerikanischen Imperialismus und den sowjetischen Revisionismus!

Proletariat und die revolutionären Massen aller Länder bestimmten das Schicksal der Welt.[354]

Lin hielt an der von ihm entwickelten weltrevolutionären Perspektive fest: Die Weltdörfer sollten sich gegen die Weltstädte erheben. Die USA wie die Sowjetunion seien Feinde Chinas. Eine Politik der Verständigung mit den USA, wie Zhou sie nach Lins Tod in die Wege leiten würde, hielt Lin für völlig falsch. Er vertrat die Haltung, dass China sowohl auf dem Gebiet der nationalen Sicherheit und Verteidigung wie auch auf dem Gebiet der Durchsetzung seiner außenpolitischen Interessen völlig autonom bleiben und handeln könne – also auf kein Bündnis und keine Partnerschaft angewiesen sei.

Lin ignorierte dabei, dass die weltpolitische Lage brisanter, angespannter geworden war. Im August 1968 waren sowjetische Truppen in die sozialistische Tschechoslowakei einmarschiert und hatten den „Prager Frühling" beendet, eine Bewegung, welche die Politik, Wirtschaft und Gesellschaft liberalisieren wollte. Der sowjetische Außenminister verkündete nach dem Einmarsch im September 1968 die „Breschnew-Doktrin" von der eingeschränkten Souveränität der sozialistischen Staaten vor der UNO-Vollversammlung: *Wenn in einem sozialistischen Land Gefahr für die Sicherheit der ganzen sozialistischen Gemeinschaft entsteht … dann wird dies zu einem Gegenstand der Sorge aller sozialistischen Länder.*[355] Die Sowjetunion habe laut dieser Doktrin das Recht und die Pflicht, in die inneren Angelegenheiten sozialistischer Bruderstaaten einzugreifen, wenn dort ohne Absprache eigene Wege beschritten würden und der Sozialismus in Gefahr sei.

In Peking vernahm man die Doktrin mit großer Sorge.

Mao Zedong ist der Befreier der revolutionären Massen der ganzen Welt

Mit der Gefahr eines Krieges oder auch nur einer Einmischung von außen hatte man seit der Staatsgründung 1949 ohnehin immer gerechnet. Jedem Chinesen war der Gedanke an Krieg vertraut, die Propaganda hämmerte ihn ständig in die Köpfe. *Unser großer Führer hat uns schon befohlen, uns für einen Volkskrieg gegen die amerikanischen Imperialisten, die sowjetischen Revisionisten und die reaktionäre Guomindang in Taiwan bereitzuhalten*, erklärten Rote Garden auf Nachfrage, während sie eine Wohnung plünderten.[356] Beide atomaren Supermächte, die USA seit 1949 und die Sowjetunion seit Beginn der 1960er Jahre, wurden von chinesischer Seite aus als potentielle Kriegstreiber betrachtet.

Dann trat nach dem Koreakrieg erneut der Ernstfall ein: Im Frühjahr 1969 gerieten China und die Sowjetunion an den Rand des Krieges.

## Schüsse am Ussuri

China grenzt im Norden an Russland. Diese gemeinsame Grenze sorgte schon lange für Konflikte. In der Zeit von 1964 bis 1969 hatten chinesische und sowjetische Grenzsoldaten bereits mehr als 4000 Zusammenstöße ausgetragen, weil jede Seite einen anderen Grenzverlauf behauptete – aber stets ohne Waffen.[357] Der Grund war ein veralteter Grenzvertrag, den das russische Zarenreich mit dem chinesischen Kaiserreich geschlossen hatte und den die Chinesen gegen einen neuen ersetzen wollten. In China sprach man vom *Zehnjahreskrieg der Worte.*

Nach dem sowjetischen Einmarsch in Prag 1968 steigerte sich allerdings plötzlich die Häufigkeit der Zusammenstöße an der Grenze. Die Sowjetunion begann, an der Grenze zur chinesischen Provinz Xingjiang und am Grenzfluss Ussuri immer mehr Truppen zu stationieren.

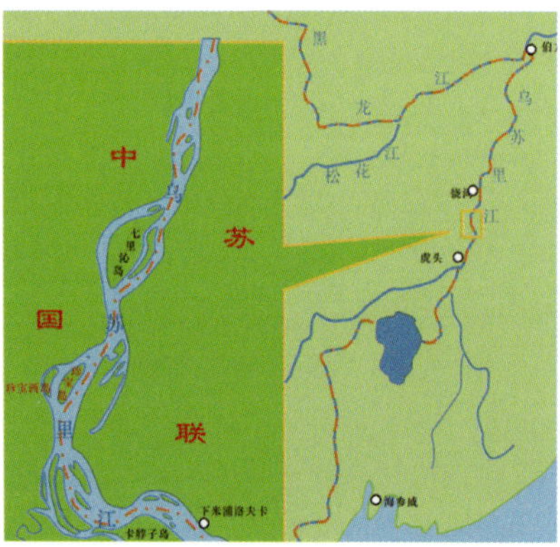

Die Insel Zhenbao/ Damansky im Grenzfluss Ussuri, von China aus angezeigt

Im März 1969 kam es zu einem Zusammenstoß, der mit bisher ganz ungewohnter Schärfe ausgetragen wurde. Es ging um eine Insel mitten im Grenzfluss Ussuri, die auf Chinesisch Zhenbao und auf Russisch Damanski hieß und die nach dem alten zaristischen Grenzvertrag zur Sowjetunion gehörte, nach den internationalen Gepflogenheiten aber als chinesisch hätte anerkannt werden müssen. Auf dieser Insel lockten chinesische Grenzsoldaten die russischen Grenzsoldaten in eine Falle. Es kam zu einem heftigen Gefecht mit vielen Toten und Verwundeten auf beiden Seiten.

Dem ersten blutigen Gefecht folgten weitere verlustreiche Kämpfe. Plötzlich drohte die Gefahr eines Krieges zwischen China und der Sowjetunion. Warum das chinesische Militär und vor allem, wer als Entscheider diese Situation provoziert hatte, ist bis heute nicht zu erfahren. Laut Henry Kissinger, dem früheren amerikanischen Außenminister, wollte das chinesische Militär die anhaltenden Störaktionen an der Grenze durch ein Konzept der Abschreckung beendet sehen.[358]

Man kann aber hinter der Provokation auch noch andere Motive vermuten. Die Kämpfe an der Grenze wirkten sich innenpolitisch so aus, dass Lin Biao mehr denn je als der starke Mann im Staat unverzichtbar erschien, fast schon selbst als großer Lehrer, großer Führer, großer Oberkommandierender und großer Steuermann. Dramatisch übersteigerte Berichte über die heldenhafte Kämpfe und kühnen Taten der Volksbefreiungsarmee ließen

Nie werden wir Zhenbao aufgeben. Propagandaplakat von 1969/70

Henry Kissinger (links) mit Mao Zedong. Hinter ihnen Zhou Enlai

Politik gegenüber China – was die amerikanische Öffentlichkeit mit einer gewissen Sympathie aufnahm.

Auf beiden Seiten bestand ernsthaftes Interesse. Die chinesisch-amerikanischen Gespräche führten schon bald zu Ergebnissen. Im November 1969 stoppten die USA die Flottenpatrouillen in der Taiwanstraße. Im Dezember 1970 erging über die pakistanische Regierung eine Einladung aus Peking an die amerikanische Regierung zu Gesprächen.

Im April 1971 fanden in Japan die 31. Tischtennis-Weltmeisterschaften statt. Die chinesische Führung nutzte die Gelegenheit zu einem originellen Vorstoß. Ein chinesischer Spieler, Zhuang Zedong, der schon mehrere Weltmeisterschaften gewonnen hatte, lud die amerikanische Mannschaft (zusammen mit anderen weiteren Mannschaften) nach China ein. Kurz darauf machte die Rede von der „Pingpong-Diplomatie“ die Runde.

Nach streng geheimen Verhandlungen reiste der amerikanische Außenminister Kissinger nach Peking, um am 9. und 10. Juli 1971 mit Premierminister Zhou Enlai zu sprechen. Kissingers Besuch im Pekinger Außenministerium wurde geheim gehalten, aber beide Seiten informierten am 15./16. Juli 1971 nachträglich die Weltpresse über die Reise. Und Richard Nixon steigerte die sensationelle Nachricht noch, als er bekannt gab, eine

Richard Nixon und seine Frau Pat Nixon (im roten Mantel) auf der Gangway bei der Ankunft in Peking am 21. Februar 1972

Einladung Zhou Enlais erhalten zu haben, die er gerne annehme.

Die Nachrichten gingen um die Welt und zeigten unmittelbar Wirkung. Am 25. Oktober 1972 stimmte die Vollversammlung der UNO darüber ab, ob weiterhin Taiwan den „chinesischen" Sitz einnehmen sollte. Eine knappe Mehrheit stimmte dafür, den Sitz an die Volksrepublik China zu übertragen. Taiwan musste den Platz räumen. (Taiwan wie die Volksrepublik erhoben den Alleinvertretungsanspruch, was eine Zwei-Staaten-Lösung ausschloss.) Die Volksrepublik bezog einen Platz in der UNO.

Vom 21. bis zum 27. Februar 1972, fünf Monate nach dem Verschwinden von Lin Biao, besuchte Richard Nixon als erster amerikanischer Präsident die Volksrepublik China. Der Empfang war nüchtern, keine jubelnden Menschenmassen säumten die Straßen. Mao Zedong erklärte dem amerikanischen Gast: eine *reaktionäre Gruppe* habe gegen jeden offiziellen Kontakt zu den USA *opponiert*, unter ihnen Lin Biao.[361] Aber auch Jiang Qing legte eine demonstrativ kühle Zurückhaltung an den Tag.

Trotz des nüchternen Empfangs war das Treffen ein großer Erfolg. Für China brachte Nixons Besuch eine außenpolitische Wende. China und die

Richard und Pat Nixon auf der Chinesischen Mauer

USA vereinbarten, Handelsbeziehungen aufzunehmen, auf *die Normalisierung der Beziehungen zwischen beiden Ländern hinzuwirken* und einen Beitrag zur *Entspannung in Asien und der Welt* zu leisten.[362] Nun folgte die diplomatische Anerkennung der Volksrepublik China durch die Bundesrepublik Deutschland, Japan und weitere Länder.

Und es geschah ein Rollenwechsel: Die Sowjetunion wurde nun zu der politischen Kraft, welche die kommunistischen Bewegungen im Kampf für die Weltrevolution unterstützte, während China offiziell erklärte, dass es bewaffnete Aufstandsbewegungen nicht mehr unterstützen würde.

## Nach Lin Biao

Schon im Dezember 1967 hatte der sowjetische Geheimdienst auf *wachsende Spannungen zwischen Zhou Enlai und Lin Biao auf der einen, den Führern der Gruppe Kulturrevolution des ZK, insbesondere Kang Sheng und Jiang Qing , auf der anderen Seite* hingewiesen.[363] In der Folgezeit hatten sich die innerparteilichen Konflikte noch verstärkt. Lin und Zhou waren aus völlig unterschiedlichen Gründen beide Gegner der Politik der Gruppe Kulturrevolution um Jiang Qing und Kang Sheng. Teile der Armee bekämpften die Garden von Jiang und Kang als gewalttätigen Gruppen, die Unruhe stifteten und als *kleine revolutionäre Generäle* und damit gewissermaßen Paramilitärs ihr Monopol in Frage stellten. Zhou fürchtete um die Macht und den Erhalt der Partei. Nun war Lin tot und Zhou wurde zum alleinigen Gegenspieler der Gruppe Kulturrevolution.

Dass Lin Biao der Nachfolger von Mao im Amt des Partei- und Regierungschefs war, stand in der Satzung der Kommunistischen Partei. Mit Lin Biaos Tod stellte sich die Frage nach dem Nachfolger erneut. Maos Leibarzt berichtete, dass Mao Zedong im Januar 1972 eine Kreislaufschwäche erlitten hatte. Während dieses körperlichen Zusammenbruchs standen der Leibarzt, Zhou Enlai und Jiang Qing Mao zur Seite. Mao wandte sich, so schilderte der Leibarzt die Szene, an Zhou Enlai: *„Ich schaffe das nicht mehr. Nach meinem Tod müssen Sie sich um alles kümmern. Das ist mein letzter Wille." Jiang Qing riss entgeistert die Augen auf und ballte die Fäuste. Sie platzte fast vor Wut. ... Der Vorsitzende der Kommunistischen Partei übertrug dem Ministerpräsidenten die Führung des Landes – der Partei, der Regierung, der Armee.*[364]

Mao, der immer häufiger die tagespolitischen Aufgaben nicht mehr erledigen konnte, hatte Zhou Enlai als Stellvertreter berufen. Zhou besetzte nun die Position, welche die Gruppe Kulturrevolution, in der Maos Frau Jiang Qing zunehmend als Sprecherin hervortrat, einnehmen wollte.

Die Spannungen, die Kontroversen, die sich aus dieser Rivalität ergaben, prägten die Zeit bis zum Tod Mao Zedongs 1976.

Die Kulturrevolution als einen Machtkampf zwischen Mao und dem Staatspräsidenten Liu zu sehen, wäre falsch. Mit gewisser Vorsicht kann man aber vielleicht von der Zeitspanne von 1972/1973 bis 1976, nach Lin Biaos Tod bis zum Tod von Mao Zedong, von einem Machtkampf zwischen der kulturrevolutionären Linken und dem Kreis um Zhou Enlai und Deng Xiaoping, der 1972 aus der Verbannung zurückkehren konnte, sprechen. Denn jetzt ging es um die Nachfolge des durch eine unheilbare Krankheit zunehmend geschwächten Mao Zedong.

## Der X. Parteitag

Der Name Lin Biao musste aus der Satzung der Partei getilgt werden. Deshalb wurde vorzeitig der X. Parteitag einberufen. Er tagte Ende August 1973 unter strenger Geheimhaltung in Peking.

Wie üblich wurden die Mitglieder des Politbüros und Zentralkomitees der Kommunistischen Partei neu gewählt. Die neuen Mitglieder kamen nicht mehr, wie beim letzten IX. Parteitag 1969, fast zur Hälfte aus dem Militär. Der Anteil an Militärs im Zentralkomitee war auf unter 40 Prozent gesunken, der Anteil der Zivilisten auf über 60 Prozent gestiegen. Vor allem die Pekinger Militärzentrale, die Machtbasis von Lin, stellte fast zehn Prozent weniger Mitglieder als noch 1969. Die meisten der vertretenen Militärs stammten aus den regionalen Militärkommandos, die überwiegend gegen die Ultralinke opponiert hatten.[365]

Neu als Vollmitglied ins Politbüro war Wang Hongwen aufgenommen worden. Er erhielt den dritten Platz in der Rangfolge der mächtigsten Mitglieder und rangierte als zweiter Vizevorsitzende des Zentralkomitees der Kommunistischen Partei gleich hinter dem Vorsitzenden Mao Zedong und dem ersten Vizevorsitzenden Zhou Enlai.

Wang Hongwen, der als Textilarbeiter der Baumwollspinnerei Nr.17 in Shanghai bezeichnet wurde, hatte zusammen mit Zhang Chunqiao in Shanghai maßgeblich die Kulturrevolution und den sogenannten Januarsturm 1967 initiiert. Der Arbeiter Wang Hongwen kam allerdings zugleich aus dem Apparat der Sicherheitspolizei, des Geheimdienstes von Kang Sheng, dem Mitglied der Gruppe Kulturrevolution.[366] Mit Wang Hongwen waren nun fünf prominente Kulturrevolutionäre im Politbüro vertreten: er selbst, Jiang Qing, Kang Sheng (als dritter Vizevorsitzender des Zentralkomitees), Zhang Chunqiao und Yao Wenyuan.

Der Parteitag tagte geheim; über Inhalt und Verlauf wurde kaum etwas bekannt gegeben. Zu dem wenigen Verlautbartem gehörte, dass Lin Biao und Chen Boda namentlich zu Feinden der Partei erklärt worden waren. Außerdem wurden die politischen Berichte von Zhou Enlai und von Wang Hongwen in der Presse wiedergegeben.

Zhou Enlai sprach in seinem Bericht über die Hauptpunkte der Anklage gegen Lin Biao (welche die Öffentlichkeit damit nun offiziell erfuhr).

Zhou erläuterte lange die außenpolitische Lage und begründete ausführlich die Politik der Annäherung an die USA. Dass er diesem Thema so viel Zeit einräumte, erlaubte den Schluss, dass die Öffnung nach Westen und zu den USA innerhalb der Führung nach wie vor umstritten war. Zur Rechtfertigung der Öffnung warnte Zhou vor einem möglichen Überraschungsangriff des sowjet-revisionistischen Sozialimperialismus auf unser Land.[367] Für Zhou war und blieb der Nachbar an der Grenze nach wie vor der gefährlichste Feind.

Ganz anders dagegen beurteilte Wang Hongwen die außenpolitische Gefahrenlage. Er warnte in seiner Rede weiterhin vor der Gefahr, die von beiden Supermächten ausgehen würde, vom US-Imperialismus genauso wie vom Sozialimperialismus (der Sowjetunion) – eine Position, die auch Lin Biao vertreten hatte. In der Frage möglicher Bedrohungen durch das Ausland bestanden innerhalb der Führungsspitze nach wie vor Differenzen.[368]

## Die Kampagne gegen Konfuzius und Lin Biao

Seit Beginn der Kulturrevolution kontrollierte die Gruppe Kulturrevolution, allen voran Jiang Qing, den Propagandaapparat der Partei.

Sofort nach Lins Tod setzte die Gruppe Kulturrevolution zu einer Kampagne an. Sie lautete: *Lin kritisieren und den Arbeitsstil verbessern.*

Bei dieser einen Kampagne blieb es nicht, das Thema wurde weiter ausgebaut. Am 25. September 1971 (Lin Biaos Todestag war der 13. September 1971) veröffentlichte die parteiamtliche Volkszeitung einen Artikel, in dem in einem Atemzug der berühmte Schriftsteller Lu Xun gewürdigt und der altehrwürdige chinesische Staatsphilosoph Konfuzius angeklagt wurde.

Gegen Konfuzius wurde vorgebracht, er habe die Tyrannei gepredigt, die Sklaverei der Leibeigenschaft gebilligt und nach seiner Ernennung zum Premierminister einen Kritiker ermorden lassen. Damit war klar, wer nun von der Gruppe Kulturrevolution ins Visier genommen wurde: Der amtierende Premierminister hieß Zhou Enlai. Als Zhou Enlai im Frühjahr 1955 zum Premier berufen worden war, war ein Mitglied des Politbüros durch Selbstmord aus dem Leben geschieden.

Studiert den revolutionären Geist von Lu Xun (hinten im Bild) und kritisiert Konfuzius

Konfuzius war der Staatsphilosoph der Kaiserzeit gewesen, und seit der Revolution von 1911 war immer wieder erörtert worden, welchen Anteil der „alte Konfuzius-Laden" an der Rückständigkeit Chinas hatte.

Konfuzius hatte (nach heutigem Stand) von 551 bis 471 v.Chr. gelebt, inmitten der Zeit eines schon Jahrhunderte dauernden Krieges. Im Verlangen nach Frieden hatte Konfuzius den Blick auf die letzte Friedenszeit gerichtet, die China noch gekannt hatte, auf die Zeit der Könige von Zhou. In ihr sah er das Ideal, zu dem das Land zurückkehren sollte. Konfuzius eignete sich also prächtig, um gegen Restauration zu wettern.

Was Zhou Enlai betraf, bot Konfuzius außerdem eine hervorragende Möglichkeit, um im Stil des „Schattenschießens" auf Zhou Enlai zu zielen. Der Name Konfuzius war für Chinesen untrennbar mit dem Namen der Dynastie der Zhou verbunden. Die Dynastie der *Zhou* und *Zhou* Enlai teilen sich nun nicht etwa nur den Gleichklang – auch das Schriftzeichen ist identisch.Wer über Konfuzius sprach oder las, sprach und las auch über *Zhou*. Und damit, wenn man es darauf anlegte und ohne dass es extra betont werden musste, über den aus altem Adel stammenden Zhou Enlai. (Ob Zhou Enlai dem alten Adelsgeschlecht der Zhou entstammt, kann nicht gesagt werden, da in China keine genealogischen Handbücher existieren.)

Während, vor allem aber nach dem X. Parteitag wurden *Konfuzius* und *Lin Biao* zusammengebunden und zum Thema einer großen Kampagne gemacht, die den Namen trug: *Kritisiert Konfuzius, kritisiert Lin Biao*. Beide sollten nämlich angebliche „Verräter" sein, die sich gegen den Fortschritt stellten.

Die Kampagne wurde landesweit groß aufgezogen und gewann schnell Fahrt. Die Städte und Dörfer Chinas wurden, wie zu Beginn der Kulturrevolution, erneut mit Wandzeitungen behängt. Massenkundgebungen wurden abgehalten, Debatten geführt, Kader richteten Kampfsitzungen mit den damit verbundenen Quälereien aus und verlangten Kritik und Selbstkritik.[369]

Den *Massen* wurde die Verbindung von Lin Biao (Jahrgang 1907) mit Konfuzius (Jahrgang 551 v.Chr.) so nahegebracht: Nach dem IX. Parteitag, als Lin Biao auf dem Höhepunkt seiner Macht stand, habe er auf Schriftrollen folgendes Zitat des Konfuzius geschrieben: *Es gibt vieles auf Erden, das Allerwichtigste aber ist: Selbstzucht üben und das Ritual wiedereinführen.*

Das durch den Krieg verschüttete Ritual der Königszeit war für Konfuzius ein harmonisierender Ordnungsfaktor erster Güte gewesen.

Es kann nicht geklärt werden, ob Lin Biao sich in seiner Freizeit in Kalligrafie geübt hat. Alle Aussagen über ihn stammen aus der Zeit nach dem angeblichen Flugzeugabsturz.

Die Gruppe Kulturrevolution erläuterte den *Massen* jedenfalls, warum diese kalligraphischen Schriftrollen skandalös seien: Für Uneingeweihte sei die wahre Bedeutung des Lehrsatzes von Konfuzius erstmal nicht erkennbar. Daher kläre die Gruppe Kulturrevolution darüber auf: So wie damals Konfuzius die alte Ordnung und das alte Ritual, die alte Staats- und Gesellschaftsordnung wiederhergestellt und die neue gestürzt sehen wollte, so wollte auch Lin Biao die neue, durch die Kulturrevolution bewirkte Ordnung wieder umgestürzt sehen – daher auch der Mordplan gegen Mao Zedong, den Oberbefehlshaber des proletarischen Hauptquartiers.

Diese schändliche Absicht habe Lin Biao weiterhin dadurch verraten, dass über seinem Bett eine Schriftrolle mit der Zeichnung eines Pferdes und den Worten hing: *Das himmlische Pferd, das frei und allein durch den Himmel fliegt.* Lin Biao habe sich als Himmelsstürmer gesehen, als weit über den gewöhnlichen Sterblichen stehendes Genie – eine Beleidigung des Proletariats. Er habe sich damit endgültig als Reaktionär entpuppt, der manuelle Arbeit verachtet und ein elitäres Bewusstsein ausgebildet habe, das seine Wurzeln in den Lehren von Konfuzius und seinen Schülern habe.[370]

Lin Biao, der Verräter, habe in seine politische Linie stets auch ein buntes Gemisch philosophischer Begriffe wie *Tugend, Menschlichkeit, Rechtschaffenheit, Loyalität und Duldsamkeit* eingefügt, alles konfuzianische Begriffe, die der marxistischen Auffassung von historischem und dialektischem Materialismus und dem Klassenkampf als Träger geschichtlicher Dynamik klar widersprechen würden.[371] Die Kampagne zur Kritik an Lin Biao und Konfuzius sei daher eine wichtige und landesweite Vermittlerin marxistischen Gedankenguts.[372]

Die Kampagne zielte, wie bereits erwähnt, gegen Zhou Enlai. Eine Zeitzeugin sah klar und nüchtern: *Von Konfuzius' Lehre war jedoch kaum die Rede. Niemand wurde im Zweifel darüber gelassen, dass Jiang Qings Kritik an Konfuzius in Wahrheit gegen Ministerpräsident Zhou Enlai gerichtet war. Der Name des alten Philosophen war nur ein Deckmantel für den dahinsiechenden Zhou.*[373]

Kampagne gegen Konfuzius und Lin Biao. Bauern vor einer Wandzeitung auf einem Dreschplatz in der Provinz Shandong 1974

Um offen gegen den krebskranken, aber immer noch mächtigen Zhou Enlai vorzugehen und ihn zu stürzen – wie zuvor den Staatspräsidenten Liu Shaoqi – war die Gruppe Kulturrevolution nicht mehr einflussreich genug.

Jiang Qing organisierte Gruppen an der Universität Peking und der Universität Tsinghua, welche die in Lins Haus gefundenen Schriften und Schriftrollen der konfuzianischen Klassiker dokumentierten und interpretierten.

Fernsehen, Radio und Presse mobilisierten daraufhin die *Massen*. Schüler, Studenten, Arbeiter und Soldaten wurden zu Protestaktionen befohlen und verbrachten nun den Feierabend auf Großkundgebungen.

Alle anderen Chinesen arbeiteten in Studiengruppen unter Anleitung der lokalen Kader Anweisungen und Artikel Mao Zedongs und Texte zur Kulturrevolution durch. Ein erneuter Kampf gegen die Vier Alten wurde angekündigt.

## Nur noch Überdruss

Doch die radikalen Schüler und Studenten waren aufs Land verschickt und die anderen *Massen* erhoben sich nicht mehr. *Die Chinesen, die des Machtkampfs an der Parteispitze restlos überdrüssig waren, darunter viele verdiente KP-Mitglieder, standen auf der Seite des Ministerpräsidenten*, berichtete eine Zeitzeugin.[374]

Da half es auch nichts, dass eine Denunziationskampagne die andere jagte. Jiang Qing und die Gruppe Kulturrevolution wollten den revolutionären Antrieb nie erlahmen lassen.

Doch die Kampagnen der Kulturrevolution erzeugten nur noch Verwirrung. Wer vor kurzem noch der treueste Waffengefährte gewesen sein sollte, war schon kurz darauf zum Spion und Verräter erklärt? Ein Arbeiter aus Dalian in der Provinz Liaoning war besorgt: *Es fällt schwer, den Kampf der zwei Linien zu verstehen. Wenn schon die ganz oben betrogen werden, wie können dann wir ganz unten Fehler vermeiden?* Ein Regimentskommissar seufzte: *Einige Kameraden hoffen, dass es einmal ein Ende geben wird mit diesem „Kampf zweier Linien", wo immer eins aufs andere folgt.* Und sogar die parteiamtliche Theoriezeitung Honqi bemerkte: *Bei manchen Leuten sind Stimmungen einer „Friedens-Lähmung" aufgekommen, sie haben es satt, immer wieder ... für den Klassenkampf zu kämpfen.*[375]

1975 verstiegen sich ultralinke Anhänger (oder waren es heimlich Spötter?) von Jiang Qing und der Gruppe Kulturrevolution zu absurd

Deng Xiaoping auf einer Konferenz (1978)

## Das „Kapitulantentum des Song Jiang" und der „Kapitulant" Deng Xiaoping

Jiang Qing und die Gruppe Kulturrevolution entfachten eine neue Kampagne zum *Studium der Theorie der Diktatur des Proletariats*, das Gegenprogramm zu Dengs Kurs sozusagen. Jiang Qing mobilisierte die Propaganda, und wie schon zu Beginn der Kulturrevolution verkündeten Schlagzeilen und Lautsprecher täglich: *Schlagt den Wind von rechts zurück, der das Urteil der Kulturrevolution revidieren will.*[378] Gemeint war die Politik Dengs.

Die Ultralinken reagierten auf die *revisionistische* Herausforderung Dengs mit neuen und skurrilen Varianten des Kults um den Großen Vorsitzenden: *Loyalitätstänze* wurden einstudiert und getanzt, *Sonnenhöfe* eingerichtet, in denen die *Massen* sich versammeln, die Gesichter der *Sonne*, also einem Bild Mao Zedongs zuwenden und gemeinsam die Texte des Vorsitzenden studieren mussten. Eigens für die *Sonnenhöfe* wurden *Mao-Zedong-Studienklassen* von *Kontingenten der Arbeiter, Bauern und Soldaten für die theoretische Arbeit* eingerichtet.

In einer Grundschule in der Nähe von Shanghai werden 1976 das Kapitulantentum der „Räuber vom Liangshan Moor“ und der „Kapitulant“ Deng Xiaoping verurteilt

Und wieder, wie zu Beginn der Kulturrevolution, ging es um Literatur, diesmal um den in China vielleicht beliebtesten und bekanntesten Roman, den Räuberroman *Die Räuber vom Liangshan-Moor* (so der Titel in der Übersetzung von Franz Kuhn). Man müsste für deutsche Leser vielleicht die Geschichte vom Raub der Nibelungen, die Geschichten um Schinderhannes und Robin Hood, Schillers „Die Räuber“ sowie etliche Werke Karl Mays in einem Stück vereinen, um ein vergleichbares Werk zu besitzen.

Die ursprüngliche Fassung stammte aus dem 14. Jahrhundert, im 17. Jahrhundert war dann jene Fassung in volkstümlicher Sprache erschienen, die das Werk populär gemacht hatte.

Noch in den 1950er Jahren waren die Helden des Romans, die edlen Räuber Donnerschlag, Rothaarteufel, Zweistachelspion, Trommelfloh und wie die über Hundert so hießen, allen voran aber die Hauptfigur Song Jiang, als Bauernrevolutionäre gefeiert worden.

Im August 1975 aber begannen die Zeitungen, der Rundfunk und das Fernsehen, kritisch über *Die Räuber vom Liangshan-Moor* zu berichten.

Mao Zedong persönlich merkte an: *Die Räuber vom Liangshan-Moor richtet sich nur gegen korrupte Beamte, nicht aber gegen den Kaiser. ... Song Jiang kapituliert, betreibt Revisionismus ... und nimmt das Angebot auf Amnestie und Posten an.*[379]

Im Roman hatte Song Jiang sich einer Räuberbande aus deklassierten und völlig verarmten Bauern angeschlossen. Wie Robin Hood und Schinderhannes plünderten sie die Reichen und halfen den Armen. Als die Bauernschar so mächtig geworden war, dass die Armee des Kaisers sie nicht besiegen konnte, sicherte sich Song Jiang für sich und sein Gefolge vom Kaiser Amnestie und stellte sich mit seinen Leuten in dessen Dienst.

1975 beschuldigte die höchste politische Autorität des Landes nun Song Jiang, dessen Abenteuer er in seiner Jugend verschlungen hatte, des *Kapitulantentums.*

Die Chinesen mit ihrer reichen Erfahrung im Lesen von Analogien und politischen Allegorien wussten, dass der frühere Staatspräsident Liu Shaoqi wie der frühere Verteidigungsminister Lin Biao angeblich vor dem sowjetischen revisionistischen Sozialimperialismus kapituliert hatten. Die neuen Kapitulanten konnten eigentlich nur Zhou Enlai und Deng Xiaoping heißen, Kapitulanten vor dem Revisionismus. Die Kulturrevolution schien neuen Aufschwung zu nehmen.

### 70 Prozent zu 30 Prozent

Auf Anweisung Maos rief das Politbüro im November 1975 eine Konferenz zur Bewertung der Kulturrevolution ein.

Mao Zedongs eigenes Urteil lautete, dass die Kulturrevolution zu 70 Prozent ein Erfolg und zu 30 Prozent ein Fehlschlag gewesen sei. Damit wiederholte Mao jene Bewertung, die er (nach der Entstalinisierung durch Chruschtschow) über Stalin gefällt hatte, nämlich dass Stalin zu 70 Prozent recht und zu 30 Prozent unrecht gehabt habe.[380]

Deng Xiaoping hielt am 24. Mai 1977 eine Rede, in der er seine Bewertung der Lebensleistung von Mao Zedong darlegte. Im Jahr zuvor, 1976, hatte Hua Guofeng als Nachfolger Maos die Devise „Zwei Alle" ausgegeben: alle politischen Entscheidungen Maos seien zu unterstützen und alle Anweisungen Maos seien zu befolgen. Dieser bedingungslosen Nachfolge Maos widersprach Deng und nannte seine Rede:

*Die „Zwei Alle" stimmen nicht mit dem Marxismus überein.* Deng führte aus: *Genosse Mao Zedong selbst hat mehrmals gesagt, dass manche seiner Worte falsch waren. Er sagte, es gäbe niemanden, der keinen Fehler begeht, solange er arbeitet. Er sagte auch, selbst Marx, Engels, Lenin und Stalin hätten Fehler begangen. Wieso hätten sie wiederholt in ihren Manuskripten Korrekturen vorgenommen, wenn sie keine Fehler begangen hätten? Aus ihren wiederholten Korrekturen sei ersichtlich, dass manche der ursprünglichen Ansichten nicht ganz korrekt, vollständig oder präzise waren. Genosse Mao Zedong sagte, dass er auch Fehler begangen hätte. Dass jemand absolut richtig handelt und jede seiner Äußerungen korrekt ist — so etwas gäbe es nicht. Er sagte, es ist schon gut und in Ordnung, wenn man mit dreißig zu siebzig Prozent bewertet werden kann, und ich würde froh und zufrieden sein, wenn nach meinem Tod die kommenden Generationen mich mit dreißig zu siebzig bewerteten.*[381]

Die Kommunistische Partei Chinas hat dieses Verhältnis übernommen, und bis heute ist es die offizielle Richtlinie zur Beurteilung von Mao Zedong. Mit dieser Rede hat Deng zugleich die Abkehr vom Mao-Kult eingeläutet.

## Der rechtsabweichlerische Wind

Am 8.1.1976 starb Zhou Enlai.

Milz, Blase und Darm waren von Karzinomen befallen. Laut einem ungeschriebenen Gesetz durfte kein Mitglied des Ständigen Ausschusses des Politbüros sich einer Krebsoperation unterziehen. Mao hielt Krebs mit Ausnahme von Brustkrebs für unheilbar und lehnte Operationen stets ab. Würden die Menschen operiert, stürben sie nur umso früher, war seine Ansicht. Mit diesem Argument hatte er auch schon dem Geheimdienstchef Kang Sheng die operative Behandlung des Blasenkrebses verweigert. Kang Sheng war im Dezember 1975 verstorben.[382]

In Trauer um Zhou Enlai, der von den Nichtmaoisten als Stimme der Vernunft und Mäßigung idealisiert wurde, versammelten sich die Pekinger spontan auf dem Platz des Himmlischen Friedens und legten vor dem Denkmal der Volkshelden Kränze für Zhou nieder. Am Tag der Beisetzung Zhous säumten Hundertausende die Chang'an-Straße, die

Die ganze lange Avenue sagt dem Premierminister Lebe Wohl!

Hauptverkehrsachse der Stadt, um dem Wagen mit den sterblichen Überresten die letzte Ehre zu erweisen.

Die großen Massen an Menschen, die so sehr und offenkundig um Zhou trauerten, signalisierten der politischen Führung, dass das Volk auf der Seite Zhous und Dengs stand und nicht auf der Seite der Eiferer gegen das *Kapitulantentum*.

Deng Xiaoping hatte durch Zhous Tod den wichtigsten Beistand verloren. Die Kulturrevolutionäre um Jiang Qing sahen die Karten neu gemischt. Im Februar 1976 veranlasste die *Viererbande* Mao zu einer scharfen Kritik an Deng Xiaoping: *Xiaoping ist jemand, der den Klassenkampf nicht aufgreift und von jeher das Programm des Klassenkampfes abgelehnt hat.*[383]

Jiang Qing leitete nun die Kampagne ein: *Kritisiert Deng Xiaoping und kämpft gegen den rechtsabweichlerischen Wind.* Deng wurde wie schon 1967 als *Chinas Chruschtschow Nr.2* (die Nr.1 war Liu Shaoqi gewesen) angegriffen.

Der dahinsiechende Mao übertrug noch im Februar 1976 die Regierungsgeschäfte an den Kompromisskandidaten ohne größere eigene Hausmacht, Hua Guofeng.

Wandzeitungen an der Universität Peking gegen den „rechtsabweichlerischen Wind" von Deng Xiaoping (1976)

Als Folge der Kampagne gegen Deng Xiaoping stoppte die von ihm eingeleitete Wirtschaftspolitik. Die Produktion verlangsamte sich, in manchen Regionen kam sie vollständig zum Stillstand. Streiks behinderten den Eisenbahnverkehr. China drohte, erneut im Chaos zu versinken.

Ein Mitglied der Kommunistischen Partei und Soldat bringt eine Wandzeitung gegen den „Rechtsabweichler" Deng Xiaoping an

## April 1976

In Peking kam das Gerücht auf, Zhou Enlai sei ein Opfer der *Viererbande* geworden. In einer Reihe von Städten, in Nanjing, Wuhan, Guiyang, Fuzhou und Peking, tauchten Wandzeitungen auf, die sich direkt gegen die *Viererbande* richteten und das Volk zum Protest aufriefen. Die Menschen in Peking strömten zum Tiananmen, zum Platz des Himmlischen Friedens, und legten für Zhou Kränze und Blumen nieder, aber auch Blätter mit Gedichten. Unter den zahlreichen schriftlichen Zeugnissen zur Erinnerung an Zhou fand sich Kritik an Mao und seinem Kreis.

Am traditionellen Totengedenktag am 4. April 1976 war der riesige Platz des Himmlischen Friedens in Peking bis an den Rand mit Menschen gefüllt. Es war seit Gründung der Volksrepublik die erste große öffentliche Kundgebung, die nicht von der Regierung organisiert worden war, sondern spontan von den Massen. Sie war unerwünscht.

Am nächsten Tag versammelte sich die Menge wieder. Als sie entdeckte, dass die Polizei in der Nacht inzwischen alle Trauerkränze, Blumen, Gedichte usw. entfernt hatte, kam es zu gewaltsamen Protesten und Handgreiflichkeiten. Die aufgebrachte Volksmenge steckte Polizeifahrzeuge in Brand.

Mao wurde durch Jiang Qing über die *konterrevolutionäre Erhebung* unterrichtet und ihm wurde suggeriert, Deng Xiaoping stünde hinter den Trauerkundgebungen und Protesten.[384]

Auf Weisung Maos verurteilte das Zentralkomitee am 7. April 1976 Deng Xiaoping. Er wurde in einer knappen Verlautbarung aller Ämter enthoben, blieb aber Mitglied in der Kommunistischen Partei. In derselben Direktive ernannte Mao Hua Guofeng zu seinem Nachfolger.

Deng war ein zweites Mal im Rahmen der Kulturrevolution gestürzt worden, und im ganzen Land lief die Propaganda gegen ihn heiß: Deng halte den Klassenkampf für abgeschlossen, versuche die Errungenschaften der Kulturrevolution rückgängig zu machen und den Kapitalismus wieder einzuführen. Befreundete Militärs boten ihm in Guangdong in Südchina eine Zuflucht, wo er sich, von ihnen bewacht, dem Zugriff seiner Feinde entziehen konnte.

## Die Erde bebt, der Kaiser stirbt

Am 28. Juli 1976 ereignete sich in Tangshan in der Provinz Hebei ein verheerendes Erdbeben. Die Millionenmetropole und Industriestadt wurde völlig zerstört. Die Erschütterungswellen richteten selbst noch im fast 100 Kilometer entfernten Tianjin und sogar im 160 Kilometer entfernten Peking schwere Schäden an.

China blieb auch in dieser schweren Katastrophe dem Prinzip der unbedingten Selbstständigkeit treu und nahm keine Hilfe aus dem Ausland an. Stattdessen leitete es nationale Rettungsprogramme ein und zog Sanitäts- und Rettungsdienste aus dem ganzen Land zusammen. Auch die Volksbefreiungsarmee leistete Hilfe, was ihr beschädigtes Ansehen wieder etwas aufpolierte.

Der neue Ministerpräsident Hua Guofeng äußerte sich im September 1976 zu den Aufräumarbeiten: Die Naturkatastrophen von 1960, in denen die Kommunistische Partei die Ursachen für die Hungersnöte während des Großen Sprungs erkannt habe, seien von Liu Shaoqi und Deng Xiaoping als Vorwand für die Einleitung einer revisionistischen Politik ausgenutzt worden. Jetzt dagegen habe man die Katastrophe mit sozialistischen Mitteln bekämpft.[385] Das war ganz klar die Wiedergabe der maoistischen Position.

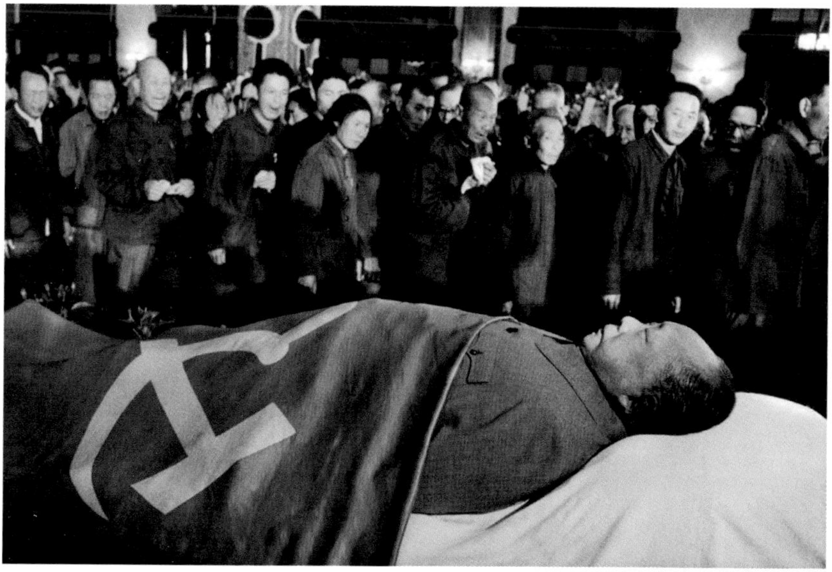

Mao Zedong bei der öffentlichen Aufbahrung in Peking 1976

Selbst nach der schweren Naturkatastrophe wurden die politischen Kampagnen also weiter befeuert, was große Teile des Volkes nur noch mit Abscheu quittierten.

Im traditionellen chinesischen Volksglauben bedeuteten Naturkatastrophen wie Erdbeben, Überschwemmungen oder außergewöhnliche Himmelserscheinungen immer auch klare Zeichen, dass der alles lenkende Himmel dem Herrscher seine Gunst entzogen hatte und ein Herrscherwechsel bevorstand. Und wie zur Bestätigung des alten Volksglaubens, den die Kommunisten ausrotten wollten, aber nie konnten, starb Mao Zedong am 9. September 1976. Er trat, wie er anzukündigen pflegte, wenn er vom Tod sprach, vor Karl Marx.

## Die Macht der Maoisten endet

Die Ultralinke um Jiang Qing hatte sich auf die Übernahme der Macht nach Maos Tod vorbereitet. Doch die Realität machte ihr einen gewaltigen Strich durch die Rechnung. Zwar lagerten in Geheimarchiven die erforderlichen (falschen oder auch echten) schwarzen Materialien über die Gegner. Mit Hilfe der Medien hatte Jiang Qing die Chinesen unentwegt an die zwei Kaiserinnen auf dem Drachenthron erinnert, an Kaiserin Lü (reg. 187–179 v.Chr.) und Kaiserin Wu Zetian (reg. 684–705 n.Chr.), und sie auf diese Weise auf eine weibliche Nachfolgerin vorbereitet. Doch die Propaganda wurde schnell von der Wirklichkeit eingeholt.

Bereits am 6. Oktober 1976 wurden Jiang Qing, Zhang Chunqiao, Yao Wenyuan und Wang Hongwen als die *Viererbande* verhaftet. Fünf Jahre später wurden sie von einem Sondergerichtshof für den Versuch der widerrechtlichen Übernahme der Staatsgewalt zu langjährigen Haftstrafen verurteilt. Sie wurden als die Hauptschuldigen an den Verbrechen der Kulturrevolution angeklagt.

### Die Viererbande

Maos Ehefrau Jiang Qing hatte in führender Position die Kulturrevolution geleitet und die Radikalität angeheizt. Sicher ist: Mao misstraute den Fähigkeiten und dem politischen Instinkt seiner Frau und distanzierte sich auf Sitzungen des Politbüros von ihr. In einer internen Sitzung des Politbüros 1975 kritisierte er sie und ihre

Vertrauten Wang Hongwen, Yao Wenyuan und Zhang Chunqiao: *Ihr sollte keine Viererbande bilden, lasst das sein. Warum macht ihr in dieser Weise weiter? Warum schließt ihr euch nicht mit den mehr als 200 Mitgliedern des Zentralkomitees zusammen? Es ist nicht gut, in einem kleinen Kreis von nur wenigen Leuten zu bleiben. Das ist noch niemals gut gewesen.*[386]

Bekämpft die Anti-Partei-Clique von Wang, Zhang, Jiang und Yao! (1976)

Die Bezeichnung *Viererbande* für Jiang Qing, Wang Hongwen, Yao Wenyuan und Zhang Chunqiao wurde nach Maos Tod so bekannt und berühmt, wie es Mao vermutlich nie beabsichtigt hatte.

Jiang Qing und ihre drei Vertrauensleute hatten erst mit Beginn der Kulturrevolution die politische Bühne betreten. 1976, nach Maos Tod, wurden sie als die Hauptverantwortlichen für die Exzesse der Kulturrevolution verhaftet, 1980 begannen die Prozesse. Sie wurden angeklagt als die treibende Kraft hinter der Agitation gegen die Kommunistische Partei und für den Tod Hunderttausender von Menschen. Während des Prozesses wehrte sich Jiang Qing mit den Worten: *Ich war Maos Hund. Er befahl mir zu beißen und ich biss zu.*

Jiang Qing wurde zum Tod verurteilt, ebenso Zhang Chunqiao, der frühere Vorsitzende des Shanghaier Revolutionskomitees. Die Todesstrafen wurden später zu lebenslanger Haft umgewandelt. Yao Wenyuan, der Journalist, unter dessen Federführung die Kampagne gegen Wu Han und das Pekinger Stadtkomitee begonnen hatte, wurde zu lebenslänglicher Haft verurteilt, Wang Hongwen zu 18 Jahren Haft.

Wang Hongwen

Zhang Chunqiao

Yao Wenyuan

Jiang Qing

Auf einer Wandzeitung wird die „Wang-, Zhang-, Jiang- und Yao-Clique", die „Viererbande", verurteilt

Im August 1977 verkündete Hua Guofeng offiziell das Ende der Kulturrevolution. Er blieb noch bis 1981 an der Macht, dann stürzte er politisch über seine früher allzu guten Kontakte zur *Viererbande*. Ihm folgte Hu Yaobang nach. Aber die tatsächliche Macht übte der wieder zurückgeholte Deng Xiaoping aus, der den Reformkurs anstieß, der Chinas Entwicklung beschleunigte.

## Nach der Kulturrevolution

Die Kulturrevolution hatte alle Beteiligten in einen Kessel aus ideologischem Streit, politischen Verdächtigungen und Gewalt getaucht. Wer am Anfang Täter war, konnte selbst verfolgt und zum Opfer werden – und umgekehrt. Fast jeder der von Beginn an aktiv Beteiligten konnte sich nach 1976 als Opfer präsentieren.

Die Führer der Roten Garden waren die Kinder der Kader der Kommunistischen Partei, die Privilegierten unter ihnen haben nach der Kulturrevolution oft im Ausland Karriere gemacht.

Ihren wirklichen Opfern versuchte die Regierung nach dem Ende der

Kulturrevolution etwas wie Gerechtigkeit zukommen zu lassen. Die Parteiführung unter Deng ließ Millionen von Fällen neu aufrollen und bewerten und sie auf diese Weise zumeist wenigstens symbolisch rehabilitieren. Die Führung benutzte ihre begrenzten finanziellen Mittel auch zur Zahlung von etwas Wiedergutmachung und gab, soweit möglich, entwendetes Eigentum zurück. Auch wenn es beim Versuch einer Wiedergutmachung eher bei Symbolik bleiben musste, wurde er doch mit einem erheblichen Aufwand an Zeit und Mitteln durchgeführt.

Durch die Kulturrevolution sei China in eine kulturelle Wüste verwandelt und eine ganze Generation von Jugendlichen zu intellektuellen Krüppeln gemacht worden, erklärte Deng Xiaoping 1977.[387]

Nachdem Deng Xiaoping mit Hilfe seiner Netzwerke wieder an die Macht gekommen war, hatte sich die vorwiegend aus rehabilitierten alten Kadern und damit aus Opfern der Kulturrevolution bestehende neue Führung entschieden, strikt zwischen politischen Fehlern und kriminellen Vergehen zu trennen. Mao Zedong wurden zwar schwere politische Fehlentscheidungen angelastet, aber nicht die Hauptverantwortung für die Kulturrevolution als Ganzes. Die Verantwortung für die kriminellen Elemente der Kulturrevolution wurde der Gruppe Kulturrevolution und Gefolgsleuten von Lin Biao zugewiesen.

1981 sprach die Kommunistische Partei Chinas von der Zeit der Kulturrevolution als von *zehn verlorenen Jahren.*

Am 27. Juni 1981 veröffentlichte das Zentralkomitee der Kommunistischen Partei Chinas die parteioffizielle Stellungnahme zur *Großen Proletarischen Kulturrevolution*: *Die „Große Proletarische Kulturrevolution" dauerte von Mai 1966 bis Oktober 1976 und hat der Partei, dem Staat und dem Volk den schwersten Rückschlag und den schwersten Verlust seit der Staatsgründung zugefügt. Die Kulturrevolution wurde vom Genossen Mao Zedong begonnen und geleitet. ... Die Geschichte der „Kulturrevolution" zeigt, dass die „Kulturrevolution" weder dem Marxismus-Leninismus noch den Tatsachen in China entsprachen. Die darauf beruhende Beurteilung der damaligen Klassensituation unseres Landes und der politischen Lage war völlig falsch. ... Für die als globaler und schwerwiegender Fehler der Linksabweichung definierte „Kulturrevolution" musste Genosse Mao Zedong die Hauptverantwortung tragen.*[388]

Mao wurde in der sehr umfangreichen Resolution klar als der Hauptverantwortliche für die Initiierung und Durchführung der Kulturrevolution bezeichnet. Er habe einen falschen Weg verfolgt und durch die realitätsfremde Überzeugung, es sei notwendig, auch noch innerhalb der sozialistischen Gesellschaft und der kommunistischen Partei den Klassenkampf durchführen zu müssen, der Partei und dem Volk schwer geschadet. Trotz aller schwerwiegenden politischen Fehler aber sei Mao Zedong als großer Führer der Partei zu betrachten.

Seine politischen „Fehler" müssen von den „Verbrechen" von Lin Biao und der *Vierbande* unterschieden werden.

Deng Xiaoping brachte das Verhältnis der Partei zu Mao im Interesse der Staatsraison pragmatisch klug auf die Formel: Maos Leistungen seien zu 70 Prozent gut und zu 30 Prozent schlecht gewesen. Bei dieser Formel ist es bis heute geblieben.

Die Frage nach dem Umgang mit der historischen Verantwortung von Mao Zedong für die Kampagnen, die dem chinesischen Volk geschadet haben, war und ist für die Kommunistische Partei sehr kompliziert. Mao zu verurteilen, war im Grunde nicht möglich, ohne die eigene Legitimation anzutasten.

Mao Zedong gehörte zu den Mitgründern der Kommunistischen Partei. Seit den 1940er Jahren war er ebenso unbestritten der überragende Führer der Partei wie ihr wichtigster Theoretiker. Er hatte wesentlich zum Sieg der kommunistischen Bewegung beigetragen. 1949 war er es gewesen, der die Volksrepublik China ausgerufen hatte, er repräsentierte die Staatsgründung.

Mao Zedong war mit der Gründung der Kommunistischen Partei Chinas, ihrem Erfolg und der Staatsgründung der Volksrepublik so sehr verwoben, dass er niemals aus den Reihen der Partei ausgestoßen werden durfte. Ein „entmaoisiertes" China würde seine trotz allem Späteren doch große und verdienstvolle Gründergestalt verlieren.

Die Kulturrevolution ist ein Beispiel für die Fallstricke eines rein ideologischen Denkens.

Revisionismus – ein abstrakter, ideologischer Kampfbegriff – wurde eingesetzt, um eine politische Richtung zu diffamieren.

*Die Wahrheit in den Tatsachen suchen*, mit diesem Zitat aus der klassischen chinesischen Literatur (dem Han Shu, 1.Jh.) leitete Deng Xiaoping 1978 die Reformpolitik ein. Er ergänzte es durch den Zusatz: *die Praxis ist das einzige Kriterium zur Überprüfung der Wahrheit.*

Die Resolution von 1981 und die Haltung Deng Xiaopings gegenüber der Kulturrevolution sind bis heute der Maßstab für den Umgang mit der Vergangenheit. Am 17. Mai 2016, einen Tag nach dem 50. Jahrestag des Beginns der Kulturrevolution, hat die Volkszeitung, Renmin Ribao, in einem Leitartikel die Kulturrevolution erneut einen Fehler in Theorie und Praxis genannt und davor gewarnt, die historischen Lehren zu vergessen: China werde niemals erlauben, dass sich die Kulturevolution wiederhole. Nie dürften Chinesen das von Deng Xiaoping über jene Zeit gefällte Urteil vergessen, dass die Kulturrevolution Chaos in Partei und unter den Menschen jeder ethnischen Zugehörigkeit hervorgebracht habe.[389]

Und wie steht es eigentlich mit der Armut, die schon der junge Mao bekämpfen wollte?

Die von Mao verantwortete Politik hatte zur größten von Menschen verursachten Hungerkatastrophe Chinas geführt – und die chinesische Geschichte kannte viele und verheerende Hungerperioden. Nach Maos Tod und mit der Reformpolitik Dengs sank laut Berechnungen der Weltbank die Zahl der (absolut) Armen in China zwischen 1981 und 2012 von vorher vorhandenen 878 Millionen auf nur noch 87 Millionen. (Absolut arm zu sein bedeutet, von ungefähr einem Dollar am Tag leben zu müssen.) China leistete damit einen außergewöhnlichen Beitrag zur Bekämpfung der Armut in der Welt.

Im Jahr 2016 lebten noch 56 Millionen Chinesen unterhalb der Armutsgrenze. Im März 2016 kündigte die chinesische Führung an, die Armut in China bis 2020 vollständig abschaffen zu wollen.[390]

## Und die deutschen Maoisten?

Fans trennen sich schwer von einem Idol. In Nepal und in Peru existieren bis heute maoistische Gruppen, die, wenn die Staatsgewalt die von ihnen ausgehende Gewalt nicht sofort unterbinden kann, die arme, indigene Bevölkerung terrorisieren und in ihre Reihen zu zwingen versuchen.

Der Großteil der deutschen Maoisten allerdings fühlte sich bereits 1972 von China verraten, als Mao und Richard Nixon sich in Peking getroffen haben. Die China-Begeisterung kühlte drastisch ab.

*Mao, Mao, warum hast du uns verlassen?*, untertitelte die legendäre Berliner Spontiband Ton, Steine, Scherben 1972 im Beiheft zur Schallplatte *Keine Macht für Niemand* ein Bild von Nixon und Mao und ihrem Treffen.[391]

Der Retter war fremdgegangen und damit verloren, für die meisten erlebte er keine Auferstehung. Die Missverständnisse waren einfach viel zu groß gewesen.

# ANHANG

## Hinweise zur Verwendung von Sprache und Umschrift

Für die Wiedergabe der chinesischen Schriftzeichen in lateinischen Buchstaben wurde das heutige gültige Pinyin-System verwendet. Pinyin hat das früher verwendete Wade-Giles-System weitgehend verdrängt. Einige Städte und Personenbezeichnungen sind jedoch hauptsächlich in der Wade-Giles-Umschrift bekannt und wurden daher auch so belassen, etwa Peking (statt Beijing) und Chiang Kai-shek (statt Jiang Jieshi)und viele andere mehr.

Wenn von Rotgardisten, Schülern, Studenten usw. die Rede ist, dann ist *die andere Hälfte des Himmels* selbstverständlich mit eingeschlossen. Darauf, diesen Umstand eigens sprachlich hervorzuheben, wurde verzichtet.

## Anmerkungen

1. John K. Fairbank, Geschichte des modernen China 1800–1985, München, dtv 1989, S.314/315
2. Nachbar China. Helmut Schmidt im Gespräch mit Frank Sieren, Berlin, Ullstein 2006, S.17
3. Stefan Gehrig, „Zwischen uns und dem Feind einen klaren Trennungsstrich ziehen", in: Sebastian Gehrig, Barbara Mittler, Felix Wemheuer (Hg.) Kulturrevolution als Vorbild? Maoismen im deutschsprachigen Raum, Frankfurt, Lang 2008, S.157
4. Gerd Koenen, Der Muff von tausend Jahren, in Daniel Cohn-Bendit/ Rüdiger Damann (Hg.), 1968. Die Revolte, Frankfurt, Fischer2007, S.139–160
5. Gerd Koenen, Die großen Gesänge, Frankfurt, Eichborn-Verlag, 2. Fassung 1991, S.411
6. Gerd Koenen, a.a.O.
7. Ich war Maos Leibarzt. Die persönlichen Erinnerungen des Dr. Liu Zhisui an den Großen Vorsitzenden, Bergisch-Gladbach, Lübbe 1994, S.557
8. Konrad Seitz, China. Eine Weltmacht kehrt zurück, Berlin, Siedler, 2000, S.90
9. Alberto Moravia, Die Kulturrevolution in China. Eine Reise durch das China von heute. München, Verlag Kurt Desch, 1968, S.53

10. Jürgen Osterhammel, Die Verwandlung der Welt. Eine Geschichte des 19. Jahrhunderts, München, Beck, 2011, S.255
11. Jürgen Osterhammel, Kolonialismus. Geschichte, Folgen, Formen, München, Beck 7. Auflage 2009, S.25
12. Jacques Gernet, Die chinesische Welt, Frankfurt, Suhrkamp 1988, S.505 ff.
13. Karl Marx und Friedrich Engels, Ausgewählte Schriften in zwei Bänden, Berlin, Dietz-Verlag 1952, Band 1, Manifest der Kommunistischen Partei, S.23/24
14. Lenin, Der Imperialismus als höchstes Stadium des Kapitalismus: https://www.marxists.org/deutsch/archiv/lenin/1917/imp/
15. Alexander V. Pantsov in Zusammenarbeit mit Steven I. Levine, Mao. Die Biographie. Aus dem Englischen übersetzt von Michael Bischoff, Frankfurt, Fischer 2014, S.124
16. Wolfgang Bauer, China und die Hoffnung auf Glück. Paradiese, Utopien, Idealvorstellungen in der Geistesgeschichte Chinas, München, dtv. 1989, S.511
17. vgl. Wolfgang Bauer, a.a.O. S.516
18. Wolfgang Bauer, a.a.O. S.517/518
19. Jonathan D. Spence, Chinas Weg in die Moderne. Aus dem Amerikanischen von Gerda Kurz und Siglinde Summerer. Erweiterte Neuausgabe München, Hanser 2008, S.376
20. Jonathan D. Spence, a.a.O., S.376 und Wolfgang Bauer, a.a.O. S.517/518
21. Wolfgang Bauer, a.a.O., S.520
22. John K. Fairbank, Geschichte des modernen China, S.252
23. Laszlo Ladany, The Communist Party of China and Marxism, 1921–1985. A Self Portrait, Hoover Institution Press Publication, 1988, S.12
24. Laszlo Ladany, a.a.O., S.12
25. Francois Furet, Das Ende der Illusion. Der Kommunismus im 20.Jahrhundert. Aus dem Französischen übersetzt von K. Bartsch u.a., München, Piper 1998, S.183/184
26. vgl. Wolfgang Bauer, China und die Hoffnung auf Glück, S.531/532
27. https://www.marxists.org/deutsch/archiv/lenin/1920/06/natfrag.htm
28. Oskar Weggel, Geschichte Chinas im 20.Jahrhundert, Stuttgart, Kröner 1989, S. 58 sowie: Jonathan D. Spence, a.a.O., S.365
29. Jonathan D. Spence, Chinas Weg in die Moderne, S.432

30. Jonathan D. Spence, a.a.O., S.459
31. John K. Fairbank, Geschichte des modernen China 1800–1984, S. 236
32. Mao Zedong Texte. Schriften, Dokumente, Reden und Gespräche. Deutsche Bearbeitung und chinesische Originalfassung, hg. von Helmut Martin, München, Hanser 1982, Band V, S.23
33. John K. Fairbank, a.a.O., S.268
34. Hu Kai und Gerhard Schild, Das moderne China. 19. und 20. Jahrhundert. Stuttgart, Reclam 2014, S. 121/122
35. Oskar Weggel, Geschichte Chinas im 20. Jahrhundert, S.136
36. Stuart R. Schram, Das politische Denken Mao Tse-tungs. Das Mao-System. Aus dem Englischen übersetzt von Karl Held, München, dtv 1975, S.147/148
37. 29.05.76 RMRB (Renmin Ribao) in Helmut Martin, Band 6, 1, S.559
38. Ich war Maos Leibarzt. A.a.O., S.72/73
39. 21.09.49 Eröffnungsrede auf der 1. Plenartagung der Politischen Konsultativkonferenz des chinesischen Volkes, in Helmut Martin, Band 1, S.4
40. Über die Neue Demokratie (Januar 1940), Mao Tse-tung, Ausgewählte Werke Band II, Verlag für fremdsprachige Literatur, Peking 1968, Abschnitt V, Die Politik der Neuen Demokratie. In: http://www.infopartisan.net/archive/maowerke/MaoAWII_395_449.htm
41. Ansprache zur Feier des 28. Jahrestages der Gründung der Kommunistischen Partei Chinas, 1. Juli 1949, Mao Werke, Dietz-Verlag GmbH, Berlin, 1. Auflage 1951
42. Helga Stahl, Vom Kaiserreich zur Volksrepublik: Chinas langes 20. Jahrhundert, in: Länderbericht China, herausgegeben von Doris Fischer und Christoph Müller-Hofstede, Bundeszentrale für politische Bildung, 2014, S.195
43. 24.–27.09.62. Reden auf der 10. Plenartagung des VIII. Zentralkomitees der Kommunistischen Partei Chinas, in Helmut Martin, Band 5, S.121
44. Henry Kissinger, China. Zwischen Tradition und Herausforderung. Übersetzt von H. Dierlamm u.a., München, Bertelsmann 2011, S.113/114
45. Kathryn Weathersby, From the Russian Archives. New Findings of the Korean War. Cold War International History Project Bulletin Issue 3, Fall 1993. www.wilsoncenter.org/sites/default/files/CWIHP Bulletin3.pdf (Zugriff am 20.04.2015)

46. Rolf Steininger, Der vergessene Krieg. Korea 1950–1953, München, Olzog 2006, S.53
47. G. Malenkow, Die Sowjetunion verteidigt die Sache des Friedens. Neue Welt, Berlin 1949, Nr.22
48. André Malraux, Anti-Memoiren. Aus dem Französischen übersetzt von Carlo Schmid, Frankfurt, Fischer 1968, S.479
49. Memorandum Nr.68, siehe www.fas.org/irp/offdocs/nsc-hst/nsc-68.htm (Zugriff am 19.04.2015), Übersetzung Cornelia Hermanns
50. Rolf Steininger, Der vergessene Krieg, S.53
51. Rolf Steininger, Der vergessene Krieg, S.53
52. laut Bericht von Rudolf G. Pikhoia, Direktors des zentralen russischen Staatsarchivs in Moskau. Abgedruckt in Kathryn Weathersby, a.a.O.
53. Peng Dehuai, Memoirs of a Chinese Marshal. The Autobiographical Notes of Peng Dehuai, Beijing 1984, S.473
54. Chruschtschow erinnert sich. Herausgegeben von Strobe Talbott. Eingeleitet und kommentiert von Edward Crankshaw, S.347
55. Rolf Steininger, Der vergessene Krieg, S.53
56. Rolf Steininger, a.a.O., S.173
57. Bernd Stöver, Geschichte des Koreakriegs, S.98
58. Rolf Steininger, a.a.O. S.185
59. Rolf Steininger, a.a.O. S.182/183
60. Brief von Filippov (Stalin) an den sowjetischen Botschafter in Prag zur Weiterleitung an den Führer der CSSR Klement Gottwald. Deklariert als „Streng geheim", siehe http://digitalarchive.wilsoncenter.org/document/112225 Übersetzung Cornelia Hermanns
61. In: From the Russian Archives. New Findings of the Korean War. Translation and Commentary by Kathryn Weathersby. Cold War International History Project, Bulletin, Issue 3, Fall 1993. www.wilson center.org/sites/default/files/CWIHPBulletin3.pdf
62. Rolf Steininger, Der vergessene Krieg, S.190
63. Rolf Steininger, a.a.O. S.191
64. Gespräch mit der amerikanischen Journalistin Anna Louise Strong 1946. In: Ausgewählte Werke Mao Tse-tungs, Band IV. Verlag für fremdsprachige Literatur Peking, 1969, http://www.infopartisan.net/archive/maowerke/MaoAWIVges.htm

65. Tilmann Fähnders, Kein Block. Die ehemalige „Dritte Welt" erinnert in Bandung an ihren Gründungsmythos, in FAZ 21.04.2015
66. Henry Kissinger, China, S.177 f.
67. 25.09.55 Erstes Vorwort zu: Der sozialistische Aufschwung auf dem Lande in China. In Helmut Martin, Band 1, S.201
68. 7.02.53 Weisungen am Ende der 4.Tagung des 1.Nationalkomitees der Politischen Konsultativkonferenz des chinesischen Volkes, in Helmut Martin, Band 1, S.85/86
69. Jürgen Domes, Die Ära Mao Tse-tungs. Innenpolitik in der Volksrepublik China, Stuttgart, Kohlhammer 1971, S.78
70. Siehe Jacques Gernet, Die chinesische Welt, S.551/552
71. Chruschtschow erinnert sich, S.433
72. Chruschtschow erinnert sich, S.433/434
73. Chruschtschow erinnert sich, S.434/435
74. siehe Edward Crankshaw in: Chruschtschow erinnert sich, S.48
75. Henry Kissinger, China, S.181
76. Jonathan D. Spence, Chinas Weg in die Moderne, S.689
77. Jürgen Domes, Die Ära Mao Tse-tungs, S.74
78. Jürgen Domes, a.a.O. S.75
79. Jürgen Domes, a.a.O. S.78
80. Sabine Dabringhaus, Geschichte Chinas im 20. Jahrhundert, München, Beck 2009, S.115
81. Mao Zedong, Über die demokratische Diktatur des Volkes, Ausgewählte Werke Band IV, Verlag für fremdsprachige Literatur, Peking 1969, http://www.infopartisan.net/archive/maowerke/MaoAWIV_437_452.htm
82. Wolfgang Franke, China und das Abendland, Vandenhoeck&Ruprecht, Göttingen 1962, S.99
83. Jonathan D. Spence, Chinas Weg in die Moderne, S.671
84. Mao Zedong, Über die richtige Behandlung der Widersprüche im Volke, Verlag für fremdsprachige Literatur Peking 1971, S.56 f.
85. Jonathan D. Spence, a.a.O., S.671
86. Mao Zedong, Über die richtige Behandlung der Widersprüche im Volke, Verlag für fremdsprachige Literatur Peking 1971, S.56 f.
87. Oskar Weggel, a.a.O., S.194
88. Oskar Weggel, a.a.O., S.194
89. Oskar Weggel, Geschichte Chinas im 20. Jahrhundert, S.207

90. Jürgen Domes, Die Ära Mao Tse-tungs, S.82
91. Jonathan D. Spence, Chinas Weg in die Moderne, S.646
92. Jürgen Domes, Die Ära Mao Tse-tungs, S.87
93. Yang Jisheng, Grabstein. Die große chinesische Hungerkatastrophe 1958–1961. Aus dem Chinesischen von Hans Peter Hoffmann, Frankfurt, Fischer 2012, S.375
94. Ich war Maos Leibarzt, S.249
95. 18.11.57 Ansprache auf der Moskauer Delegiertenkonferenz der kommunistischen und Arbeiterparteien, in Helmut Martin, Band 2, S.343/344
96. 18.11.57 Ansprache auf der Moskauer Delegiertenkonferenz der kommunistischen und Arbeiterparteien, in Helmut Martin, Band 2, S.343/34
97. Chruschtschow erinnert sich, S.469/470
98. 01.01.58, 60 Punkte über Arbeitsmethoden, in Helmut Martin, Band 3, S.36/37
99. 31.01.58, 60 Punkte über Arbeitsmethoden, a.a.O. S.28
100. 31.01.58, 60 Punkte über Arbeitsmethoden, a.a.O. S.34
101. Yang Jisheng, Grabstein, S.386
102. Yang Jisheng, Grabstein, S.386
103. Yang Jisheng, Grabstein, S.386
104. Chruschtschow erinnert sich, S.474
105. Jürgen Domes, Die Ära Mao Tse-tungs, S.95
106. Jürgen Domes, Die Ära Mao Tse-tungs, S.95/96
107. 10.12.58 Beschluss des Zentralkomitees der Kommunistischen Partei über einige Fragen der Volkskommunen, in Helmut Martin, Band 3, S.277
108. Sabine Dabringhaus, Mao, S.81
109. Konrad Seitz, China. Eine Weltmacht kehrt zurück. Berlin, Siedler 2000, S.172
110. Jürgen Domes, Von der Volkskommune zur Krise in China. Duisburg, Studiengesellschaft für Zeitprobleme 1964, S.30/31
111. Jürgen Domes, Die Ära Mao Tse-tungs, S.98
112. Jürgen Domes, Die Ära Mao Tse-tungs, S.99
113. Jürgen Domes, Die Ära Mao Tse-tungs, S.99
114. Jürgen Domes, Politische Soziologie der Volksrepublik China, Wiesbaden, Akademische Verlagsgesellschaft, 1980, S.47

115. John K. Fairbank, Geschichte des modernen China 1800–1985, S.299/300
116. Chen Kaige, Kinder des Drachens. Eine Jugend in der Kulturrevolution. Aus dem Chinesischen von Stefan und Hu Chun Kramer in Zusammenarbeit mit Christiane Hammer. Leipzig, Kiepenheuer 1994, S.9
117. Frank Dikötter, Maos Großer Hunger. Massenmord und Menschenexperiment in China (1958–1962). Aus dem Englischen von Stephan Gebauer. Stuttgart, Cotta 2014, S.123
118. Jürgen Domes, Die Ära Mao Tse-tungs, S.101
119. Jürgen Domes, Die Ära Mao Tse-tungs, S.103
120. Peng Dehuai´s „Memorandum", in Helmut Martin, Band 4, S.153
121. Felix Wemheuer, Der große Hunger. Hungersnöte unter Stalin und Mao, Berlin Rotbuch-Verlag 2012, S.184/185
122. Felix Wemheuer, a.a.O., S.212
123. Ich war Maos Leibarzt, S.381
124. Yang Jisheng, Grabstein, S.468, 469
125. Ich war Maos Leibarzt, S.46
126. Yang Jisheng, Grabstein, S.735
127. Archie Brown, Aufstieg und Fall des Kommunismus, Berlin, Ullstein 2009, S.431 ff.
128. Frank Dikötter, Maos Großer Hunger, S.432 f.
129. Frank Dikötter, a.a.O., S.433
130. Rainer Hoffmann, Maos Rebellen. Sozialgeschichte der chinesischen Kulturrevolution. Hamburg, Hoffmann und Campe, 1977, S.25
131. Ich war Maos Leibarzt, S.415
132. Frank Dikötter. Maos Großer Hunger, S.434 f.
133. Jürgen Domes, Die Ära Mao Tse-tungs, S.130
134. MacFarquar/Schoenhals, Maos Last Revolution, S.8 f.
135. Jonathan D. Spence, Chinas Weg in die Moderne, S.698
136. Oskar, Weggel, Geschichte Chinas im 20. Jahrhundert, S.228
137. André Malraux, Anti-Memoiren, S.478
138. André Malraux, Anti-Memoiren, S.478
139. Jonathan D. Spence, Chinas Weg in die Moderne, S.701
140. 18.01.61 Rede auf der erweiterten 9.Plenartagung des VIII. Zentralkomitees der Kommunistischen Partei Chinas, in Helmut Martin, Band 5, S.9

141. Ich war Maos Leibarzt, S.224
142. Henry Kissinger, China, S.120
143. Zitiert nach Henry Kissinger, China, S.120
144. Chruschtschow erinnert sich, S.474
145. Jung Chang, Wilde Schwäne. Die Geschichte einer Familie. München, Knaur 2004, S.373
146. Stuart R. Schram, Das politische Denken Mao Tse-tungs, S.303
147. Roderick MacFarquhuar und Michael Schönhals, Mao´s Last Revolution, S.9
148. Jürgen Domes, Die Ära Mao Tse-tungs, S.126
149. Mao Tse-tung, Ausgewählte Schriften (4 Bde.), Berlin (Ost), 1956, Band 2, Über den langdauernden Krieg, S. 177/178
150. Chruschtschow erinnert sich, S.476
151. Jonathan D. Spence, Chinas Weg in die Moderne, S.704
152. Jürgen Domes, Die Ära Mao Tse-tungs, S.127
153. http://www.infopartisan.net/archive/maobibel/maobibel.html
154. Susanne Weigelin-Schwiedrzik, Mao Zedong-Ideen und Mao Kult, in Brunhilde Staiger (Hg.), Länderbericht China. Geschichte, Politik, Wirtschaft, Kultur, Frankfurt, Wissenschaftliche Buchgesellschaft 2000, S.281
155. Der Spiegel, 19.06.1967: Ausmerzen bis zu den Wurzeln. Ein Gespräch mit Mao Tse-tung, von Edgar Snow, S.76–77
156. 09.08.62 Rede auf der Zentralen Arbeitskonferenz in Beidaihe. In: Helmut Martin, Band 5, S.106
157. Leo Trotzki, Die wirkliche Lage in Russland, Kapitel 21, 1927, http://gutenberg.spiegel.de/buch/-5919/2 Milovan Djilas, Die neue Klasse. Eine Analyse des kommunistischen Systems. Übersetzt von Reinhard Federmann, München, Kindler 1957
158. Hongqi Nr. 8, 1966
159. Alberto Moravia, Die Kulturrevolution in China, S.72 ff.
160. John K. Fairbank, Geschichte des modernen China 1800–1985, S.318
161. Zitiert nach Hsia, Adrian, Die chinesische Kulturrevolution, S.16
162. 30.01.62 Rede auf der erweiterten Arbeitskonferenz des Zentralkomitees – Rede auf der Konferenz der 7000, in Helmut Martin Band 5, S.86
163. Edgar Snow, Die Lange Revolution, S.105

164. Curt Krauss, The Cultural Revolution, S.11
165. Adrian Hsia, Die chinesische Kulturrevolution, S.144/145
166. zitiert nach Lena Henningsen, Musikalisches Leben in China, 01.10.2009 http://www.bpb.de/internationales/asien/china/44311/musik?p=all
167. Ich war Maos Leibarzt, S.301
168. John Byron and Robert Pack, The Claws of the Dragon. Kang Sheng. The Evil Genius behind Mao and his Legacy of Terror in People´s China, New York, Simon & Schuster, 1992, S.286 f.
169. 28.04.66 Kritik an Peng Zhen, in Helmut Martin, Band 6/1, S.161
170. Clive Ansley, The Heresy of Wu Han: His Play „Hai Juis Dismissal“ and its Role in China´s Cultural Revolution. Toronto (University of Toronto Press) 1971, S. 76
171. Jonathan D. Spence, Chinas Weg in die Moderne, S.709
172. Chinas Rote Garden, S.196 f.
173. Jonathan D. Spence, Chinas Weg in die Moderne, S.710
174. Oskar Weggel, Geschichte Chinas im 20. Jahrhundert, S.249
175. Lin Biao (Lin Piao), Important Documents on the Great Proletarian Cultural Revolution in China, Peking 1970, S.199, 208–215, 221, 29 ff
176. Jonathan D. Spence, Chinas Weg in die Moderne, S.710
177. Roderick MacFarquhar und Michael Schoenhals, Mao´s Last Revolution, S.34
178. Jürgen Domes, Kulturrevolution und Armee, S.26f
179. Chinas Rote Garden, S.198
180. 16.05.66 Rundschreiben des Zentralkomitees der Kommunistischen Partei Chinas – 16.Mai-Rundschreiben, in Helmut Martin, Band 6,1, S.165, 166, 170, 172, 173 f.
181. Chen Kaige, Kinder des Drachens, S.41
182. Chen Kaige, a.a.O., S.40
183. Jürgen Domes, Kulturrevolution und Armee, S.87 f.
184. Renmin Ribao vom 27.05.1966, zitiert nach Jürgen Domes, Kulturrevolution und Armee, S.35
185. Rundschreiben des Zentralkomitees der Kommunistischen Partei Chinas – 16.Mai-Rundschreiben, in Helmut Martin Band, 6,1, S.173
186. Jiang Pei, Hongweibing kuangbiao, Zhengzhou: Henan Renmin Verlag 1994, S.9

187. Stuart R.Schram (Hg.), Chairman Mao talks to the People. Talks and Letters. 1956–1971, New York, 1974, S.260
188. Wang Youqin, Student Attacks Against Teachers: The Revolution of 1966, http://www.cnd.org/CR/english/articles/violence.htm
189. Nien Cheng, Leben und Tod in Shanghai, S.126 und Chinas Rote Garden, S.232
190. Chinas Rote Garden, S.210
191. Roderick MacFarquhar und Michael Schönhals, Maos Last Revolution, S.54 ff.
192. Chinas Rote Garden, S.210
193. Franklin W. Houn, Anatomie des chinesischen Kommunismus, Bern, Hallwag 1969, S.155
194. Wang Youqin, Wie die Schüler die Lehrer attackierten. Ursprung und Ausweitung körperlicher Angriffe. www.mnemosyne.de/pdf/wangyouqin.pdf
195. 13.02.64 Abriss eines Gesprächs während des Frühlingsfests, in Helmut Martin, Band 5, 220 f.
196. „Neunter Kommentar zum offenen Brief des Zentralkomitees der Kommunistischen Partei der Sowjetunion“ (Auszüge) – ´Über den Pseudokommunismus Chruschtschows und die historischen Lehren für die Welt`. Helmut Martin, Band 5, S.334
197. Renmin Ribao, 18.06.1966, zit. nach Adrian Hsia, S.170
198. Barbara Schulte, Chinas Bildungssystem im Wandel: Elitenbildung, Ungleichheiten, Reformversuche, S.504
199. Suzanne Pepper, Radicalism and Education Reform in 20$^{th}$-Century China, S.382
200. Adrian Hsia, Die chinesische Kulturrevolution, S.76
201. Shigeru Ishikawa: The Chinese Economy: A General Framework for longterm Projection, in: The China Mainland Review, Nr.2 (September 1966), S.75
202. Joel Andreas, Rise of the Red Engineers, The Cultural Revolution and the Origins of China´s New Class, Stanford University Press 2009, S.43
203. Joel Andreas, a.a.O. S.69
204. Alberto Moravia, Die Kulturrevolution in China, S.40
205. Ken Ling, Maos kleiner General, S.19 ff.

206. Wang Youqing, Wie die Schüler die Lehrer attackierten. Die dritte Stufe: aus den Schulen auf die Straße, von Peking in die Provinzen. www.mnemosyne.de/pdf/wangyouqin.pdf
207. Nien Cheng, Leben und Tod in Shanghai, S.124
208. Nora Frisch, Notizen zum Alltag in China, S.24
209. Wang Youqin, Student Attacks Against Teachers: The Revolution of 1966. Paper presented at the conference "The Cultural Revolution in Retrospect", Hong Kong University of Science and Technology, July 4–6, 1966 http://www.cnd.org/CR/english/articles/violence.htm Übersetzt von Cornelia Hermanns
210. Untersuchungsbericht über die Bauernbewegung in Hunan, März 1927, S.37, aus: Mao Tse-Tung, Ausgewählte Werke Band 1, Verlag für fremdsprachige Literatur, Peking 1968, S.21–63
211. Chen Kaige, Kinder des Drachens, S.81
212. Nien Cheng, Leben und Tod in Shanghai, S.27
213. Nien Cheng, a.a.O., S.27
214. Nien Cheng, a.a.O., S.27
215. Alexander V. Pantsov und Steven I. Levine, Mao, S.683 f.
216. John K. Fairbank, Geschichte des modernen China 1800–1985, S.325
217. Alexander V. Pantsov und Steven I. Levine, Mao, S.684
218. Alexander V. Pantsov und Steven I. Levine, Mao, S.684
219. Ich war Maos Leibarzt, S.493
220. Chinas Rote Garden, S.221
221. Wolfgang Bauer, China und die Hoffnung auf Glück, S.564
222. Wolfgang Bauer, a.a.O., S.565 ff.
223. Roderick MacFarquhar und Michael Schoenhals, Mao´s Last Revolution, S.66
224. 21.07.66 Reden auf einer Konferenz von Sekretären der großen Verwaltungsregionen und Mitgliedern der Gruppe für Kulturevolution beim Zentralkomitee, in Helmut Martin, Band 6,1, S.179
225. 08.08.66 Beschluss des Zentralkomitees der Kommunistischen Partei Chinas über die Große Proletarische Kulturrevolution – Die 16 Punkte, in Helmut Martin, Band 6,1, S.195 f.
226. 08.08.66 Beschluss des Zentralkomitees der Kommunistischen Partei Chinas über die Große Proletarische Kulturrevolution – Die 16 Punkte, a.a.O., S.206

227. 08.08.66 Beschluss des Zentralkomitees der Kommunistischen Partei Chinas über die Große Proletarische Kulturrevolution – Die 16 Punkte, a.a.O., S.196
228. 05.08.66 Das Hauptquartier beschießen – Meine erste Wandzeitung, in Helmut Martin, Band 6,1, S.194 f.
229. Bian Zhongyun. Übersetzung aus dem Chinesischen von Susanne Weigelin-Schwiedrzik, in: Nicht der Rede wert, Booklet S.23
230. Hu Jie, Auch wenn ich nicht mehr bin. Der Tod der Lehrerin Bian Zhongyun am Beginn der Kulturrevolution. Ein Film von He Jie, China 2006
231. Hu Jie, Auch wenn ich nicht mehr bin. Der Tod der Lehrerin Bian Zhongyin am Beginn der Kulturrevolution. Ein Film von Hu Jie, China 2006
232. Hongqi Nr.11, 1966
233. Chinas Rote Garden, S.227
234. Worte des Vorsitzenden Mao Tsetung, Essen, Verlag Neuer Weg S.14
235. Adrian Hsia, Die chinesische Kulturrevolution, S.171
236. Iris Hopf, Uniformierung als Ausdruck revolutionärer Askese, S.250
237. Iris Hopf, Uniformierung als Ausdruck revolutionärer Askese, S.250
238. Yu Hua, China in zehn Worten. Eine Einführung, Frankfurt, Fischer 2012, S.35
239. Chen Kaige, Kinder des Drachens, S.61
240. Adrian Hsia, Die chinesische Kulturrevolution, S.265
241. Alexander V. Pantsov und Steven I. Levine, Mao, S.734
242. 08.07.66 Brief an Jiang Qing, Helmut Martin, 6,1, S.174
243. Jürgen Domes, Politische Soziologie der Volksrepublik China, S.129
244. Nachrichtenagentur Xinhua vom 23. August 1966. Nachdruck in: Ostkolleg der Bundeszentrale für politische Bildung (Hrsg.), Die Volksrepublik China im Wandel, Bonn 1988, S.235
245. Rainer Hoffmann, Maos Rebellen, S.42
246. Rainer Hoffmann, Maos Rebellen, S.44
247. Douwe W. Fokkema, Report from Peking, Observations of a Western Diplomat on the Cultural Revolution, S.44 ff.
248. Rainer Hoffmann, a.a.O., S.44
249. 08.07.66 Brief an Jiang Qing, in Helmut Martin Band 6,1, S.175

250. 08.08.66 Beschluss des Zentralkomitees der Kommunistischen Partei Chinas über die Große Proletarische Kulturrevolution – Die 16 Punkte, in Helmut Martin Band 6,1, S.202
251. Alexander V. Pantsov und Steven I. Levine, Mao, S.696
252. Cheng Kaige, Kinder des Drachens, S.77
253. Cheng Kaige, Kinder des Drachens, S.80/81
254. Chinas Rote Garden, S.230
255. Chinas Rote Garden, S.228
256. Chinas Rote Garden, S.231
257. Chinas Rote Garden, S.213
258. Jürgen Domes und Marie-Luise Näth, Geschichte der Volksrepublik China, S.57
259. Ken Ling, Maos Kleiner General, S.130 f.
260. Li Zhisheng, Roter Nachrichtensoldat, S.78
261. Vgl. Oskar Weggel, Geschichte Chinas im 20.Jahrundert, S.263
262. zuletzt Alexander V. Pantsov und Steven I. Levine, Mao, S.704
263. Alexander Pantsov und Steven Levine, Mao, S.702
264. Alexander Pantsov und Steven Levine, Mao, S.705
265. Chinas Rote Garden, S.294/295
266. 01.05.67 Rede vor einer albanischen Militärdelegation, in Helmut Martin, Band 6,1, S.263
267. Ken Ling, Maos kleiner General, S.260 f.
268. Ken Ling, a.a.O., S.264
269. Ken Ling, a.a.O., S.269
270. Ken Ling, a.a.O., S.270
271. Ken Ling, a.a.O., S.271
272. Ross Terrill, Madame Mao, The White-Boned Demon, Touchstone, New York 1992, S.279
273. Ken Ling, Maos kleiner General, S.274
274. Ken Ling, a.a.O., S.260
275. Nien Cheng, Leben und Tod in Shanghai, S.71
276. Alexander V. Pantsov und Steven I. Levine, Mao, S.702
277. Alexander V. Pantsov und Steven I. Levine, S.700f.
278. John Byron and Robert Pack, The Claws of the Dragon, S.307
279. vgl. Barbara Mittler, A Continuous Revolution

280. Paul Clark, The Chinese Cultural Revolution, New York, Cambridge Universitiy Press 2008, S.46
281. Rainer Hoffmann, Maos Rebellen, S.23
282. Rainer Hoffmann, a.a.O., S.24
283. Rainer Hoffmann, Maos Rebellen, S.135
284. Chinas Rote Garden, S. 251
285. Xin Zhonghua Bao (Neues China), 30. September 1939, zitiert nach Alexander Pantsov und Steven I. Levine, Mao, S.699
286. Alexander V. Pantsov und Steven I. Levine, Mao, S.699
287. Jürgen Domes und Marie-Luise Näth, Geschichte der Volksrepublik China, S.58
288. Rainer Hoffmann, Maos Rebellen, S.79
289. Rainer Hoffmann, a.a.O., S.81
290. Rainer Hoffmann, a.a.O., S.81
291. Jürgen Domes, Die Ära Mao Tse-tungs, S.262
292. Jonathan D. Spence, Chinas Weg in die Moderne, S.718 f.
293. Jonathan D. Spence, a.a.O., S.719
294. Ken Ling, Maos kleiner General, S.331
295. Jürgen Domes, Die Ära Mao Tse-tungs, S.157
296. Ken Ling, a.a.O., S.312
297. Ken Ling, a.a.O., S.313
298. Ken Ling, a.a.O., S.328
299. Der Spiegel 21.08.1967, China, Million Helden, S.82
300. Jörg Barberowski, Räume der Gewalt, Frankfurt, Fischer 2015, S.140
301. 08.07.66 Brief an Jiang Qing. In Helmut Martin, Band 6,1, S.175
302. Auszug aus Maos abschließenden Bemerkungen auf dem VI. Plenum des Zentralkomitees im November 1938, zit. Nach Stuart R. Schram, Das politische Denken Mao Tse-tungs, S.270
303. 07.09.66 Stellungnahme zu den Problemen in Qingdao, Changsha und Xi´an. In Helmut Martin, Band 6,1, S.211
304. Roderick MacFarquhar und Michael Schoenhals, Mao´s Last Revolution, S.200 f.
305. 21.01.67 Stellungnahme an Lin Biao, in Helmut Martin, Band 6,1, S.237/238
306. Roderick MacFarquhar und Michael Schoenhals, a.a.O., S.201
307. Jonathan D. Spence, Chinas Weg in die Moderne, S.722
308. Jürgen Domes, Die Ära Mao Tse-tungs, S.161

309. Roderick MacFarquhar und Michael Schoenhals, a.a.O., S.203
310. Roderick MacFarquhar und Michael Schoenhals, a.a.O., S.210
311. Alexander V. Pantsov und Steven I. Levine, Mao, S.709
312. Roderick MacFarquhar und Michael Schoenhals, Mao´s Last Revolution, S.214 f.
313. Roderick MacFarquhar und Michael Schoenhals, Mao´s Last Revolution, S.214 f.
314. Jürgen Domes, China nach der Kulturrevolution, S.25
315. Ken Ling, Maos kleiner General, S.463
316. Ken Ling, a.a.O., S.476
317. Hongqi Nr.5, 1967
318. Jürgen Domes, Die Ära Mao Tse-tungs, S.173
319. Jürgen Domes, Die Ära Mao Tse-tungs, S.174
320. 05.09.67 Rede über das Verbot von bewaffnetem Kampf, in Helmut Martin, Band 6,1, S.303 f.
321. Adrian Hsia, Die chinesische Kulturrevolution, S.184
322. Jürgen Domes, China nach der Kulturrevolution, S.28
323. Adrian Hsia, Die chinesische Kulturrevolution, S.186
324. Jürgen Domes, Die Ära Mao Tse-tungs, S.77 f.
325. Xiaowei Zheng, Die Qinghua-Universität und chinesische Politik zu Zeiten der Kulturrevolution, in: Maos Mangos, S.30
326. Xiaowei Zheng, a.a.O., S.31
327. 28.07.68 Gespräch beim Empfang von Verantwortlichen des Rote-Garden-Kongresses der Hauptstadt, in Helmut Martin, Band 6,1, S.357
328. 28.07.68 Gespräch beim Empfang von Verantwortlichen des Rote-Garden-Kongresses der Hauptstadt, a.a.O., S.341
329. Alfreda Murck, Esswaren als Metapher, in: Maos Mangos, S.75
330. Daniel Leese, Die Inszenierung eines Massenfestes: Die Parade in Beijing zum Nationalfeiertag 1968, in: Maos Mangos, S.46–61
331. Xiaowei Zheng, Die Qinghua-Universität und chinesische Politik zur Zeit der Kulturrevolution, in: Maos Mangos, S.16–35
332. Changshan Li, Die Große Proletarische Kulturrevolution (1966–1976) im Spiegel der deutschen und chinesischen wissenschaftlichen Literatur (1966–2008), S.129
333. 22.12.68 Renmin Ribao, in Helmut Martin, 6,1, S.554

334. Oskar Weggel, Geschichte Chinas im 20.Jahrhundert, S.272
335. Roderick MacFarquhar und Michael Schoenhals, Mao´s Last Revolution, S. 251
336. Roderick MacFarquhar und Michael Schoenhals, a.a.O., S.251
337. Jürgen Domes, China nach der Kulturrevolution, S.52
338. Jürgen Domes, China nach der Kulturrevolution, S.70 ff
339. NCNA, Peking, 15.4.1969. Zit. nach Jürgen Domes, China nach der Kulturrevolution, S.155
340. Chinas Rote Garden, S.326
341. Jürgen Domes, China nach der Kulturrevolution, S.32
342. Wolfgang Leonhard, Peking bricht mit dem Kreml. Der chinesisch-sowjetische Konflikt überschattet den XXIII. Parteitag. Die Zeit, 1. April 1966
343. Jürgen Domes, China nach der Kulturrevolution, S.82 f.
344. Jürgen Domes, China nach der Kulturrevolution, S.82–87
345. Jürgen Domes, China nach der Kulturrevolution, S.101
346. Jürgen Domes, China nach der Kulturrevolution, S.101
347. Jürgen Domes, China nach der Kulturrevolution, S.99 f.
348. Jürgen Domes, China nach der Kulturrevolution, S.115
349. Jürgen Domes, China nach der Kulturrevolution, S.150
350. Jürgen Domes, China nach der Kulturrevolution, S.152
351. CNA Nr.839 vom 23.04.1971, nach: Jürgen Domes, China nach der Kulturrevolution, S.152
352. Jürgen Domes und Marie-Luise Näth, Geschichte der Volksrepublik China, S.66
353. Petra Kolonko, Die allmähliche Rehabilitierung des „Verräters“ Lin Biao, FAZ 06.04.13
354. Zit. nach: Jürgen Domes, China nach der Kulturrevolution, S.281
355. Georg von Rauch, Geschichte der Sowjetunion, Stuttgart, Kröner 1977, S.544
356. Nien Cheng, Leben und Tod in Shanghai, S.96
357. Alexander V. Pantsov und Steven I. Levine, Mao, S.727
358. Henry Kissinger, China, S.230
359. Jonathan D. Spence, Chinas Weg in die Moderne, S.727
360. Henry Kissinger, China, S.231
361. Jonathan D. Spence, Chinas Weg in die Moderne, S.741

362. Jonathan D. Spence, a.a.O., S.743
363. Alexander V. Pantsov und Steven I. Levine, Mao, S.732
364. Ich war Maos Leibarzt, S.578
365. Jürgen Domes, China nach der Kulturrevolution, S.247
366. Jürgen Domes, China nach der Kulturrevolution, S.226
367. Jürgen Domes, China nach der Kulturrevolution, S.237
368. Jürgen Domes, China nach der Kulturevolution, S.237
369. Chinas Rote Garden, S.345
370. Chinas Rote Garden, S.375 ff.
371. Chinas Rote Garden, S.377
372. Chinas Rote Garden, S.378
373. Nien Cheng, Leben und Tod in Shanghai, S.408
374. Nien Cheng, a.a.O., S.408
375. Der Spiegel, 11/1974 vom 11.03.1974
376. Nien Cheng, Leben und Tod in Shanghai, S.424
377. Henry Kissinger, China, S.312
378. Nien Cheng, Leben und Tod in Shanghai, S.424
379. 28.08.75 Kritik an dem Roman „Die Räuber vom Liangshan-Moor", in Helmut Martin, Band 6,1, S.484 f.
380. Roderick MacFarquhar und Michael Schoenhals, Mao´s Last Revolution, S.358 ff.
381. http://book.theorychina.org/upload/b3915645-4e6b-4151-aa0b-b5a66eb6cd60/flipviewerxpress.html?pn=55 (Zugriff am 20.04.2016) Ausgewählte Werke Deng Xiaopings, darin die Rede: Die „Zwei Alle" sind nicht marxistisch
382. Ich war Maos Leibarzt, S.596
383. Changshan Li, Die chinesische Kulturrevolution (1966–1976) im Spiegel der deutschen und chinesischen wissenschaftlichen Literatur (1966–2008), S.189 f.
384. Alexander V. Pantsov und Steven I. Levine, Mao, S.768
385. Jonathan D. Spence, Chinas Weg in die Moderne, S.761
386. 03.05.75 Äußerung über die „Viererbande" auf einer Sitzung des Politbüros des Zentralkomitees, in Helmut Martin, Band 6,1, S.481
387. Kai Vogelsang, Geschichte Chinas, Stuttgart, Reclam 2012, S.577
388. Beschluss über einige historische Ereignisse der Partei nach der Staatsgründung. Beijing 2010, S.55 ff.

389. Hendrik Ankenbrand, Peking bricht Schweigen über Kulturrevolution. Partei: Fehler in Theorie und Praxis. China wird Wiederholung niemals erlauben, in Frankfurter Allgemeine Zeitung, 18.05.2016
390. Sebastian Heilmann, China schafft die Armut ab, in: Frankfurter Allgemeine Sonntagszeitung, 22.05.2016
391. Felix Wemheuer, Die vielen Gesichter des Maoismus und die neue Linke nach 1968, In: Gehrig, Mittler, Wemheuer, Kulturrevolution als Vorbild? Maoismen im deutschsprachigen Raum, Frankfurt, Lang 2008, S.9–23

## Personenverzeichnis

**Acheson, Dean** (1893–1971). Von 1949 bis 1953 Außenminister der USA.

**Bian Zhongyun** (1916–1966). Mitglied der Kommunistischen Partei seit 1941. Direktorin einer renommierten Mittelschule für Mädchen, die von den Töchtern der Politprominenz besucht wurde. Wurde von den Roten Garden der Mittelschule, deren Anführerin Song Binbin war, zu Tode geprügelt. Ein Feature von Wolfgang und Susanne Schwiedrzik sowie ein Film von Hu Jie erinnern sie an. Feature und Film sind zusammengefasst in: *... nicht der Rede wert? Die Ermordung der Lehrerin Bian Zhongyun am Beginn der Kulturrevolution. Berichte und ein Film von Ju Hie.*

**Breschnew, Leonid** (1906–1982). Von 1964 bis 1982 Partei- und Staatschef der Sowjetunion.

**Chen Yi** (1901–1972). Bedeutender Militärführer und Marschall der Volksbefreiungsarmee. Von 1958 bis 1972 Außenminister Chinas. Kritiker der Kulturrevolution. Tod durch Krebs.

**Chen Boda** (1904–1989). Koautor der Schriften Mao Zedongs. Politischer Sekretär Mao Zedongs. Vorsitzender der Gruppe Kulturrevolution. 1970 verhaftet und als Anhänger Lin Biaos gestürzt.

**Chen Zaidao** (1909–1993). Kommandeur der Militärbezirke Wuhan und Hubei. Verantwortete den Widerstand gegen die Kulturrevolution in Wuhan. 1967 verhaftet, 1972 rehabilitiert.

**Chiang Kai-shek** (1887–1975). Militär und Politiker, Vorsitzender und Oberbefehlshaber der Guomindang ab 1926. 1949 nach Niederlage Flucht mit der Guomindang nach Taiwan.

**Chruschtschow, Nikita** (1894–1971). Staats- und Parteichef der Sowjetunion von 1953 bis 1964. Leitete mit der Geheimrede die Entstalinisierung ein.

**Deng Pufang** (*1944). Sohn Deng Xiaopings. Erlitt aufgrund von Verfolgung durch Rote Garden eine Querschnittslähmung. Gründete 1988 den ersten Behindertenverband Chinas.

**Deng Xiaoping** (1904–1997). Teilnehmer des Langes Marsches. Erster Parteisekretär bis 1966. In der Kulturrevolution als *Chruschtschow Nr.2* verfolgt. 1973 rehabilitiert. Erneuter Sturz 1976 nach Zhous Tod. Ab 1977 Rückkehr an die Macht. Architekt der Reformpolitik und der politischen Wende nach Maos Tod.

**Engels, Friedrich** (1820–1895). Deutscher Philosoph, Journalist und Unternehmer. Entwickelte mit Karl Marx die Wirtschafts- und Gesellschaftstheorie des Marxismus.

**Eisenhower, Dwight D.** (1890–1969). Von 1953, der Zeit des Zustandekommens des Waffenstillstands in Korea, bis 1961 Präsident der USA.

**He Long** (1896–1969). Marschall der Armee und Vertrauter von Peng Dehuai. 1966 als Revisionist inhaftiert. Tod durch bewusste Fehlmedikation.

**Hua Guofeng** (1921–1991). Nachfolger Zhou Enlais und nach Maos Tod Parteivorsitzender. Verantwortlich für Prozess gegen Viererbande 1980. Allmählicher (erzwungener) Rückzug aus der Politik nach 1981.

**Jiang Qing** (1914–1991). Vierte Ehefrau von Mao Zedong. De facto Kopf der Gruppe Kulturrevolution, Mitglied der Zentralen Sonderfallkommission und ab 1972 Mitglied des Politbüros. Als Einpeitscherin und treibende Kraft hinter der Kulturrevolution 1976 als Teil der Viererbande verhaftet.

**Kang Sheng** (1898–1975). Geheimdienst- und Sicherheitschef. Ab 1966 Mitglied der Gruppe Kulturrevolution und Mitglied der Zentralen Sonderfallkommission. 1975 Tod durch Blasenkrebs. Posthum wegen Verfolgung zahlreicher Parteimitglieder aus Partei ausgeschlossen.

**Ken Ling** (*1950). Führer der Roten Garde von Amoy (Xiamen) in der Provinz Anhui. Floh 1968 nach Hongkong. Schrieb den Erfahrungsbericht *Maos Kleiner General. Die Geschichte des Rotgardisten Ken Ling* über die Zeit 1966 bis 1968.

**Kim Il-sung** (1912–1994). Von 1948 bis 1994 Partei- und Staatschef der VR Korea. Begann mit Stalins Unterstützung den Koreakrieg. Begründete die Diktatur der Familie Kim in Nordkorea.

**Kuai Dafu** (*1945). National bekannter Führer der Roten Garde (Jinggangshan) der Pekinger Universität Tsinghua mit sehr engen Verbindungen zur Gruppe Kulturrevolution, namentlich zu Jiang Qing. 1968 durch Mao persönlich gemaßregelt und in die Provinz Ningxia strafversetzt. 1983 rückwirkend zu 17 Jahren Haft verurteilt. Heute Geschäftsmann.

**Kunzelmann, Dieter** (*1939). Bekannter Vertreter der 1968-Bewegung in Westdeutschland, prominent durch Provokationen, Terror und Gewaltanschläge (auf ein jüdisches Gemeindehaus).

**Kissinger, Henry** (*1923). 1938 aus Nazi-Deutschland in die USA emigriert. Nationaler Sicherheitsberater des amerikanischen Präsidenten und Außenminister der USA.

**Lenin, Wladimir** (1870–1924). Marxistischer Politiker und Führer der Sozialistischen Revolution in Russland. Gründer der Sowjetunion. Bedeutender marxistischer Theoretiker.

**Li Dazhao** (1889–1927). Wurde 1918 Direktor der Bibliothek der Universität Peking. Mitgründer der Kommunistischen Partei. Vorgesetzter des Hilfsbibliothekars Mao Zedong.

**Li Zhisui** (1919–1995). Ab 1953 Arzt Mao Zedongs. Ging 1988 mit seiner Familie in die USA. 1993 erschien sein Bericht: *Ich war Maos Leibarzt. Die persönlichen Erinnerungen des Dr. Li Zhisui an den Großen Vorsitzenden.*

**Lin Biao** (1907–1971). Bedeutender Militärführer und Marschall. Seit 1959 Verteidigungsminister. Propagandist des Mao-Kults. Designierter Nachfolger von Mao Zedong. Tod 1971.

**Lin Liguo** (1945–1971). Sohn Lin Biaos. Hat vermutlich das Attentat auf Mao Zedong geplant, das ihn und seine Familie das Leben gekostet hat.

**Liu Shaoqi** (1898–1969). Mitglied der Kommunistischen Partei seit Gründung 1921. Stellvertreter Mao Zedongs. Seit 1959 Staatspräsident. Als *chinesischer Chruschtschow* während der Kulturrevolution durch Zentrale Sonderfallkommission verfolgt. Starb 1969 infolge von Quälereien und Verweigerung medizinischer Hilfe.

**Malenkow, Georgi** (1902–1988). Russischer Politiker. Von 1953 bis 1955 Regierungschef der Sowjetunion.

**Malinowski, Rodion** (1898–1967). Marschall der Sowjetunion. Von 1957 bis 1967 sowjetischer Verteidigungsminister.

**Mao Anying** (1922–1950). Ältester Sohn Mao Zedongs. Starb 1950 im Koreakrieg.

**Mao Zedong** (1893–1976). Mitgründer der Kommunistischen Partei. Von 1943 bis 1976 Vorsitzender der Partei. Bis heute überragende Gestalt der Volksrepublik China und der Kommunistischen Partei.

**Marx, Karl** (1818–1883). Deutscher Philosoph, Ökonom und Journalist. Entwickelte mit Friedrich Engels die nach ihm benannte Wirtschafts- und Gesellschaftstheorie des Marxismus.

**Nie Yuanzi** (*1921). Dozentin. Schrieb 1966 an der Universität Peking die erste Wandzeitung der Kulturrevolution.

**MacArthur, Douglas** (1880–1964). Meistdekorierter Militärführer in der Geschichte der USA. Im Zweiten Weltkrieg Oberbefehlshaber im Pazifik. Befehligte bis 1951, bis zu seiner Entlassung, die UN-Truppen in Korea.

**Peng Dehuai** (1898–1974). Berühmter Militärführer Chinas. Teilnehmer des Langen Marsches. Oberbefehlshaber der Freiwilligen im Koreakrieg. Bis 1959 Verteidigungsminister, nach Kritik an den *Drei Roten Bannern* entlassen. Während der Kulturrevolution verfolgt und gefoltert. Tod durch unterlassene medizinische Hilfe 1974.

**Peng Zhen** (1902–1997). Mächtiges Mitglied des Zentralkomitees. Zu Beginn der Kulturrevolution Parteisekretär und Oberbürgermeister von Peking. Zehnjährige Inhaftierung bis 1976. Danach Rückkehr in politische Ämter.

**Puyi** (1906–1967). Wurde als zweijähriges Kind zum letzten Kaiser von China erhoben. 1973 erschien seine Autobiographie *Ich war Kaiser von China. Vom Himmelssohn zum Neuen Menschen. Die Autobiographie des letzten chinesischen Kaisers Pu Yi (1906–1967).*

**Ridgway, Matthew B.** (1895–1993). Amerikanischer General. Leitete nach der Entlassung von MacArthur erfolgreich die Gegenoffensive der UN-Truppen in Korea.

**Snow, Edgar** (1905–1972). Amerikanischer Journalist, Freund und Bewunderer Mao Zedongs.

**Song Binbin** (*1949). Prominentes Gesicht der Roten Garden. Tochter eines der *Acht Unsterblichen*, eines Helden der Revolution. War Anführerin der Roten Garden an der renommierten Mittelschule, deren Direktorin Bian Zhongyun ermordet wurde. Bei der ersten Massenversammlung der Roten Garden auf dem Tiananmen-Platz legte sie Mao Zedong die Armbinde der Roten Garden um. Verließ in den 1980er Jahren China und lebt seither in den USA.

**Song Qingling** (1893–1981). Witwe Sun Yat-sens, des Revolutionsführers von 1911. Stellte sich 1927 auf die Seite der Kommunisten. 1949 als Nicht-KP-Mitglied eine der Vizepräsidenten der VR China.

**Stalin, Josef** (1879–1953). Seit 1922 Generalsekretär der Kommunistischen Partei der Sowjetunion. Seit 1927 allmächtiger Alleinherrscher, der seine Macht mit Verfolgungen, Terror, willkürlichen Hinrichtungen und Einweisungen in Arbeitslager sicherte.

**Sun Yat-sen** (1866–1926). Führer der Revolution von 1911. Gründer der Guomindang. Kämpfer für ein demokratisches, modernes China.

**Syngman Rhee** (1875–1965). Von 1948 bis 1965 erster Präsident Südkoreas.

**Trotzki, Leo** (1879–1940). Russischer Revolutionär und Politiker, marxistischer Theoretiker. Gegenspieler Stalins, der ihn 1940 im mexikanischen Exil ermorden ließ.

**Truman, Harry S.** (1884–1972). Von 1945 bis 1953 Präsident der USA.

**Wang Guangmei** (1921–2006). Ehefrau von Liu Shaoqi. Mitglied einer Arbeitsgruppe während der Sozialistischen Erziehungskampagne und während der Kulturrevolution an der Universität Tsinghua in Peking. 1967 auf Kritiksitzungen gequält. Im Anschluss als „US-Spionin" inhaftiert. 1979 aus Haft entlassen und rehabilitiert.

**Wang Hongwen** (1932–1992). Führer der *Revolutionären Rebellen* in Shanghai. 1969 Aufnahme ins Zentralkomitee, ab 1970 einer der Vizevorsitzenden von Mao Zedong. 1976 als Mitglied der *Viererbande* verhaftet.

**Wu Han** (1909–1969). Historiker (Spezialist für die Zeit des historischen Hai Rui) und Vizebürgermeister von Peking. Seine Pekingoper *Hai Rui wird seines Amtes enthoben* war der gesuchte Hebel, um gegen den 1962 vollzogenen Kurswechsel vorzugehen. Wu Han wurde ab 1966 inhaftiert, gefoltert und aus der Haft heraus unzählige Male auf Kampfsitzungen geschleppt. Tod im Gefängnis 1969.

**Yao Wenyuan** (1931–2005). Ultralinker Shanghaier Journalist, Autor der Polemik gegen Wu Han, jüngstes Mitglied der Gruppe Kulturrevolution und einer der wichtigsten Autoren der maoistischen Linken. 1976 als Teil der *Viererbande* verhaftet.

**Yuan Shikai** (1859–1916). Oberster General der 1911 gestürzten Qing-Dynastie. Versuchte, das Kaisertum wiederherzustellen und rief sich als neuer Kaiser aus. Sein Tod 1916 beendete diese Ambition.

**Zhang Chunqiao** (1917–2005). Shanghaier Journalist und Propagandist der Partei. Führendes Mitglied der Gruppe Kulturrevolution. Gehörte zum inneren Kreis um Mao Zedong. 1969 ins Politbüro gewählt. 1976 als Teil der *Viererbande* verhaftet.

**Zhou Enlai** (1898–1976). Wichtiger Führer der Kommunistischen Partei und enger Vertrauter Mao Zedongs. Von 1949 bis zu seinem Tod Premierminister der VR. Arbeitete eng mit der Gruppe Kulturrevolution zusammen. Vorsitzender der Zentralen Sonderfallkommission, welche die Verfolgungen von Parteimitgliedern beschloss und leitete. Zhou galt während der Kulturrevolution als gemäßigter, integrer Politiker.

**Zhu De** (1886–1976). Mitgründer der Roten Armee 1929 und ihr Oberbefehlshaber während der Kriegszeit bis 1949. Wurde während der Kulturrevolution wegen angeblicher Mitgliedschaft in einer fiktiven Gruppe zeitweise verfolgt.

**Zhuge Liang** (181–234). Ein berühmter Militärstratege des alten China und genialer Taktiker. Gilt als Autor mehrerer militärstrategischen Abhandlungen. In einem der vier klassischen Romane Chinas, in Luo Guanzhongs, *Die Geschichte der drei Reiche* (um 1700), wird von Zhuge Liang erzählt. Zhuge Liangs, *Die List der offenen Stadttore*, ist in die bekannte Sammlung der 36 Strategeme eingegangen.

# Literatur

Andreas, Joel, Rise of the Red Engineers. The Cultural Revolution and the Origins of China´s New Class, Stanford University Press 2009

Ankenbrand, Hendrik, Peking bricht Schweigen über Kulturrevolution. Partei: Fehler in Theorie und Praxis. China wird Wiederholung niemals erlauben, in Frankfurter Allgemeine Zeitung, 18.05.2016

Ansley, Clive, The Heresy of Wu Han: His Play „Hai Juis Dismissal" and its Role in China´s Cultural Revolution. Toronto (University of Toronto Press) 1971

Baberowski, Jörg, Räume der Gewalt, Frankfurt, Fischer 2015

Bauer, Wolfgang, China und die Hoffnung auf Glück, Paradiese, Utopien, Idealvorstellungen in der Geistesgeschichte Chinas. München, dtv. 1989

Bianco, Lucien, Die Volksrepublik China und Taiwan, In: Fischer Weltgeschichte Band 33, 12. Auflage 2004, S. 212–250

Brief von Filippov (Stalin) an den sowjetischen Botschafter in Prag zur Weiterleitung an den Führer der CSSR Klement Gottwald. Deklariert als „Streng geheim". http://digital-archive.wilsoncenter.org/document/112225

Brown, Archie, Aufstieg und Fall des Kommunismus, Berlin, Ullstein 2009

Byron, John and Robert Pack, The Claws of the Dragon. Kang Sheng. The Evil Genius behind Mao and his Legacy of Terror in People´s China, New York, Simon & Schuster, 1992

Chen, Kaige, Kinder des Drachens. Eine Jugend in der Kulturrevolution. Aus dem Chinesischen von Stefan und Hu Chun Kramer in Zusammenarbeit mit Christiane Hammer. Leipzig, Kiepenheuer 1994

Cheng, Nien, Leben und Tod in Shanghai. Aus dem Englischen von Hans-Joachim Maass, Frankfurt, Ullstein 1987

Chinas Rote Garden. Jack Chen erlebt Maos Kulturrevolution. Aus dem Amerikanischen von Wulf Bergner, Stuttgart, Klett 1977

Chang, Jung, Wilde Schwäne. Die Geschichte einer Familie. München, Knaur 2004

Chruschtschow erinnert sich. Herausgegeben von Strobe Talbott. Eingeleitet und kommentiert von Edward Crankshaw, Reinbek, Rowohlt 1971

Clark, Paul, The Chinese Cultural Revolution. A History. New York, Cambridge University Press 2008

Cold War International History Project, Bulletin, Issue 3, Fall 1993, From the Russian Archives. New Findings on the Korean War. Translation and Commentary by Kathryn Weathersby. www.wilsoncenter.org/sites/default/files/CWIHPBulletin3.pdf

Courtois, Stephane (Hg.), Das Handbuch des Kommunismus. Geschichte, Ideen, Köpfe, München, Piper 2010

Dabringhaus, Sabine, Geschichte Chinas im 20. Jahrhundert, München, Beck 2009

Dabringhaus, Sabine, Mao. München, Beck 2008

Dikötter, Frank, Maos Großer Hunger. Massenmord und Menschenexperiment in China (1958–1962). Aus dem Englischen von Stephan Gebauer. Stuttgart, Cotta 2014

Domes, Jürgen, Die Ära Mao Tse-tungs. Innenpolitik in der Volksrepublik China, Stuttgart, Kohlhammer 1971

Domes, Jürgen, China nach der Kulturrevolution. Mit einem Beitrag von Marie-Luise Näth. München, Fink 1975

Domes, Jürgen, Kulturrevolution und Armee. Die Rolle der Streitkräfte in der chinesischen „Kulturrevolution". Bonn, Studiengesellschaft für Zeitprobleme Heft Nr.19, 1967

Domes, Jürgen, Politische Landeskunde der Volksrepublik China. Berlin, Colloqium-Verlag 1982

DOMES, JÜRGEN, Politik und Herrschaft in Rotchina, Stuttgart, Kohlhammer 1965

DOMES, JÜRGEN, Politische Soziologie der Volksrepublik China, Wiesbaden, Akademische Verlagsgesellschaft, 1980

DOMES, JÜRGEN, Sozialismus in Chinas Dörfern. Ländliche Gesellschaftspolitik in der Volksrepublik China 1949–1977. Hannover, Landeszentrale für politische Bildung, 1977

DOMES, JÜRGEN, Von der Volkskommune zur Krise in China. Duisburg, Studiengesellschaft für Zeitprobleme 1964

DOMES, JÜRGEN UND MARIE-LUISE NÄTH, Geschichte der Volksrepublik China, Mannheim, BI-Taschenbuch 1992

DUTSCHKE, RUDI, Mein langer Marsch. Herausgegeben von Gretchen Dutschke-Klotz und Hellmut Gollwitzer, Hamburg, Rowohlt 1993

ESS, HANS VAN, Die 101 wichtigsten Fragen zu China. München, Beck 2012

FÄHNDERS, TILL, Kein Block. Die ehemalige „Dritte Welt" erinnert in Bandung an ihren Gründungsmythos, in FAZ 21.04.2015

FAIRBANK, JOHN K., Geschichte des modernen China 1800–1985, München, dtv 1989

FOKKEMA, DOUWE W., Report from Peking, Observations of a Western Diplomat on the Cultural Revolution. London, Hurst 1972

FRANKE, WOLFGANG, China und das Abendland, Vandenhoeck & Ruprecht, Göttingen 1962

FRANKE, WOLFGANG, Chinesische Revolution, in: Propyläen Weltgeschichte Band 10, S.40–101

FRIEDRICH, STEFAN, Die Ära Mao Zedong und das Primat der Politik. In Brunhild Staiger (Hg.), Länderbericht China. Wissenschaftliche Buchgesellschaft Darmstadt 2000

FRIEDRICH, STEFAN, Außenpolitik, www.bpb.de/izpb/8894/aussenpolitik?p=all

Frisch, Nora, Notizen zum Alltag in China, Esslingen, Drachenhaus Verlag 2012

Furet, Francois, Das Ende der Illusion. Der Kommunismus im 20.Jahrhundert. Aus dem Französischen übersetzt von K. Bartsch u.a., München, Piper 1998

Gehrig, Sebastian, Barbara Mittler, Felix Wemheuer (Hg.), Kulturrevolution als Vorbild? Maoismen im deutschsprachigen Raum, Frankfurt, Lang, 2008

Gehrig, Stefan, „Zwischen uns und dem Feind einen klaren Trennungsstrich ziehen", in: Sebastian Gehrig, Barbara Mittler, Felix Wemheuer (Hg.) Kulturrevolution als Vorbild? Maoismen im deutschsprachigen Raum, Frankfurt, Lang, 2008

Gernet, Jacques, Die chinesische Welt, Frankfurt, Suhrkamp 1988

Heberer, Thomas, Wenn der Drache sich erhebt. China zwischen gestern und heute, Baden-Baden, Signal-Verlag 1988

Henningsen, Lena, Musikalisches Leben in China, 01.10.2009, http://www.bpb.de/internationales/asien/china/44311/musik?p=all (Zugriff: 12.12.2015)

Hoffmann, Rainer, Maos Rebellen. Sozialgeschichte der chinesischen Kulturrevolution. Hamburg, Hoffmann und Campe, 1977

Hopf, Iris, Uniformierung als Ausdruck revolutionärer Askese. Chinesische Kleidung in der Kulturrevolution (1966–1976), in: Gabriele Mentges, Dagmar Neuland-Kitzerow, Birgit Richard (Hg.), Uniformierung in Bewegung. Vestimentäre Praktiken zwischen Vereinheitlichung, Kostümierung und Maskerade, Münster, Waxmann 2007, S. 241–255

Houn, Franklin W., Anatomie des chinesischen Kommunismus, Bern, Hallwag 1969

Hu Jie, Auch wenn ich nicht mehr bin, DVD, enthalten in: ... nicht der Rede wert, Berichte und ein Film von Hu Jie, Neckargmünd, Edition Mnemosyne 2009

Hu, Kai und Gerhard Schild, Das moderne China. 19. und 20. Jahrhundert. Stuttgart, Reclam 2014

Hsia, Adrian, Die chinesische Kulturrevolution. Zur Entwicklung der Widersprüche in der chinesischen Gesellschaft, Neuwied, Luchterhand 1971

Jiang, Pei, Hongweibing kuangbiao, Zhengzhou: Henan Renmin Verlag 1994

Kissinger, Henry, China. Zwischen Tradition und Herausforderung. Übersetzt von H. Dierlamm u.a., München, Bertelsmann 2011

Koenen, Gerd, Das Rote Jahrzehnt. Unsere kleine deutsche Kulturrevolution 1967–1977, Köln, Kiepenheuer & Witsch 2001

Gerd Koenen, Die großen Gesänge. Lenin, Stalin, Mao Tse-tun: Führerkulte und Heldenmythen des 20.Jahrhunderts, Überarbeitete und ergänzte Neuauflage, Frankfurt: Eichborn 1991

Koenen, Vesper, Ensslin, Baader, Urszenen des deutschen Terrorismus, Köln, Kiepenheuer & Witsch 2003

Koenen, Gerd, Der Muff von tausend Jahren, in Daniel Cohn-Bendit/Rüdiger Damann (Hg.), 1968. Die Revolte, Frankfurt, Fischer, 2007

Kolonko, Petra, Die allmähliche Rehabilitierung des „Verräters" Lin Biao, in Frankfurter Allgemeine Zeitung, 06.04.2013

Kraus, Richard Curt, The Cultural Revolution. A Very Short Introduction, Oxford University Press, 2012

Ladany, Laszlo, The Communist Party of China and Marxism, 1921–1985. A Self Portrait, Hoover Institution Press Publication 1988

Lenin, W.I., „Ursprünglicher Entwurf der Thesen zur nationalen und kolonialen Frage". Juni 1929, www.marxists.org/deutsch/archiv/Lenin/1920/06/natfrag.htm (Zugriff: 17.03.2015)

Leese, Daniel, Das Inszenieren eines Massenfestes: Die Parade in Beijing zum Nationalfeiertag 1968, S.46–61, in: Maos Mangos

LEESE, DANIEL, Die chinesische Kulturrevolution 1966–1976, München 2016

LEONHARD, WOLFGANG, Peking bricht mit dem Kreml. Der chinesisch-sowjetische Konflikt überschattet den XXIII. Parteitag. Die Zeit, 1. April 1966

LEONHARD, WOLFGANG, Nikita Sergejewitsch Chruschtschow, Aufstieg und Fall eines Sowjetführers, München, Bucher 1965

LI, CHANGSHAN, Die Große Proletarische Kulturrevolution (1966–1976) im Spiegel der deutschen und chinesischen wissenschaftlichen Literatur (1966–2008), Bonn, 2010 http://hss.ulb.uni-bonn.de/2010/1981/1981.htm

LI, ZHENSHENG UND ROBERT PLEDGE, Roter Nachrichtensoldat. Ein chinesischer Fotograf in den Wirren der Kulturrevolution, Berlin, Phaidon 2004

LI, ZHISUI MIT ANNE F. THURSTON, Ich war Maos Leibarzt. Die persönlichen Erinnerungen des Dr. Li Zhisui an den Großen Vorsitzenden, übersetzt von Annette Burckhardt u.a., Bergisch-Gladbach 1994

LIN, BIAO (LIN PIAO), Important Documents on the Great Proletarian Cultural Revolution in China, Peking 1970

LING, KEN, Maos kleiner General. Die Geschichte des Rotgardisten Ken Ling. Deutsch von Inge Neske. München, dtv. 1974

LIU, SHAOQI, Wie man ein guter Kommunist wird. Vorlesungen gehalten im Juli 1939 am Institut für Marxismus-Leninismus in Yenan, Peking, Verlag für fremdsprachige Literatur 1965

MACFARQUHAR, RODERICK UND MICHAEL SCHOENHALS, Mao's Last Revolution, Cambridge, Harvard Press 2006

MALENKOW, GRIGORI, Die Sowjetunion verteidigt die Sache des Friedens. Neue Welt, Berlin 1949, Nr.22

MALRAUX, ANDRÉ, Anti-Memoiren. Aus dem Französischen übersetzt von Carlo Schmid, Frankfurt, Fischer 1968

MAO TSE-TUNG, Ausgewählte Schriften, Band 1–4, Verlag für fremdsprachige Literatur Peking. http://www.infopartisan.net/archive/maowerke/

Mao intern. Unveröffentlichte Schriften, Reden und Gespräche Mao Tse-tungs 1949–1971, herausgegeben von Helmut Martin, aus dem Chinesischen übersetzt von Helmut Martin und Tienchi Martin-Liao, München, Hanser 1974

Mao Zedong Texte. Schriften, Dokumente, Reden und Gespräche. Deutsche Bearbeitung und chinesische Originalfassung. Herausgegeben von Helmut Martin u.a., München, Hanser 1979–1982

Maos Mangos. Massenkult der Kulturrevolution. Herausgegeben von Alfreda Murck, Museum Rietberg Zürich, Zürich, Schneidegger & Spiess A.G. 2013

MITTLER, BARBARA, A Continuous Revolution. Making Sense of Cultural Revolution Culture, Harvard East Asian Monographs, 2013

MORAVIA, ALBERTO, Die Kulturrevolution in China. Eine Reise durch das China von heute. Verlag Kurt Desch, München, 1968

MÜLLER, HARALD UND STEPHANIE SOHNIUS, Intervention und Kernwaffen. Zur neuen Nuklearstrategie der USA, HSFK-Report 1/2006 (Hessische Stiftung für Friedens- und Konfliktforschung), S. 3-6 in: Zugriff: 19.04.2015 www.hsfk.de/downloads/report0106pdf

MURCKA, ALFREDA, Esswaren als Metapher, S.62–77 in: Maos Mangos, a.a.O.

Nachbar China. Helmut Schmidt im Gespräch mit Frank Sieren, Ullstein, Berlin, 2006

...nicht der Rede wert. Die Ermordung der Lehrerin Bian Zhongyun am Beginn der Kulturrevolution. Ein Feature von Wolfgang und Susanne Schwiedrzik, Berichte von Fu Sheng, Ye Weili u.a. sowie ein Film von Hu Hie, Auch wenn ich nicht mehr bin. Neckargmünd, Edition Mnemosyne 2009

NSC-68: www.fas.org/irp/offdocs/nsc-hst/nsc-68.htm (Zugriff: 19.04.2015)

Osterhammel, Jürgen, Die Verwandlung der Welt. Eine Geschichte des 19. Jahrhunderts. München, Beck 2009

Osterhammel, Jürgen und Jan C. Jansen, Kolonialismus. Geschichte, Formen, Folgen, München, Beck, 6. Auflage 2009

Ostkolleg der Bundeszentrale für politische Bildung (Hrsg.), Die Volksrepublik China im Wandel, Bonn 1988

Pantsov, Alexander V. und Steven I. Levine, Mao. Die Biographie. Aus dem Englischen von Michael Bischoff, Frankfurt, Fischer 2014

Peng, Dehuai, Memoirs of a Chinese Marshal. The Autobiographical Notes of Peng Dehuai, Beijing 1984

Pepper, Suzanne, Radicalism and Education Reform in 20th-Century China. The Search for an ideal Development Model. Cambridge: Cambridge University Press 1996

Rauch, Georg von, Geschichte der Sowjetunion, Stuttgart, Kröner 1977

Schram, Stuart R. (Hg.), Chairman Mao talks to the People. Talks and Letters. 1956–1971, New York, Pantheon 1974

Schram, Stuart R., Das politische Denken Mao Tse-tungs. Das Mao-System. Aus dem Englischen von Karl Held, München, dtv 1975

Schulte, Barbara, Chinas Bildungssystem im Wandel: Elitenbildung, Ungleichheiten, Reformversuche. In: Länderbericht China, herausgegeben von Doris Fischer und Christoph Müller-Hofstede, Bundeszentrale für politische Bildung 2014, S.499–542

Seitz, Konrad, China. Eine Weltmacht kehrt zurück. Berlin, Siedler 2000

Shigeru, Ishikawa: The Chinese Economy: A General Framework for longterm Projection, in: The China Mainland Review, Nr.2 September 1966

SNOW, EDGAR, Die lange Revolution. China zwischen Tradition und Zukunft. Ins Deutsche übertragen von Gerold Dommermuth, Stuttgart, Deutsche Verlagsanstalt 1973

SPENCE, JONATHAN D., Chinas Weg in die Moderne. Aus dem Amerikanischen von Gerda Kurz und Siglinde Summerer, München, Hanser Erweiterte Neuausgabe 2008

SPENCE, JONATHAN D., Mao. Aus dem Englischen von Susanne Hornfeck, München, Ullstein 2003

Der Spiegel, 19.06.1967, Ausmerzen bis zu den Wurzeln. Ein Gespräch mit Mao Tse-tung, von Edgar Snow. http://www.spiegel.de/spiegel/print/d-46251902.html

Der Spiegel, 11.03.1974, Mao: In mir ist der Geist von Tiger und Affe. http://www.spiegel.de/spiegel/print/d-41739072.html

Der Spiegel, 14.01.1974 Böser Mann. Eine Kampagne verwirrt die Chinesen. Auf wen ist der Feldzug gerichtet? http://www.spiegel.de/spiegel/print/d-41840029.html

STAHL, HELGA, Vom Kaiserreich zur Volksrepublik: Chinas langes 20. Jahrhundert, in: Länderbericht China, herausgegeben von Doris Fischer und Christoph Müller-Hofstede, Bundeszentrale für politische Bildung 2014, S.181–220

STAIGER, BRUNHILDE (HG.), Länderbericht China. Geschichte, Politik, Wirtschaft, Kultur. Wissenschaftliche Buchgesellschaft Frankfurt, 2000

STEININGER, ROLF, Der vergessene Krieg. Korea 1950–1953, München, Olzog 2006

STÖVER, BERND, Geschichte des Koreakriegs, Schlachtfeld der Supermächte und ungelöster Konflikt, Beck, München 2013

SUN YAT-SEN, Guofu quanshu, Taipeh 1960

TERRILL, ROSS, Madame Mao, The White-Boned Demon, Touchstone, New York 1992

VOGELSANG, KAI, Geschichte Chinas, Stuttgart, Reclam 2012

Walder, Andrew, Fractured Rebellion. The Beijing Red Guard Movement, Cambridge/ Mass. Harvard University Press 2009

Wang, Youqin (sehr ausführlich, aber nicht immer ganz korrekt): http://www.edubridge.com/erxiantang/l2/victim_ebook_070505.pdf

Wang, Youqin, Finding a Place for the Victims. The Problem in Writing the History of the Cultural Revolution, China Perspectives 2007/4

Wang, Youqin, Student Attacks Against Teachers: The Revolution of 1966. Paper presented at the conference "The Cultural Revolution in Retrospect", Hong Kong University of Science and Technology, July 4–6,1966 http://www.cnd.org/CR/english/articles/violence.htm

Wang, Youqin, Wie die Schüler die Lehrer attackierten, Übersetzung aus dem Englischen von Wolfgang W. Schwiedrzik, http://www.mnemosyne.de/pdf/wangyouqin.pdf

Weathersby, Kathryn, New Findings on the Korean War. Translation and Commentary by Kathryn Weathersby, in: Cold War International History Project, Bullentin Issue 3, Fall 1993, www.wilsoncenter.org/sites/default/files/CWIHPBulletin3.pdf

Weathersby, Kathryn, From the Russian Archives. New Findings on the Korean War. Cold War International History Project Bulletin Issue 3, Fall 1993 Darin: Bericht von Rudolf G. Pikhoia, Direktors des zentralen russischen Staatsarchivs in Moskau. www.wilsoncenter.org/sites/default/files/CWIHPBulletin3.pdf (Zugriff am 20.04.2015)

Weggel, Oskar, Geschichte Chinas im 20.Jahrhundert, Stuttgart, Kröner 1989

Weigelin-Schwiedrzik, Susanne, Mao Zedong-Ideen und Mao Kult, In: Brunhilde Staiger (Hg.), Länderbericht China. Geschichte, Politik, Wirtschaft, Kultur. Wissenschaftliche Buchgesellschaft Frankfurt 2000

Weigelin-Schwiedrzik, Susanne, Die Kulturrevolution als Auseinandersetzung über das Projekt der Moderne in der Volksrepublik China: http://vgs.univie.ac.at/_TCgi_Images/vgs/20070108152728_EWR14_Kulturrevolution.pdf

WEBER, HERMANN, Lenin in Selbstzeugnissen und Bilddokumenten. Hamburg, Reinbek 1970

WEMHEUER, FELIX, Der Große Hunger. Hungersnöte unter Stalin und Mao, Berlin, Rotbuch Verlag 2012

WEMHEUER, FELIX, Die vielen Gesichter des Maoismus und die neue Linke nach 1968, In: Gehrig, Mittler, Wemheuer, Kulturrevolution als Vorbild? Maoismen im deutschsprachigen Raum, Frankfurt, Lang, 2008

www.chineseposters.net Eine gewichtige Sammlung chinesischer politischer Plakate von Prof. Stefan R. Landsberger, Sinologisches Institut der Universität Leiden/Niederlande in Zusammenarbeit mit dem International Institute of Social History (IISH) in Amsterdam/ Niederlande

XIAOWEI, ZHENG, Die Qinghua-Universität und chinesische Politik zu Zeiten der Kulturrevolution, S.16-35, in: Maos Mangos

YANG, JISHENG, Grabstein – Mubei. Die große chinesische Hungerkatastrophe 1958–1962. Aus dem Chinesischen von Hans Peter Hoffmann, Frankfurt a.M., Fischer 2012

YU, HUA, China in zehn Wörtern. Eine Einführung. Aus dem Chinesischen von Ulrich Kautz, Frankfurt, Fischer 2012

## Nachweis der Abbildungen

**akg-images:**

Auf den Seiten: 14, 18, 41, 89, 122, 129, 166, 170, 174, 175, 185, 197, 203, 222, 227, 231 links unten, 232, 258, 260, 273, 285, 294, 297, 298, 305, 308 alle vier Bilder

**www.chineseposters.net:**

Auf den Seiten: 61, 64, 66, 68, 69, 73, 89, 96, 97, 98 unten, 115, 118, 119, 123, 136, 159, 162, 163, 164, 165, 178, 181, 182, 184, 191, 199, 207, 210, 215, 218 oben links, 218 oben rechts, 221, 233, 243, 244, 247, 250, 254, 257, 263, 265, 266, 269, 274 oben links, 274 oben rechts, 280, 281, 283, 291, 299, 302, 303 oben, 303 unten, 307, 309

**Gemeinfreie Bilder/public domain, die unter Anwendung des Prinzips des fair use verwendet werden:**

Auf den Seiten: 19, 20 oben, 20 unten, 21 oben, 21 unten, 22, 23, 24 unten links, 24 unten recht, 25, 27, 29, 30, 31, 32, 35, 36 oben links, 36 oben rechts, 37 oben, 37 unten, 39, 44, 46, 48, 49, 51, 52, 53, 54, 55, 56, 58, 59, 60, 62, 65, 67, 71, 72 oben, 72 unten, 74, 75 oben links, 75 oben rechts, 76, 77, 79, 80, 81, 82, 83, 84, 85, 86, 87, 88, 90, 91, 92, 93, 94, 98 oben, 100, 102, 104, 106, 107, 109 alle vier Abbildungen, 110, 111, 112, 114, 116, 121, 125, 130, 133, 134, 135, 139, 141 links, 141 rechts, 142, 143, 146, 147, 149, 152, 153, 154, 156 oben, 156 unten, 158, 160 oben, 161 unten, 172 oben links, 172 oben rechts, 176, 188, 189, 196, 206, 211, 224, 225, 230, 231 rechts unten, 240, 242, 277, 282, 286, 287, 288

**Bundesarchiv:**

Auf den Seiten: 78, 137, 151 (Bild 183-B0628-0015-035 / Heinz Junge / CC-BY-SA 3.0)

**Gettyimages:**

Auf den Seiten: 213, 214

**Ullstein-Bildarchiv:**

Seite 200

Nur sehr wenige der Fotografen, die das politische und gesellschaftliche Geschehen in China bis in die 1980er Jahre hinein dokumentiert haben, sind namentlich bekannt. Im maoistischen China hat ein Copyright der Ideologie der Zeit widersprochen. (Ein Urheberrecht ist auch heute in China erst im Aufbau.)

**Unser besonderer Dank geht an:**

www.chineseposters.net, die Stefan R. Landsberger Collection von Prof. Stefan R. Landsberger, Sinologisches Institut der Universität Leiden/NL in Zusammenarbeit mit dem IIHS (International Institute of Social History) in Amsterdam/NL, deren Webseite die Propagandaposter entnommen sind.

## Zur Autorin

Cornelia Hermanns hat Geschichte und Germanistik studiert und in Tübingen zum Dr. phil. promoviert. Als freie Autorin beschäftigt sie sich seit Jahren intensiv mit China und Themen der außereuropäischen Geschichte.

Im Drachenhaus-Verlag sind bisher erschienen: *Von Kaisern und Barbaren. Der Bau der Großen Chinesischen Mauer* (2012) und *Des Kaisers tönerne Krieger. Qin Shi Huangdi und die Suche nach dem ewigen Leben* (2013).

Siehe auch: www.corneliahermanns.de